인생의 성공적인

트윈 트랜스포메이션을

응원합니다.

조 찬 희 드림

추천사

디지털 트랜스포메이션(DT)과 ESG 경영으로 이루어진 트윈 트랜스포메이션은 오늘날 기업이 직면한 가장 중요한 과제 중 하나이다. DT는 기업의 경쟁력을 강화하고 새로운 성장 기회를 창출하는 데 필수적이며, ESG 경영은 기업의 지속가능성을 확보하고 사회적 책임을 다하는 데 필수적이다.

이 책은 DT와 ESG 경영을 융합한 트윈 트랜스포메이션을 주제로 하고 있으며, 디지털 기술을 활용하여 ESG 경영을 실천하는 다양한 사례를 소개하고 있다. 또한 트윈 트랜스포메이션을 성공적으로 추진하기 위한 전략과 실천 방안을 제시한다.

본서는 기업의 경영진과 임직원 그리고 ESG 경영에 관심 있는 모든 독자들에게 유용한 지침서가 될 것이다.

한성대학교 미래융합사회과학대학장 교수 이형용

요즘 사회는 인공지능, 사물인터넷, 빅데이터, 클라우드 컴퓨팅 등의 핵심기술이 사회 전반의 변화를 이끄는 AI 기반 융합혁신 시대이다. 디지털 트랜스포메이션은 AI 기반 융합혁신의 기술을 구체적인 비즈니스 가치로 전환하는 역할을 하고, 디지털 기술을 통하여 탄소중립, 사회적 가치 실현 등의 ESG 문제를 해결할 필요가 있다. 본서는 디지털 트랜스포메이션이 트윈 트랜스포메이션을 달성하기 위한 수단으로서 역할을 하고, ESG 경영은 기업의 지속가능성이라는 목적 달성을 위해 꼭 필요한 두 기둥이라는 것을 다양한 사례를 통하여 설명하고 있다.

독자들은 이 책이 소개하는 수많은 선도 기업들의 트윈 트랜스포메이션 사례를 통하여 디지털 트랜스포메이션과 ESG 경영의 개념, 필요성 그리고 적용 방법 등을 이해할 수 있을 것이다.

고려대학교 통계학과 교수 박민규

ESG 경영은 기업의 미래를 결정짓는 중요한 과제이다. ESG 경영을 성공적으로 추진하기 위해서는 디지털 기술의 활용이 필수적이다.

이 책은 디지털 기술, 데이터 기술, 모빌리티 기술, 기반 기술이 ESG 경영에 어떻게 활용될 수 있는지 구체적인 사례를 통해 소개한다.

이 책을 통해 독자들은 ESG 경영을 위한 디지털 기술의 활용 방법을 이해하고, 이를 기업의 ESG 경영에 적용할 수 있는 실질적인 도움을 얻을 수 있을 것이다.

포스코홀딩스 사장 김지용, 전 미래기술연구원장 & 그룹 CTO

트윈 트랜스포메이션은 디지털 트랜스포메이션과 ESG 경영의 변화를 동시에 추진하는 복잡한 과정이다. 성공적인 트윈 트랜스포메이션을 위해서는 변화에 적응하고 혁신을 추구하는 리더십과 조직문화가 필수적이다. 본서는 리더십과 조직문화의 중요성을 강조하고, 변혁적 리더십과 유연한 조직문화를 통해 트윈 트랜스포메이션을 성공적으로 추진할 수 있는 방법을 구체적으로 설명한다.

기업의 리더와 팔로워들이 트윈 트랜스포메이션에 걸맞은 리더십과 조직문화를 만드는 데 이 책이 도움을 줄 수 있을 것으로 기대한다.

롯데지주 재무혁신실장 사장 고정욱

디지털 및 인공지능 기술의 발전은 우리의 삶을 편리하고 풍요롭게 만들었지만, 동시에 새로운 윤리적 문제를 야기하였다. 인공지능 기술의 잠재적 위험을 인지하고, 인간 존엄성과 사회적 가치를 보호하기 위해 디지털 및 인공지능 윤리가 필요하다.

이 책은 디지털 및 인공지능 기술의 발전으로 인해 발생하는 윤리적 문제를 이해하고, 사례를 통한 디지털 및 인공지능 윤리의 필요성과 달성방안을 설명하고 있다.

이러한 강조점을 통해 정부와 기업들이 사회에 긍정적인 영향을 미칠 수 있는 디지털 및 인공지능 윤리를 완성하는 데 도움을 받을 수 있길 기대한다.

법무법인 이한 대표변호사 한희동

이 책은 저자가 ESG 경영과 관련된 내용에 대한 깊은 이해와 통찰력을 바탕으로 쓴 책이라 디지털 시대 ESG 경영에 관심을 가지고 있는 이해관계자들이 새로운 관점을 찾는 모티브를 제공할 수 있을 것이다.

현대 투자 환경에서 기업의 장기적인 지속가능성은 매우 중요한 평가 지표 중 하나로 여겨지고 있다. 특히 투자자들은 ESG 평가와 등급을 통해 기업의 사회적, 환경적 그리고 거버넌스 측면에서의 성과를 평가하고 있고, 기업은 ESG 관련 지표에서 높은 평가와 등급을 받아야만 투자 유치, 자금 조달 등에서 큰 이점을 얻을 수 있기에 지금이야말로 기업은 ESG행 DT급행열차를 타야 할 때이다.

본서가 ESG 지표의 활용 방안, 평가 준비 사항 그리고 평가 프로세스에 대해 자세히 다룬다는 것은 매우 가치 있다. 특히 기업 리더나 ESG 담당자들이 투자 유치, 규제 준수, 기업 이미지 제고, 경쟁력 강화 등을 위해 ESG 평가와 등급과 관련된 전략을 수립하는 데 도움을 받을 수 있다는 점이 큰 장점이다. 본서는 기업들이 더 나은 지속가능한 비즈니스 모델을 구축하는 데 기여하게 될 것이다.

동아대학교 경영정보학과 교수 주성식

기업들은 현재 두 개의 큰 시대적 트렌드 속에 묻혀가고 있다. 디지털 트랜스포메이션(DT)이 한 번 세상을 휩쓸었고, 이제는 ESG라는 큰 파도가 피할 수 없는 속도로 달려오고 있다. 이 두 가지 트렌드를 결합하여 기업을 변화시키고 지속가능한 기업으로 '레벨 업' 하는 것이 트윈 트랜스포메이션의 핵심이다.

지속가능한 기업이 되기 위해 기업은 데이터 기반의 의사결정과 환경(E), 사회적 책임(S), 지배구조(G) 측면에서 경영의 효율성, 다양성, 투명성을 구축해야 한다. 그러나 DT와 ESG는 서로 독립적인 것이 아니라 서로 결합할 때 큰 시너지를 발휘할 수 있는 상호 보완적인 트렌드이다. 기업의 ESG 활동은 노력에 비해 성과가 미진하거나, 그린워싱이라는 오해를 사는 경우가 있다. 따라서 ESG 활동에는 DT를 통한 데이터 기반의 분석과 의사결정이 필수적으로 동반되어야 기업이 원하는 수준 이상의 성과를 달성하고 외부 이해관계자들의 의구심을 잠재우고 설득해 나갈 수 있다.

시간은 기업을 기다려주지 않는다. 트렌드를 앞서가면서 살아남거나, 기억에서 사라지는 길만이 기업이 선택할 수 있는 길이다. 귀사는 어떠한 선택을 할 것인가?

본서는 오랜 기간 기업에서 근무한 경험과 다양한 저널에 직접 게재한 실증분석 논문을 기반으로 하여, 기업들이 새로운 트렌드에 빠르게 올라타 성공을 향해 달려갈 수 있는 지름길을 열어줄 것이다.

SK경영경제연구소 수석연구원 경제학박사 김우영

트윈 트랜스포메이션

ESG 경영의 한계를 뛰어넘는 단 하나의 초격차 경영전략

트윈 트랜스포메이션

ESG 경영의 한계를 뛰어넘는 단 하나의 초격차 경영전략

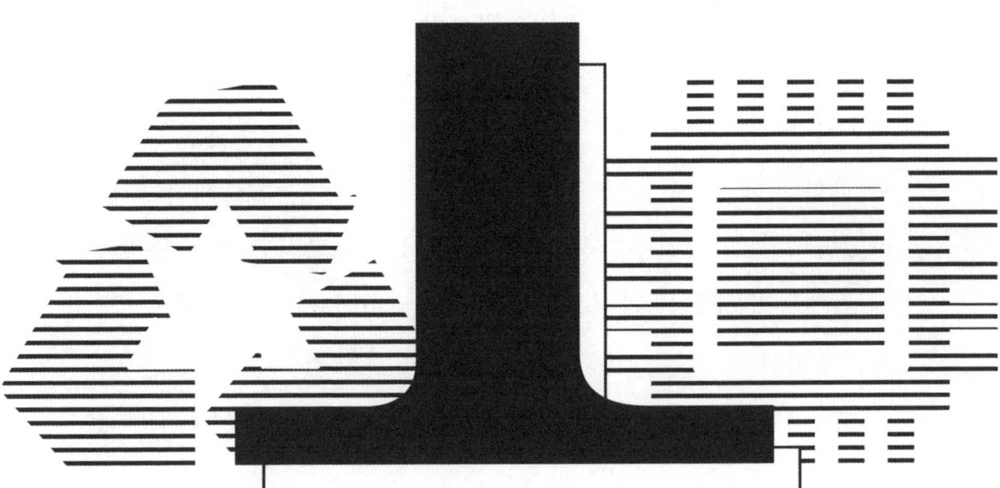

서문

"마음 속 지도를 따라 떠난 인생 여정"

저자는 2020년 6월 8일에 '투석문로(投石問路)'와 '내가 네게 보여 줄 땅으로 가라'는 두 문장이 적힌 마음속의 지도를 가지고 전환적Transformational인 인생 여정을 시작하였습니다. 첫 번째 단어는 나미나라공화국 전 CEO 강우현이 <상상망치>에서 '돌을 던지고 길을 물어라'는 말이고, 두 번째 문장은 <성경 창세기 12장 1절>에서 하나님이 아브람에게 본토 친척 아비 집을 떠나라고 지시하신 말씀이었습니다.

박사과정의 돌을 들어 던지고 한 걸음, 한 걸음을 창조주께 맡기며 떠난 여정 가운데 저자는 전혀 예상하지 못했던 땅들을 밟게 되었습니다. 예전에 꿈꾸지 못했던 비전의 발견, 동반자와의 동행, 멘토와의 만남, 고난과 꿈이 병존하는 터널 속 걷기 그리고 사람과의 관계에서 인내와 겸손의 시간을 마주하며 내적으로 많은 성장과 성숙을 경험하는 시간이었습니다. 퇴근 후 책상에 앉아서 시작한 연구와 글쓰기가 아침 해를 맞이하면서 끝날 때, 건강에 대한 불안감과 마침내 해냈다는 성취감이 어우러진 미묘한 감정을 체험하기도 하였습니다. 회사일을 병행하며 연구, 글쓰기 그리고 건강 등의 인생 과제들이 새로운 차원으로 트랜스포메이션 되는 선물같은 시간이었습니다.

저자는 기업의 지속가능성을 연구하다가, 뜻밖의 인생 트윈 트랜스포메이션Twin Transformation of Life을 경험하고 개인 지속가능성의 길을 찾는 의외의 두 가지 성과물을 얻었습니다.

첫째, 건강의 트랜스포메이션을 경험했습니다. 40대에는 밤늦게까지 잠을 안 자고 무리할 경우 입술에 수포가 생기거나 몸에 피부염이 생겼으나, 짧은 기간 동안 본서를 집필해야 하는 강행군 속에 건강의 트랜스포메이션을 실행했기 때문에 대상포진과 같은 피부과 증상이 발생하지 않았습니다. 즉, 퇴근 후 아내와 함께 양재천에서 산책, 가족들과의 대화로 스트레스 풀기, 매일 감사와 기도로 중압감을 해소시켰습니다.

둘째, 개인 가치의 트랜스포메이션을 체험하였습니다. 최근 뉴스 매체들은 대기업에서 퇴사한 부장급, 임원급 인재들이 할 일을 찾지 못하여 치킨집, 피자집을 창업하거나 경비원, 택배기사 등 일용직을 구할 수밖에 없는 현실을 조명하고 있습니다. 임금피크까지의 모래시계를 바라보는 세월의 압박은 누구에게든지 찾아옵니다. 저자의 직장 내 효용 가치는 아무리 길어도 5년 안에 소멸될 것입니다. 격변의 현대사회에서 개인의 인생에 대한 지속가능성을 고려하지 않을 수 없습니다. 즉, 주경야독을 통한 박사 학위 취득, 새롭게 주어진 주제의 책 출간, 러닝메이트 및 멘토와의 만남 그리고 새롭게 생기는 비전의 발견과 구체화였습니다.

인생의 트윈 트랜스포메이션은 건강과 개인 가치의 지속가능성을 늘리는 훌륭한 도구가 될 것입니다.

본서를 인정하고 출판을 허락하신 도서출판 시대가치의 김광범 대표님, 집필 원고의 완결성을 위해 노력하신 편집부 담당자님, 창의적인 표지 문구를 발굴해 준 조강현 님, 인사이트 있는 로고를 만들어 주신 조유정 님 그리고 예쁜 디자인을 만들어주신 고승환 님께 큰 고마움을 전합니다. 본서의 모티브를 주신 동아대학교 주성식 교수님, 연구자의 롤 모델을 보여주신 한성대학교 이형용 교수님, 같이 연구를 하고 있는 L&D LAB의 동료 박사들께 고마운 마음을 금할 수 없습니다. 용기내어 책 출간에 도전한 저자에게 추천사를 써주신 김지용 사장님, 고정욱 사장님, 박민규 교수님, 한희동 변호사님, 김우영 박사님께 감사를 드립니다. 항상 기도와 용기의 말로 응원해 준 사랑하는 아내 안경심, 두 자녀 유정과 강현 그리고 동생을 응원하고 기도해 주시는 형님과 누님 가족들께도 사랑한다고 말해주고 싶습니다. 함께 울고 함께 웃으며 기도해 주신 믿음의 동역자님들께 진심으로 감사를 드립니다.

2024년 3월

조찬희

프롤로그

"팀 쿡은 비운의 CEO가 될 것이다"

2011년 혁신의 대명사인 스티브 잡스가 췌장암으로 사망하자, 잡스의 뒤를 이어 애플의 CEO가 된 팀 쿡이 들었던 얘기다. 그가 CEO가 되던 날 애플의 주가는 5% 정도 하락하였다. 왜냐하면 관리형 리더인 팀 쿡이 창의적이고 예술적인 스티브 잡스의 DNA를 제대로 이어가지 못할 것으로 기대되었기 때문이다. 하지만, 팀 쿡이 CEO가 된 이후 애플의 주가는 15달러에서 178달러로 11배 이상 상승하였다. 어떻게 팀 쿡은 이런 결과를 이뤄냈을까? 그 이유는 애플이 '디지털 트랜스포메이션Digital Transformation, DT'과 'ESGEnvironment, Social, Governance경영'을 융합한 '트윈 트랜스포메이션Twin Transformation' 전략을 펼쳤기 때문이다.

팀 쿡은 비록 관리형 리더였지만 트렌드를 읽는 눈이 탁월했다. 그는 오랜 시간 동안 하드웨어 제조사로서의 명성을 쌓아온 애플에게 디지털 트랜스포메이션과 ESG 경영이 해도 되고 안 해도 되는 선택이 아니라 반드시 해야만 하는 필수라는 것을 깨달았다. 팀 쿡은 애플의 미래 성장은 하드웨어와 소프트웨어가 만나는 지점에 있다는 확신으로 서비스 및 콘텐츠 사업을 이전보다 더 확장하였다. 이런 변화의 시도는 2011년 클라우드 컴퓨팅 서비스인 아이클라우드, 2014년 모바일 결제 서비스인 애플페이, 2015년 음악 스트리밍 서비스인 애플뮤직, 2019년 주문형 웹 텔레비전 스트리밍 서비스인 애플TV+ 그리고 2019년 구독형 게임 서비스인 애플아케이드와 같은 서비스를 만들어냈다. 결과적으로 이들 서비스 및 콘텐츠 사업은 아이폰에 이어 애플의 전체 매출 중에서 가장 많은 부분을 담당하는 사업이 되었다.[1]

팀 쿡은 온실가스 절감 등의 환경 이슈, 공급망 내 협력업체와의 상생 등의 사회 이슈, 거버넌스 투명성의 지배구조 이슈를 지혜롭게 해결해 나갔다. 애플은 기업 운영 측면에서도 이미 탄소중립을 달성하였다. 미국 애플 본사는 2018년부터 100% 재생에너지로 운영되고 있고, 협력업체에도 저탄소 정책을 적용하여 폐기된 아이폰 배터리에서 코발트를 빼내 새 배터리 제조에 쓰는 방식으로 재활용을 하고 있다. 또한 애플은 사회적 지원활동에서도 앞서가고 있다. 1억 달러 규모의 '인종 간 평등 및 정의 주도권Racial Equity and Justice Initiative' 프로젝트를 통해 소수 인종에게 교육, 인턴십 그리고 멘토링을 제공하고 있다. ESG 경영에 걸맞은 지배구조로 고치기 위해서 경영진에게 주는 현금 보너스 기준에 ESG 경영 성과를 넣었다.

애플은 "앱 스토어를 통한 소프트웨어 판매"에서 "구독 기반 서비스"로 이동을 시작하였다. 이를 위하여, 애플은 소프트웨어 개발팀을 확대하고, 콘텐츠 제작사와 협력하여 독점 콘텐츠를 생산하였다. 그 결과 애플은 아이폰, 맥북, 아이패드, 애플워치 그리고 애플TV 등과 같은 고유한 하드웨어를 만들어 냈고, iOS, 맥OS, iPadOS, watchOS, 시리 그리고 iCloud 등과 같은 소프트웨어를 구축하였다. 마지막으로 애플 뉴스+, 애플 아케이드, 애플 뮤직 그리고 애플TV+ 등의 콘텐츠를 만들었다. 애플은 트윈 트랜스포메이션을 통해 이러한 3가지 축으로 구성된 종합적인 '지속가능한' 애플 생태계를 혁신적으로 구축하고 확장하였다. 자사만의 에코시스템으로 고객을 끌어들여 충성도를 높였고 새로운 수익원을 창출하였다.

애플처럼 다른 기업들도 급변하고 있는 디지털 및 ESG 환경에 맞춰서 DT와 ESG 경영을 융합한 트윈 트랜스포메이션의 전략을 수립하고 실행하여, 지속가능성을 높여야 한다. 현대 비즈니스 환경은 급변하고 있으며, 기업들은 이러한 변화에 발맞추기 위하여 새로운 전략과 접근 방식을 모색할 필요가 있다. 이러한 맥락에서 '디지털 트랜스포메이션'과 'ESG 경영'은 현대 비즈니스 환경에서 더 이상 무시할 수 없는 핵심 원리로 자리 잡았다. 즉, 이 두 가지는 기업의 성공과 장기적인 지속가능성을 위하여 중요한 주제로 떠오르고 있다.

AI 기반의 융합혁신 시대에는 기업이 생존과 성공을 위해서 디지털 기술을 활용한 혁신으로서 DT를 달성해야 한다. 또한, 기업은 지속가능성을 높이기 위하여 환경 문제 해결, 사회적 책임 강화 그리고 투명한 지배구조 구축 등 사회적 요구에 부응해야 한다. 이 두 가지 핵심 요소를 효과적으로 융합한 트윈 트랜스포메이션은 현대 기업들이 어떻게 경쟁력을 유지하고 미래에 안정적인 성장을 이룰 수 있는지에 대한 핵심으로 여겨진다.

본서는 트윈 트랜스포메이션의 구성 요소들을 설명하고, 이를 성공적으로 수행한 기업들의 풍부한 사례를 통하여 트윈 트랜스포메이션 전략 수립 방법을 제시하여 기업의 경쟁력과 지속가능성을 강화하는 데 도움을 주고자 한다. 그 세부적 목적으로서, 첫째, 트윈 트랜스포메이션 중 ESG 준비사항을 탐구하였다. 둘째, 트윈 트랜스포메이션 중 DT 준비사항을 이해하고자 한다. 셋째, ESG 평가와 ESG 등급 관련 전략을 분석하였다. 넷째, 트윈 트랜스포메이션 성공 전략 수립 방안을 제시하였다. 다섯째, 트윈 트랜스포메이션 추가 전략 수립 방안을 살펴보았다.

본서는 총 3부로 구성되었다. 1부 "트윈 트랜스포메이션을 해야 하는 이유"에서 트윈 트랜스포메이션, DT 그리고 ESG 경영의 개념과 이점을 설명하고 트윈 트랜스포메이션의 특징과 사례를 보여주었다. 2부 "트윈 트랜스포메이션! 대해부!"에서 DT 기술과 ESG 경영의 융합, 데이터 기반 ESG 경영 그리고 트윈 트랜스포메이션 중 ESG와 DT의 준비를 제안하였다. 3부 "트윈 트랜스포메이션 성공 전략을 어떻게 수립할까?"에서는 ESG 평가와 ESG 등급 관련 전략, 트윈 트랜스포메이션 핵심 전략 수립 그리고 트윈 트랜스포메이션 추가 전략 수립을 통하여 기업이 트윈 트랜스포메이션을 하기 위한 비즈니스 전략 수립 방법을 소개하였다.

본서의 시사점으로서, 첫째, 트윈 트랜스포메이션의 성공을 위해서 변혁적 리더십과 유연한 조직문화가 필요하다는 인사이트를 제공하였다. 둘째, 트윈 트랜스포메이션의 양대 축인 ESG와 DT의 준비를 위한 이해도를 높였다. 셋째, 온실가스 감축을 위해서 강화되고 있는 ESG 평가와 ESG 등급 관련 현실감 있는 전략 방안을 제시하였다. 넷째, 트윈 트랜스포메이션의 핵심 성공 전략과 추가 전략을 제시하여 트윈 트랜스포메이션에 대한 방법을 제공하였다. 이를 통하여 기업의 리더들과 팔로워들이 트윈 트랜스포메이션을 제대로 이해하고, 성공한 회사들의 선례를 통하여 자신감을 얻어, 성공적인 트윈 트랜스포메이션 전략을 수립할 가이드북이 되기를 희망한다.

목차

1부

트윈 트랜스포메이션을 해야 하는 이유

1장. 트윈 트랜스포메이션은 무엇인가?

2장. ESG 경영은 목적지다

3장. DT는 ESG역까지 가는 특급열차다

4장. 트윈 트랜스포메이션의 특징과 사례

1장. 트윈 트랜스포메이션은 무엇인가?

- 트윈 트랜스포메이션이 무엇이지?
- 선택이 아닌 필수! ESG
- 시대의 대세! 디지털 트랜스포메이션(DT)

트윈 트랜스포메이션이 무엇이지?

"산림을 파괴하지 않는 팜유 생산업체의 팜유만을 구매하라"

<출처: pixabay, npTruong28>

글로벌 생활용품 기업인 유니레버가 그린피스 같은 환경단체로부터 받은 압력이다. 이에 유니레버는 ESG 목표와 디지털 트랜스포메이션을 융합한 해결책으로 그 난제를 풀어내었다. 2020년 8월부터 유니레버는 GPS기술과 인공위성을 활용하여 데이터를 수집하고 그 수집된 빅데이터를 분석하는 인공지능 시스템을 구축하였다. 즉, 인도네시아 팜유 생산지 공급망의 물류량을 실시간으로 모니터링하는 프로그램을 개발하여, AI가 그곳의 지리 데이터를 분석하고 산림파괴 여부를 모니터링하였다. 유니레버의 이와 같은 시도는 트윈 트랜스포메이션의 대표적인 성공 사례가 되었다.

최근에 제조업계는 제품의 원료를 조달하는 과정에서 ESG를 고려해야 할 필요성이 기존에 비해 대폭 증가하였다. 제조업체는 회사의 생산과정 가운데 환경이나 사회 측면에서 문제가 없더라도, 조달받는 원료 자체가 친환경적이지 않거나 사회적으로 논란의 소지가 있다면 바람직하지 않다는 것을 인식하게 되었다. 분명 어려운 숙제이지만 기업이 이 문제를 지혜롭게 해결하면 오히려 기업 이미지가 상승되고 기업가치는 올라가게 된다.[2] 위의 사례에서 보는 바와 같이 ESG 경영과 DT를 별도로 보는 것이 아니라 결합하여 이중 비용을 방지하고 시너지를 극대화할 필요가 있다.

트윈 트랜스포메이션이란?

트윈 트랜스포메이션Twin Transformation이라는 용어는 유럽연합이 2021년 3월에 IT를 활용하여 ESG 경영 혁신에 속도를 내겠다고 '유럽 그린 디지털 연합EGDC: European Green Digital Coalition'을 출범시킬 때에 '그린 & 디지털 트랜스포메이션Green and Digital Transformation'을 선언하면서 트윈 트랜스포메이션이 최초로 사용되었다.[3]

이때 트윈 트랜스포메이션을 언급하게 된 이유로는 그린의 ESG와 디지털 트랜스포메이션이 따로 움직이는 것처럼 여기지 말고, 지속가능성과 디지털 전환을 쌍둥이처럼 한꺼번에 추진해야 한다는 의미가 있다.[4] 또한, 기업이 비즈니스에 있어서 제일 중요한 두 가지의 전환을 해야 한다는 뜻에서 기인하였다. 즉, ESG는 'Sustainable Transformation'으로서 지속가능경영을 위한 비즈니스 전환을 의미하고, 디지털 트랜스포메이션은 'Digital Transformation'이라는 디지털 기술을 활용한 비즈니스 전환을

의미한다.[5]

트윈 트랜스포메이션을 정리하면, 디지털 기술을 활용하여 기업의 비즈니스 모델과 운영방식을 혁신하는 것을 의미하는 디지털 트랜스포메이션과, 환경, 사회 그리고 지배구조의 지속가능성을 추구하는 기업 경영을 뜻하는 ESG 경영을 동시에 추진하는 것을 의미한다.

ESG 경영과 디지털 트랜스포메이션은 기업의 미래를 위한 필수적인 두 축으로서, 기업이 기존의 수익성만 추구하는 것에서 환경 자원의 보전과 인류의 보편적인 가치를 추구하는 사회적 책임까지 수행하는 지속가능한 전환을 요구받고 있기 때문이다.

ESG는 목적, DT는 수단

트윈 트랜스포메이션에서 ESG는 목적이고 디지털 트랜스포메이션은 수단으로 인식된다.

먼저, ESG는 기업의 지속가능성을 추구하는 경영 패러다임이다. 기업이 ESG 경영을 통하여 환경 보호, 사회 공헌 그리고 윤리 경영 등을 실천함으로써 지속가능성을 높일 수 있다. ESG는 기업의 미래를 위한 근본적인 목표라고 할 수 있는데, ESG는 기업의 지속가능성을 확보하기 위한 필수 요소로서 환경, 사회 그리고 지배구조와 같은 기업의 비재무적 성과를 평가하는 기준으로 사용되고 있다.

반면, 디지털 트랜스포메이션Digital Transformation, DT은 기업이 ESG 경영을 실천하는 데 필요한 기반을 제공하는데, 기업이 디지털 기술을 활용하면 환경 보호, 사회 공헌 그리고 윤리 경영 등의 ESG 경영을 보다 효과적으로 수행할 수 있다. 따라서 DT는 ESG 경영을 달성하기 위한 수단이라고 할 수 있다. DT를 좀 더 자세히 살펴보면, DT는 디지털 기술을 통하여 비즈니스 모델, 프로세스 그리고 조직문화를 근본적으로 변화시키는 혁신의 수단이다. 즉, DT는 모바일과 사물인터넷을 통해 수집된 빅데이터를 클라우드에 저장하고 인공지능이 이를 분석하여 효율성을 향상시키고 새로운 비즈니스 모델을 창출한다. 이를 통해 기업의 생산성과 효율성이 증대되고 비즈니스의 모든 과정에서 높아진 효율성은 에너지와 자원의 사용을 줄여준다. 이와 같이 DT의 청정 디지털 기술은 탄소를 배출하지 않기 때문에 지속가능경영 추진의 핵심 요소가 될 수 있다.

목적으로서 ESG와 수단으로서 DT의 사례

(1) 환경 영역에서의 DT 사례

기업은 디지털 기술을 활용하여 제품 및 서비스의 생산과정에서 발생하는 환경 오염을 줄일 수 있는데, 소비재 기업은 DT를 통하여 재활용 소재를 활용한 제품을 개발할 수 있다. GS칼텍스는 폐플라스틱 재활용업체 에코지앤알과 협약을 맺고 폐플라스틱을 재처리한 친환경 복합수지의 원재료를 안정적으로 공급받게 되었다. 즉, 에코지앤알은 GS칼텍스로부터 국내에서 발생하는 자동차 폐범퍼나 자동차 내·외장재 플라스틱의 재활용이 가능한 DT 설비를 지원받고 동 시설을 이용하여 폐플라스틱을 재처리하여 연 1만톤 수준의 친환경 복합수지 원재료를 GS칼텍스에게 제공하게 된다.[6]

(2) 사회 영역에서의 DT 사례

기업은 디지털 기술을 활용하여 사회적 약자를 지원할 수 있는

데, IT 기업은 DT를 통하여 장애인을 위한 접근성을 개선할 수 있다. 시각 장애인을 위한 전자 안경을 만드는 OrCam은 카메라를 장착한 스마트 안경을 개발하였는데, 이 스마트 안경은 카메라를 통하여 사물을 인식하고 내장된 스피커가 음성으로 시각 장애인을 안내하고 있다. 시각 장애인이 스마트 안경을 착용하고 일반 디지털이나 인쇄 도서도 읽을 수 있다.[7]

<출처: OrCam, 시각 장애인을 위한 전자 안경>

(3) 지배구조 영역에서의 DT 사례

기업은 디지털 기술을 활용하여 투명하고 책임 있는 기업 지배구조를 구축할 수 있는데, 기업은 DT를 통하여 이사회의 의사결정 프로세스를 투명하게 공개할 수 있거나 이해관계자와의 소통을 강화할 수 있다. 롯데손해보험은 2023년 3월에 열린 정기 주주총회에서 보험사 중에서는 최초로 전자투표와 서면투표를 동시에 시행하였다. 즉, 기존에는 주총에 참석한 주주들만 의결권을 행사할 수 있었지만, 주주들은 전자투표를 통하여 현장에 참석하지 않아도 의결권 행사를 할 수 있게 되었다. 이처럼 DT를 통하여 소액주주의 권리가 제고되고 주총에서 주주들의 의사가 실질적으로 반영되어 기업지배구조가 개선되었다.[8]

이처럼 DT와 ESG 경영은 기업의 경쟁력 강화와 지속가능한 발전을 위한 필수적인 요소이다. 따라서 기업은 트윈 트랜스포메이션을 적극적으로 추진하여 기업의 미래를 준비해야 한다.

선택이 아닌 필수! ESG

"2020년 중순까지 기후변화로 인한 위기 대응에 동참하지 않거나 총수익의 25% 이상을 석탄 화력 생산으로 매출을 올리는 기업들을 투자에서 제외할 것이다"[9] (전세계 최대 자산운용사 BlackRock, 2020)

"한국전력은 2019년, 2020년, 2021년 3년 연속 ESG 미흡으로 미래세대펀드Future World Fund에서 제외된 후 재가입을 하지 못하고 있다"[10] (영국 최대 자산운용사 LGIMLegal & General Investment Management, 2021)

"담배 생산기업에 대한 투자를 완전히 배제하는 것을 목표로 하고 있고, 유통회사의 경우 담배 매출액 비중이 5% 이상이면 투자 대상에서 제외시킬 것이다"[11] (스웨덴의 167년 된 스톡홀름 엔스킬다은행(SEB), 2022)

<출처: pixabay, geralt>

기업은 주식과 채권을 발행하여 혈액과 같은 자금을 제공받아 기업을 운영한다. 자본시장이 발전할수록 주식이나 채권을 매입하는 연기금이나 자산운용사의 영향력은 커지고 있다. 기업의 경영진들은 연기금이나 자산운용사의 운영 기준에 촉각을 곤두세울 수밖에 없다. 연기금과 자산운용사가 온실가스와 같은 환경문제, 사회적 약자에 대한 책임 있는 배려, 투명한 지배구조를 무기로 기업들을 압박하기 시작하였다.

한국전력은 자체적으로 ESG 노력을 하고 있음에도 불구하고, 영국 최대의 자산운용사인 LGIM의 ESG 기준을 충족할 별도의 노력을 하지 않았다는 이유로 해당 펀드에서 제외된 후 재가입되지 못하고 있다. 자산운용사와 기업의 ESG에 대한 시각 차이로 기업의 중요한 자금 공급자들이 줄어들면 기업의 조달 비용이 올라가고 기업 경영의 부담이 가중될 수 있다.

ESG란 무엇인가?

ESG가 무엇이길래 연기금이나 자산운용사가 스튜어드십 코드나 운용기준을 바꾸면서까지 기업을 압박하는 것일까?

ESG는 밀레니얼이 시작되는 2000년 유럽의 영국, 프랑스, 독일, 스웨덴, 벨기에의 연기금 등을 중심으로 ESG 정보공시 기준을 정하면서 개념이 정립되기 시작하였다. ESG 용어는 2004년에 UNGC UN Global Compact와 20여 개 금융기관이 'Who Cares Wins' 보고서를 공동으로 작성하면서, "중장기적으로 기업의 ESG 성과는 가치창출능력을 효과적으로 나타낼 수 있다"고 처음으로 언급하면서 세상으로 나왔다. 그 후 2006년 UN은 6개의 투자원칙과

35개의 실천프로그램으로 구성된 '사회책임투자원칙PRI: Principles for Responsible Investment'에서 ESG 용어를 재차 사용하면서 ESG가 더 많이 사용되었다.

기존에는 기업가치 판단 시 매출액, 순이익, 자기자본 같은 재무적 성과를 통하여 기업을 평가하였지만 최근에는 재무적 성과 외에 비재무적 성과를 통하여 기업가치를 측정할 수 있는 ESG를 통하여 기업을 평가하고 있다.[12] ESG는 투자자의 관점에서 사회적 책임을 다하는 기업을 고르는 기준이며, 다양한 방법으로 계량화와 정량화가 되었다.[13]

ESG는 환경Environment, 사회Social, 지배구조Governance의 머리글자로 구성된 단어로서, 기업이 지속가능하기 위하여 환경, 사회 그리고 지배구조의 각 영역에서 무엇을 해야 하는지를 언급하고 있다.

환경은 기업의 환경 경영과 관련되어 있는데, 기업이 환경친화적인 사업 프로세스를 채택하고, 자원의 과사용을 줄이며 그리고 온실가스 배출과 오염을 감소시킬 어떤 노력을 했는가를 나타낸다. 친환경적인 에너지 사용, 재활용, 환경 보호 그리고 기후변화 대응 등이 여기에 해당된다.

사회는 기업이 사회적 가치를 창출하고 사회 문제에 대한 책임을 어떻게 수행하는지와 관련된다. 포용성, 다양성, 노동 조건, 고객 건강과 안전, 지역 커뮤니티 지원, 고객 개인정보 보호, 인권 존중 그리고 사회적 불평등 감소 등이다.

지배구조는 기업 내부의 조직 및 의사 결정 과정을 관리하고 투명하게 운영하는 방식과 관련된다. 이는 이사회의 역할과 독립성,

내부 통제, 공정한 경쟁과 부패 방지, 주주 권리 존중, 회계 및 재무 보고 투명성 등을 다룬다.

ESG는 기업과 조직이 이러한 세 가지 영역에서 사회적 가치를 창출하고 장기적인 지속가능성을 고려하는 데 도움을 준다. ESG는 투자자, 고객, 직원 등 다양한 이해관계자에게 긍정적으로 받아들여지는데, 기업이 ESG 원칙을 준수하면 금융적 성과, 위험 관리, 지속가능한 발전, 브랜드 평판 향상 등 다양한 이점을 얻을 수 있다. ESG 활동은 환경과 사회적 문제에서 기업이 일으킬 수 있는 불이익을 최소화하고 지배구조의 효용성을 극대화하여 기업의 지속가능성과 장기적 기업가치에 큰 영향을 주는 요소로 인식되기도 한다.[14]

ESG는 지속가능성의 큰 뿌리에서 성장하였지만, 투자자의 시각이 반영된 지속가능경영이기도 하다.[15] 환경적으로 환경오염 예방, 사회적으로 노동 관행 개선, 지배구조적으로 이사회 구조 및 다양성 증진과 같은 ESG 활동을 성공적으로 수행함으로써 기업의 지속가능성이 증가한다.[16] 반대로 기업이 경제 · 사회 · 환경적 측면을 모두 고려하지 않을 경우 '지속 불가능한' 경영을 하게 되어 위험에 빠지기도 한다.[17]

ESG가 윤리나 도덕에 치우친 것처럼 보이지만, ESG는 오히려 자금과 더 관련되어 있다. 2008년 글로벌 금융위기를 촉발한 월스트리트 금융자본가들이 "ESG 경영을 잘하는 기업이 그렇지 않은 기업에 비해 성공할 확률이 더 높다"고 강조했는데, 탐욕스러운 금융자본가들이 회사들에게 착한 기업을 요구한 이유는 영리를 추구하는 기업의 목적이 바뀐 것이 아니라 그 목적을 달성할 경영환경이 바뀌었기 때문이다. 즉, 2050년까지 탄소중립을 해야 한다는 환경 부문에서의 아젠다Agenda가 새롭게 등장하면서 ESG를 강조하였지만, 실은 그 전부터 사회 부문에서 CSR에 대한 연구와 활동은 활발하게 이루어졌었다.

기업의 사회적 책임Corporate Social Responsibility, CSR

스미스Smith(2003)는 CSR에 대하여 "다양한 이해관계자들에 대한 기업의 의무로서 기업이 사회로부터 얻은 이익을 사회에 적절하게 환원하는 기업의 경영활동을 의미한다"고 주장하였다.[18] 또한, 캐럴Carroll(1991)은 CSR을 "기업이 주어진 자리에서 적시에 사회가 조직에 가지는 경제적, 법적, 윤리적, 자선적 기대를 달성하는 것이다"고 정의하였는데, 이 네 가지 요소를 살펴보면 다음과 같다.[19, 20]

① 경제적 책임Economic Responsibility은 가장 기본이 되는 사회적 책임활동이다. 기업은 경제주체로서 사회가 요구하는 제품이나 서비스를 생산하면서 높은 수익성을 추구하는데, 기업의 이윤창출을 통하여 주주 가치를 극대화해야 한다.

② 법적 책임Legal Responsibility은 사회가 요구하는 법적 요구사항을 준수하는 것을 의미한다.

③ 윤리적 책임Ethical Responsibility은 사회가 기업에게 기대하는 윤리적인 측면에서의 책임으로서 법으로 요구되지는 않지만 이해관계자들에 의해 요구되는 책임을 말한다.

④ 자선적 책임Philanthropic Responsibility은 자발적 영역에 속하는 사회적 기부 행위 등이 기업의 개별적 판단이나 선택에 맡겨져 있는 책임이다.

CSR의 자선적 책임에서 언급된 기업의 선택적 영역이 ESG의 강제성과 가장 큰 차이점이다. 이에 관하여 클락슨Clarkson(1995)은 "기업의 사회공헌활동CSR은 기업 입장에서 하면 좋지만 꼭 해야 하는 것은 아니다"고 CSR의 선택성에 대해 주장하였다.[21]

하지만, 프리만Freeman(2010)이 "기업은 주주의 요구만을 위하지 않고 잠재적으로 기업 실적에 영향을 주는 이해관계자에 대한 배려를 통해 기업은 결과적으로 재무성과를 향상시킬 수 있다"고 강조했는데, 기업은 기업활동에 영향을 받는 이해관계자인 소비자, 노동자, 지역사회 등으로부터 긍정적인 평가를 받을 때 기업성과가 향상된다는 의미로서 기업이 선택적인 CSR을 자발적으로 하게 되어 있다는 뜻이다.[22, 23]

지속가능발전 목표Sustainable Development Goals, SDGs

SDGs는 2015년 9월 25일 UN 지속가능발전 정상회의UN Sustainable Development Summit에서 2030년까지 '단 한 사람도 소외되지 않는Leave no one behind'이라는 슬로건을 통하여 인간, 지구, 번영, 평화, 파트너십이라는 5개 영역에서 지구촌 모든 사람들이 나아가야 할 방향성을 17개의 목표와 169개의 세부목표로 제시한 국제적 목표이다.[24]

SDGs와 ESG는 모두 지속가능성을 추구한다는 점에서 공통점이 있지만, ESG는 기업의 지속가능성을 평가하는 지표인 반면 SDGs

는 특정 기업이나 국가만이 달성해야 할 목표가 아니라 지구상의 모든 사람이 실행하고 지켜야 할 약속이다. 따라서 ESG는 SDGs의 일부분으로 볼 수 있다.

일례로, 직장 내 괴롭힘 예방과 관련하여 ESG에는 예방교육 같은 1:1 대책이 필요하지만, SDGs는 사내 어린이집 설치 사례처럼 구인난 해소를 실현(목표8: 양질의 일자리와 경제성장)하였고, 여성의 사회진출을 구현(목표1: 빈곤 종식, 목표5: 성평등)하는 것처럼 다중 혜택을 거둘 수 있다.[25] 한국에서는 SDGs가 ESG에 비해

지속가능개발 목표(SDGs)

1	모든 국가에서 모든 형태의 빈곤 종식	사회
2	기아해소와 식량안보 달성, 지속가능농업 발전	사회
3	건강한 삶의 보장 및 웰빙 증진	사회
4	양질의 교육보장과 평생학습 향상	사회
5	성평등 달성과 여성역량 강화	사회
6	물과 위생시설의 접근성과 관리 강화	사회
7	모두에게 지속가능한 에너지 보급	사회
8	지속가능한 경제성장과 일자리 증진	경제
9	인프라 구축과 지속가능한 산업화 확대	경제
10	불평등 해소	사회
11	지속가능한 도시 조성	사회
12	지속가능한 소비와 생산패턴 확립	경제
13	기후변화 대응	환경
14	해양과 해양자원 보존과 지속가능 이용	환경
15	육상생태계의 보호와 지속가능 이용	환경
16	지속가능한 발전을 위한 평화로운 사회 증진과 제도 구축	사회
17	지속가능발전을 위한 이행수단 강화를 위한 글로벌 파트너십 강화	사회

<출처: UN 홈페이지>

상대적으로 덜 알려져 있지만 이웃 나라 일본에서는 SDGs에 대한 연구와 활동들이 활발하게 이뤄지고 있다.[26]

이와 같이 CSR, ESG 그리고 SDGs는 모두 기업의 지속가능성을 추구한다는 점에서 공통점을 가지고 있다. 기업이 사회적 책임을 의미하는 CSR과 지속가능성을 평가하는 지표인 ESG를 실천하고 지속가능한 발전을 위한 국제적 목표인 SDGs에 기여할 수 있다면 기업의 지속가능성은 더욱 높아질 것이다.

시대의 대세! 디지털 트랜스포메이션(DT)

> "2021년 1월에 40년 역사를 자랑하는 강남의 첫 오성급 호텔인 쉐라톤 서울 팰리스가 코로나19 장기화로 폐업을 하였다. 이 외에도 코로나 때문에 르메르디앙 호텔, 밀레니엄 힐튼 서울 호텔이 폐업이나 매각 위기에 처했다."

그런데, 2018년 7월에 총 523실 규모로 동대문에 개업한 노보텔 앰배서더 동대문은 코로나가 위세를 떨치고 있을 때 더 빛을 발하였다. 이 호텔은 KT의 인공지능기술인 '기가지니 호텔' 솔루션이 적용된 국내 최초의 인공지능 호텔이었다. '기가지니 호텔'은 음성 인식뿐만 아니라 터치스크린을 갖춘 객실에서 고객이 호텔의 다양한 서비스를 쉽고 빠르게 이용할 수 있게 하였다. 특히 음성명령으로 객실을 제어하는 '스마트 객실'이 있고, 각종 욕실용품과 소모품을 전달하는 배달 로봇 '엔봇N bot'을 통해 고객들에게 새로운 투숙 경험을 선사하고 고객의 관심을 끌었다.[27] 이와 같이 디지털 트랜스포메이션은 팬데믹 상황 같은 통제할 수 없는 상황에서 기업에게 새로운 돌파구를 제공하였다.

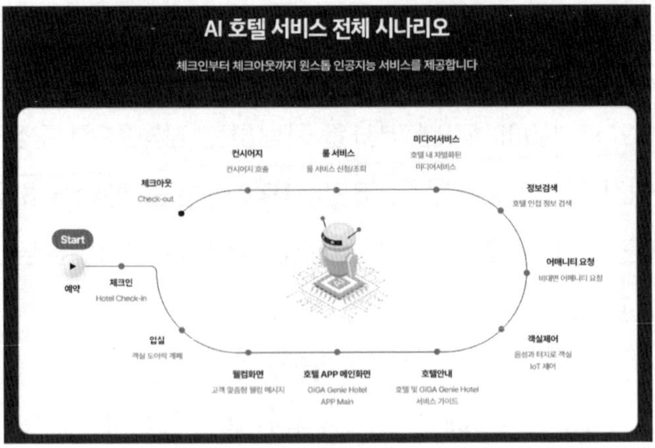

<출처: KT Enterprise, AI호텔>

디지털 트랜스포메이션의 개념

디지털 트랜스포메이션Digital Transformation은 사용자의 목적에 따라 'DX', 'DT' 그리고 '디지털 전환'으로 사용된다. DX의 X는 'Trans-'라는 접두사가 '뛰어넘거나 가로지르다'라는 의미를 가지고 있기 때문에 'X'를 사용한 것이고, T는 Transformation의 앞 글자를 따서 사용한 것이다.[28] 본서에서는 디지털 트랜스포메이션을 DT로 사용하였다.

DT는 디지털 기반 위에서 기업의 모든 것을 근본적으로 변화시켜서 변화하는 경영환경에 선제적으로 대응하는 경영 전략이다.

디지털 리테일 컨설팅그룹(2017)이 "DT는 디지털적인 기반위에서 기업의 조직, 문화, 전략, 프로세스, 비즈니스 모델 그리고 커뮤니케이션 시스템 등을 근본적으로 변화시키려는 경영 전략이다"고 주장했고,[29] AT Kearney는 "DT는 'ICBMIoT, Cloud, Bigdata, Mobile + AI'와 같은 디지털 신기술이 촉발한 경영환경 상의 변화에 선제적으로 대응하여 현행 비즈니스의 경쟁력을 획기적으로 높이거나 새로운 비즈니스를 통하여 신규 성장을 추구하는 기업활동이다"고 밝혔다.[30]

DT의 특징

(1) 데이터를 중심으로 구축

DT Digital Transformation라는 단어에 들어가 있는 디지털은 데이터를 중심으로 구축된다. 최근에는 모바일과 사물인터넷 때문에 기업이 수집할 데이터가 폭증하고 있다. 즉, 정보시스템의 디지털화 대상이 횡적으로 많아졌고, 사물인터넷과 모바일 기술의 영향으로 종적으로도 확대되었다.[31]

(2) 기술의 이해도와 편리성 상승

DT는 기업들로 하여금 기술에 대한 이해도와 편리성을 높여주는데, DT를 통하여 기업의 기술에 대한 이해도가 높아지고 경영활동이 더욱 편리해지고 있다. 즉, DT라 불리는 정보시스템 Information System 연구가 진화하는 기술에 대한 이론적이고 경험적인 깨우침을 통하여 기술에 대한 더 깊은 이해를 돕고, 우리 생활의 지속적인 변화에 기여할 수 있다.[32]

(3) 유연한 문화 조성

DT는 조직문화에도 영향을 미치며 혁신을 촉진하는데, 이때 기존의 업무방식과 사고방식을 바꾸고 변화를 수용할 수 있는 유연한 문화를 조성하는 것이 중요하다. DT는 특별히 어렵거나 낯선 기술이나 시스템이 아니므로, 새로운 시스템을 만들기보다 기존의 활용되고 있는 시스템에 DT의 핵심 기술을 접목하여 그 영역을 넓히는 것이 필요하다. 즉, DT는 지금까지 디지털이 아닌 부분을 디지털화하는 것이고, 기존에 존재하였던 기술을 적극적으로 가져와 쓰거나 새로운 기술을 고안하는 활동을 통틀어 지칭하는 것이다.[31]

(4) 새로운 수익 모델을 포함

DT는 기업이 기존 비즈니스 모델을 검토하고 새로운 수익 모델을 탐구하는 과정을 포함한다. 이는 새로운 수익원을 창출하거나 기존 수익원을 최적화하는 방식으로 이루어진다. DT에서 디지털을 많이 확보한다고 충분한 것은 아니며, 디지털도 중요하지만 무엇을 어떻게 변화시켜야 하는지를 아는 것이 더 중요하다. DT의 핵심은 디지털이 아니라 디지털 기술을 이용하여 비즈니스 모델을 전환하는 트랜스포메이션을 통하여 더 나은 성과를 만드는 것이다. 따라서, 일하는 방식 전반과 비즈니스 구조의 혁신이 필요하다.[5]

(5) 고객 기반의 경험 제공

AI 기반의 융합혁신의 시대에는 고객들의 요구와 기대가 계속 변화하고 있다. DT는 이런 고객들의 요구 변화를 제대로 파악하고 고객 기반의 경험을 제공하여 기업에 대한 고객의 만족도를 높인다. 그래서, 고객들은 그들의 충성고객이 된다. 기업들이 인간 중심의 DT 시대에서 갖추어야 할 핵심적인 전략과 역량은 고객을 이해하는 것이다. 모든 인간은 기업의 잠재고객이므로 기업은 급변하는 고객의 성향과 니즈를 면밀하게 이해하는 것이 DT 시대에 필요한 역량과 전략의 근간이다. 또한 기업과 기술이 디지털에 기반한 파괴적 혁신을 주도하는 것이 아니라, 고객이 DT를 주도하는데 고객이 찾는 기업만이 살아남을 수 있기 때문이다.

DT는 기술을 활용하여 조직의 비즈니스 방식을 혁신하고 최적화하는 과정인데, 기업은 이를 통하여 경쟁력을 확보하고 미래의 비즈니스 환경에 대비할 수 있다.

T

2장. ESG 경영은 목적지다

- ESG 경영의 이점
- 변화하는 ESG 트렌드
- ESG를 위하여 꼭 필요한 디지털

ESG 경영의 이점

> "전 세계 식량의 90%에 해당하는 100대 농작물 중 70% 이상이 꿀벌들의 도움으로 살아간다. 그 가치는 약 730조 원으로 추정된다."

유엔식량농업기구FAO는 "세계 최대 3,000만 종으로 추정되는 곤충 등이 개화식물 87%의 수분Pollination을 책임지고 있고, 전 세계 식량의 90% 이상은 꿀벌과 같은 화분 매개 동물의 수분 활동의 도움을 받아 생산한다"고 밝혔고, 유엔생물다양성과학기구IPBES는 꿀벌의 경제적 가치를 최대 5,770억 달러한화 약 730조 원으로 추정하였다.

전세계 40여종의 꿀벌 중 40%가 멸종되어 개체 수가 급격히 줄고 있다. 꿀을 구하러 간 꿀벌이 돌아오지 않아 여왕벌과 새끼 벌까지 집단으로 죽는 군집붕괴현상Colony Collapse Disorder이 발생되고 있다. 2006년 미국 벌의 25~40%가 사라졌다. 한국 농림축산식품부에 따르면 2021년 겨울에 국내에서 월동중인 사육 꿀벌 약 39만 봉군이 사라졌다고 한다. 1봉군을 약 2만 마리로 환산하면 약 78억 마리가 사라진 것이며 전체 255만 봉군의 약 15% 정도의 꿀벌이 사라진 것이다.

꿀벌이 사라지는 이유로는 첫째, 꿀벌의 기억과 위치 파악 기능에 혼란을 일으키는 네오니코티노이드Neonicotinoid가 함유된 농약 때문이다. 둘째, 지구온난화로 인하여 꿀벌들이 낮은 기온의 지역으로 이주하지 못해서 죽어가고 있다. 오타와 대학교의 제레미

커Jeremy T. Kerr 교수팀은 <사이언스Science> 학술지에 "지구온난화로 인해 기후변화가 일어났고, 이로 인해 꿀벌의 서식지가 줄어들어 꿀벌이 사라지게 되었다"고 발표했는데, 지구온난화가 꿀벌 감소의 주범이라는 뜻이다.

하버드 공중 보건대의 사무엘 S 마이어Samuel S. Myers 교수팀은 <란셋The Lancet>이라는 학술지에서 "꿀벌과 같은 꽃가루 매개 곤충들이 100% 사라지게 되면, 전 세계적으로 과일 생산량의 23%가 감소하고, 채소는 16% 정도 감소할 것이다. 또한, 견과류의 생산도 23% 감소할 것이다. 이로 인하여 인구 사망자는 약 142만 명 정도 될 것이다"고 보고하였다.

꿀벌은 유엔이 2015년에 제정한 지속가능개발목표SDGs, Sustainable Development Goals의 17개 항목 중 평화와 정의를 말하는 16번 항목 그리고 목표를 위한 연대의 17번 항목을 제외한 15개 항목에 영향을 미치고 있다.[33]

<출처: Pixabay. designerpoint>

꿀벌의 감소가 지구와 인류의 위기를 초래할 수 있다는 메시지는 기업에게 환경 보호 경영의 중요성을 일깨워준다. 이번 글에서는 환경 보호 경영을 포함하고 있는 ESG 경영의 가치와 이점에 대하여 살펴보고자 한다.

ESG 경영의 이점

(1) 기업의 재무성과 향상

ESG 경영은 기업의 금융성과와 투자 유치에 긍정적인 영향을 미칠 수 있다.

ESG 경영 기업에 투자자가 몰리는 이유는 ESG 경영이 기업의 지속가능성을 높이고, 미래에 안정적인 성장을 이끌 수 있기 때문이다. 투자자의 숫자가 증가하면 해당 기업의 채권 가격은 상승하고 금리는 하락하게 되며, 재무적 기회비용의 감소는 기업실적을 개선시켜서 기업의 가치를 높인다. 또한 기업은 낮아진 이자 비용이나 늘어난 자금을 통하여 새로운 투자나 성장 기회를 포착할 수 있다.

이와 관련한 연구를 살펴보면, 강원과 정무원(2020)은 "ESG성과는 기업가치Tobin-Q에 유의한 양의 영향을 미친다"고 주장하였고,[34] 알라리니와 함단Alareeni & Hamdan(2020)은 "ESG나 CSR의 공개수준이 높을수록 총자산수익률ROA과 총자산순이익률ROE도 높아진다"고 연구하였다.[35]

MSCI는 2007년부터 2017년까지 MSCI World Index의 1,600개 이상 종목에서 ESG가 기업가치에 미친 영향을 분석하였는데, 우수 ESG등급을 보유한 그룹은 바닥권 ESG등급 그룹에 비하여 높은 수익성을 시현하였고 배당률도 높았다. 우수 ESG 등급 그룹은 열위 그룹 대비 리스크 사건 발생 빈도가 적었으며, 자본비용도 상대 그룹에 비해 낮아서 기업가치가 높게 평가되었다.

(2) 브랜드 가치와 경쟁력 향상

ESG 경영은 환경 보호, 기업의 사회적 책임 그리고 지배구조의 투명성을 강조함으로써 기업의 브랜드 이미지를 개선시킨다. 즉, ESG 경영을 하는 기업은 소비자, 직원이나 관계사 그리고 투자자 등 이해관계자들로부터 신뢰와 지지를 얻어서 브랜드 가치가 향상되어 경쟁력을 높이고 기업의 장기적 지속가능성을 제고시킨다.

세계적인 커피 프랜차이즈 기업 스타벅스의 테이크아웃 커피잔에 사용하는 플라스틱 빨대의 사용 중단이나 빨대 없는 뚜껑의 사용은 소비자들이 스타벅스를 친환경 기업으로 인식하게 만들어 기업의 브랜드 이미지를 크게 향상시킨 사례로 볼 수 있다.[36]

(3) 내 · 외부 고객의 선호도 향상

지속가능한 비즈니스 기준의 ESG 경영을 채택하는 기업은 브랜드 이미지를 향상시키고 고객들로부터 긍정적인 인식을 받게 된다. 이로써 ESG 경영은 기업 내부의 고객 만족을 증진시키고, 기업 외부의 고객 유치와 유지에 도움을 준다.

런던 비즈니스스쿨의 알렉스 에드먼스Alex Edmans 교수가 포춘Fortune이 선정한 일하기 좋은 100대 기업을 대상으로 25년 동안 실시한 설문조사에서 "직원들이 행복을 느끼는 기업에 대한 주가수익률이 다른 일반 기업에 대한 투자 수익률보다 13.6%포인트 더 높았다"고 밝혔는데, 일하기 좋은 기업은 그렇지 않은 기업에 비해 고객의 사랑을 받고 실적도 좋았다는 뜻이다.[37]

김재필(2021)은 "ESG 중 사회적 요인을 평가하는 부분에서 기업 내부의 이해관계자라 할 수 있는 종업원에 대한 케어는 기업 브랜드 제고는 물론 실적 향상과도 이어질 수 있는 중요한 요소이다"고 밝혔는데, 내부 고객의 만족이 기업 브랜드 제고 및 실적과 이어진다는 뜻이다.[4]

또한 기업이 환경의 보호, 사회에 공헌하려는 노력, 공정하고 투명한 회사에 대한 이해관계자의 요구 등에 부합하는 ESG 경영을 하게 되면 외부 고객의 신뢰를 얻을 수 있다. 롯데케미칼이 폐플라스틱 수거문화 개선 및 재활용을 통한 플라스틱 순환경제체제 구축캠페인 프로젝트 루프Project LOOP를 통하여 2021년부터 3년간 폐PET병을 약 400만개, 리싸이클 제품화를 약 7만점, 소셜벤처 8개사 지원, 자원선순환 교육 약 7,200명의 활동을 펼쳐서 외부 고객의 선호도를 높여서 고객 신뢰도를 얻어냈다.[38]

(4) 법적 리스크의 회피

유럽연합과 미국 등 많은 국가와 규제 기관이 ESG 요소에 대한 규제를 강화하고 있지만, ESG 기준을 준수하고 ESG 경영을 하면 법적 문제나 제재를 피하고 비즈니스 연속성을 유지할 수 있는 이점을 가지고 있다.

EU는 4억 4,720만 명의 인구를 가진 세계 3대 시장이자 한국의 3위 교역 파트너이며 글로벌 환경 어젠다를 주도하고 있는데, EU 그린딜 정책에서 제품의 수리 · 업그레이드 · 재활용 가능성 촉진을 위한 에코디자인Ecodesign 지침 적용 범위를 확대하고 있다. 따라서, 한국의 기업들이 EU발 환경 규제의 영향 평가와 대응을 선제적으로 모색한다면, 관련 규제를 통한 미래 매출의 불확실성을 줄이고 지속가능성을 높일 수 있다.

온실가스로 인한 지구온난화와 기상이변의 피해로 각국이 2050년까지 기업이 사용하는 전력의 100%를 재생에너지로 대체한다는 RE100Renewable Energy100 때문에 기업의 고비용이나 고액 투자가 발생하더라도 전기차와 같은 친환경 제품을 사용해야 한다. 기업이 고가의 제품이라 하더라도 친환경 제품을 선제적으로 사용한다면 RE100 관련한 법적 리스크를 회피할 수 있다. 관련하여 미국 최대의 물류회사인 페덱스는 전체 차량 중 약 20%에 해당하는 삼만오천 대의 수송차량을 하이브리드나 전기차와 같은 친환경차로 교체하여 19억 리터의 연료 소비를 줄였듯이 지속가능한 경영을 바라는 기업들은 글로벌 교역 대상 국가나 규제기관의 ESG 요소를 면밀히 점검하고 대응책을 ESG 경영에 반영해야 한다.

이와 같이 ESG 경영은 재무성과 향상, 브랜드 가치와 경쟁력 향상, 내·외부 고객의 선호도 향상 그리고 법적 리스크의 회피와 같은 다양한 이점을 제공한다. 이로써 기업은 사회적인 가치 창출뿐만 아니라 기업의 장기적인 지속가능성을 높일 수 있다.

변화하는 ESG 트렌드

"발전용 석탄 같은 지속가능하지 않은 사업을 하는 회사로부터 자금을 회수하고, ESG 정보를 공개하지 않는 기업에 의결권을 행사하여 이사회에 책임을 묻겠다."[9] 세계 최대 자산운용사 블랙록의 래리 핑크 회장이 2020년 1월 초 CEO에게 보낸 연례 서한의 내용이다.

"화석연료 생산업체는 러시아산 에너지를 대처하기 위해서라도 화석연료 생산량을 늘릴 필요가 있다."[39] 블랙록이 2022년 5월에 러시아의 우크라이나 침공으로 에너지 공급난이 가중되어 기업의 비용 부담이 커진 상황에서 한 말이다.

"ESG 용어를 쓰지 않겠다."[40] 블랙록의 래리 핑크 회장이 2023년 4월에 미국의 경제방송인 CNBC와 인터뷰 중 한 말이다.

<출처: 블랙록 홈페이지>

ESG에 대한 블랙록의 기조가 바뀐 것일까? 아니다. 블랙록의 ESG에 대한 투자 기조는 바뀌지 않았다. 블랙록의 래리 핑크 회장은 2023년 4월에 CNBC와의 인터뷰에서 "ESG 용어를 쓰지 않겠다"고 말하면서 "ESG가 극단적 정치인들에 의해 정치 무기화되었기 때문이다. 하지만, ESG에 대한 블랙록의 입장이 바뀐 건 아니다"고 밝혔는데, ESG의 정치 쟁점화에 회의를 느낄 뿐이지 ESG 기준은 그대로 유지한다는 뜻이다.

2022년 블랙록의 투자 스튜어드십 보고서에서 "블랙록은 기업이 기후 위험과 기후 기회를 위기관리, 전략 그리고 지배구조에 어떻게 통합하고 있는지를 볼 것이다. 또한 기업이 Scope1[1]과 Scope2[2] 영역에서 온실가스 정보공개와 단기 · 중기 · 장기에 걸쳐 과학적 감축목표를 투자자에게 공개하는지를 살펴보겠다"고 강조했는데, 블랙록은 온실가스 정보공개와 감축목표에 대한 감시를 지속적으로 하겠다는 뜻이다.

ESG 트렌드는 코로나19 사태 이전과 이후로 크게 대별된다. 다음에서 환경, 사회, 지배구조의 3개 영역에서 코로나19를 전후하여 어떤 변화가 있었는지를 살펴보고자 한다.

ESG의 환경 영역에서 코로나19 전후 비교

환경 부문에서 코로나19 이전에는 기업이 기후변화에 대한 투자 및 논의로서 전기차, 재생에너지 그리고 환경 영향을 줄이는 공급

---

1) Scope1: 연소 등 기업의 생산 활동 중 직접적으로 발생한 역내 온실가스 배출량
2) Scope2: 기업이 구입한 전기나 물을 생산하면서 발생한 역외 온실가스 배출량

망의 지속가능성에 관심을 가졌다.

2014년부터 한국에 진출한 스웨덴의 가구 제조 판매회사 이케아IKEA는 자사가 글로벌 시장에서 판매하는 모든 제품의 사용가능기간 중 에너지 사용량을 계산하여 예상 온실가스의 배출량을 추정하였다. 이케아의 계산에 따르면 대상 제품들이 사용단계에서 배출한 온실가스량은 'Scope1 + Scope2 + Scope3[3)]' 합계 배출량의 20%를 차지하였다. 그래서, 이케아는 2015년부터 전력소비가 적으면서도 수명이 더 긴 LED 전구만을 판매하였다. 이처럼 판매제품의 전력 효율을 높이기만 하더라도 전사적인 온실가스 발생을 감축할 수 있었다.[41] 또한 이케아는 기업활동에서 부가가치가 생성되는 과정인 가치사슬 안에 있는 파트너의 50%가 재생에너지로 에너지원을 전환토록 유도하였다.[42]

코로나19 이후에는 기업들이 비대면 경제의 확산 같은 상황에서 비상활동을 포함한 비즈니스 연속성과 복원력을 더 중요하게 여겼다. 코로나와 같은 생태계와 기후의 변화에 민감해진 상황에서 지속가능성이 더 강조되었다.

미래인증 전문가 유영준(2022)이 "비즈니스 연속성 경영은 조직에 대한 잠재적 위협과 그 위협이 실제로 발생할 경우 야기될 수 있는 비즈니스 운영 위협에 대한 영향을 파악하고, 조직의 핵심 이해관계자 이익, 조직의 명성, 브랜드 및 가치창조 활동을 보호하는 효과적인 대응능력을 갖고, 조직회복력을 구축하는 프레임워크를 제

3) Scope3: 사업 운영에서 공급망, 운송, 제품 사용 또는 폐기와 같이 조직이 직접 소유하거나 통제하지 않는 자원으로부터 발생하는 온실가스 배출량

공하는 총체적 관리 프로세스이다"고 밝혔듯이, 비즈니스 연속성 경영은 기업의 예기치 못한 사고의 발생 가능성을 줄이고, 부득이한 사고가 발생할 경우 이에 대한 대응 시스템과 복구 가능한 경영 시스템을 제대로 구축하는 것을 뜻한다.

LG화학이 2020년 6월부터 목련이 개화하는 봄에 발생한 사고를 잊지 말자는 뜻에서 중대 환경안전사고 제로를 뜻하는 매그놀리아 프로젝트Magnolia Project를 추진하고 있다. 회사는 책임 있는 공급망 관리를 선언하고, 글로벌 기업에 맞는 환경안전관리체계를 확립할 것이라고 말하며 환경안전 관리체계를 대폭 강화하였다.[43]

ESG의 사회 영역에서 코로나19 전후 비교

사회 영역에서 코로나19 이전에는 기업들이 협력업체에 갑질을 하지 않고, 지역사회에 더 많은 지원을 하는 것과 같은 상생경영을 주로 하였다.

바른 먹거리를 표방하고 있는 식품기업 풀무원은 2015년부터 상생결제시스템을 도입·운영했는데, 이 시스템은 규모가 작은 기업이 원활하지 못한 자금 문제로 위기에 빠지지 않도록 배려하는 제도이다. 풀무원은 2017년에 상생결제시스템으로 93개의 협력기업에 436억 원을 지급하였고, 2020년에는 2,302억 원까지 확대하여 협력업체들과의 상생경영을 하였다.[44]

코로나19 이후에는 경제적·교육적 불평등에 대한 관심이 고조되면서 기업들은 사회적 불평등 해소에 더 관심을 두게 되었다.[45] 1804년에 설립된 영국의 유명한 자산운용사인 슈로더의 정책 리서치 총괄 책임자인 아나스타샤 페트라키는 "코로나와 같은 바이러스는 소득, 보건, 교육, 인종의 네 가지 영역에서 기존의 불평등을 특히 더 심화시켰다. 이러한 불평등 심화를 해결하기 위하여 집단적인 노력이 필요한데, 기업은 지속가능한 투자의 맥락에서 불평등과 같은 사회적 요인에 대해 적극적으로 관여하는 것이 그 어느 때보다 중요해질 것이다"고 강조하였듯이, 자산운용사들은 사회적 불평등 해소를 위하여 노력하는 기업들에 대한 투자를 늘리고 있다.[46]

ESG의 지배구조 영역에서 코로나19 전후 비교

지배구조 영역에서 코로나19 이전에는 기업의 의사결정과정과 기업 재무보고에 대한 투명성과 의사결정 과정에서 주주 이익을 강조하고 주주들의 의견을 더 고려하였다. 대부분의 상장사는 재무 관련 사업보고서를 분기별 기준에 따라 공시하고 있지만, 비재무 관련 지속가능 경영보고서는 선도적인 회사들에 한하여 자사 홈페이지에 제한적으로 공시되고 있었다. 이는 관련 공시 기준이 정립되지 않았고 공시 의무도 아직 시행되지 않았기 때문이다. 즉, 국내적으로는 2025년부터 상장기업 중 자산 2조 원 이상 기업들이 지속가능보고서를 공시해야 하고, 글로벌 환경에서도 2021년 1월에 ISSB가 지속가능성 공시 기준인 ISSB 기준을 만들었고, 2023년 6월에 ESG 공개 표준화 기준이 확정되었다.[47]

코로나19 이후의 지배구조 영역에서는 이사회 및 경영진의 다양성과 포용성이 더 중요한 주제로 부상하였다. 다양성 · 형평성 · 포용성이란 뜻의 DE&I(Diversity, Equity, Inclusion) 관련 이슈가 조직의 내부 · 외부에서 주목을 받고 있다.

구글트렌드에 따르면 DE&I 관련 이슈는 2020년부터 급격한 우상향 추세를 보였다.[45] 2020년 12월, 미국의 나스닥은 기업들이 상장 자격을 유지하기 위해서는 이사회 안에 여성 1명과 소수계층 1명과 같은 다양성 이사를 최소 2명 이상 확보해야 하고 미달할 경우에는 그 사유를 설명하라는 규정을 제안했고, 2021년 8월에 미국 증권거래위원회SEC가 나스닥에 상장된 회사의 이사회는 성별, 인종 다양성 확보 의무화를 승인하였다.[5]

골드만삭스는 2021년 하반기부터 다양성을 충족하는 이사를 보유하지 않은 기업에 대해서는 기업공개IPO 업무를 맡기지 않겠다고 밝혔다.[48] 세계 최대 자산운용사 블랙록은 2022년부터 미국 기업의 이사회에서 다양성 비율 30% 이상을 요구하였다.[5]

여성이 유리천장을 깬 사례들도 나오고 있다. 먼저 시티그룹은 미국의 메이저 은행으로서 최초로 제인 프레이저라는 현 시티은행장 겸 글로벌 소비자금융부 대표를 여성 CEO로 선임하였다.[49] 또한 미국의 케이블 뉴스 회사인 MSNBC는 2020년 12월에 업계 최초로 흑인 여성 라시다 존스를 차기 회장으로 선임하였다.[50] 미국 나스닥NASDAQ은 1명의 여성 이사와 성소수자LGBTQ, Lesbian, Gay, Bisexual, Transgender, Queer 등 다양성을 상징하는 이사를 상장 기업에 요구하였다.

이와 같이 ESG 트렌드는 코로나19 전후에 따라 많은 변화가 있었지만, ESG 요소는 여전히 기업과 사회에 중요한 영향을 미치고 있다. 그 강조점이 트렌드에 따라 변화되기도 하지만, ESG에 대한 본질은 더 강화되고 있다.

ESG를 위하여 꼭 필요한 디지털

2023년 가을 서울에 거주하는 직장인 호문씨는 예약된 시간에 스마트폰 알람 소리를 듣고 잠에서 깨어 휴대폰의 시간을 확인한다. 그는 지하철을 이용하여 출퇴근을 하는데, 후불 교통카드가 심어진 스마트워치를 지하철 개찰구에 갖다 대면 삑 소리와 함께 지하철 플랫폼으로 들어갈 수 있다. 회사에 출근해서 SNS에 온 신문들을 읽고, 지방에 있는 지점장과 화상회의를 하다가 메모할 것이 있으면 휴대폰 메모 앱에 기록을 한다. 점심시간이 되어 식당에 가면 테이블마다 있는 키오스크에서 희망하는 메뉴를 선택한 후 휴대폰 내에 저장된 페이를 키오스크에 접촉하여 결제를 마친다.

나른한 오후 시간에 밀려드는 업무에 집중하고 있을 때 휴대폰 달력에 입력된 신입사원 면접 일정을 알리는 알람이 울린다. 그는 신입사원 면접장에 가서 면접관 책상에 있는 노트북 속의 입사 지원자의 이력서 PDF 파일에 메모를 하며 면접을 본다. 자리에 돌아와서 오전에 통장으로 입금된 월급이 자동이체로 이체된 것을 확인한다. 잠시 휴식을 취하고 있을 때 휴대폰 카톡으로 온 모바일 부고장을 열어보니 장례식장이 지방이라서 부득불 조문을 가지 못하고 카톡방 안의 부의 봉투에 부의금을 담아서 송금한다.

퇴근 후 운동을 하고 스트라바 앱에 기록된 운동 경로 확인 후 다이어트가 되었는지 확인하기 위하여 디지털 체중계에 올라가서 몸무게를 측정한다. 곧바로 체중계에 나타난 몸무게와 체지방률 등에 대한 데이터가 휴대폰 앱에 업로드된다.

취침 전 내일 아침 식사를 준비하기 위하여 쇼핑몰 앱을 통하여 몇 가지 식자재를 주문하면 다음 날 새벽, 문 앞에 배달된 식재료로 요리하여 아침을 먹고 출근한다.

이처럼 코로나 이후 직장인의 하루 삶 속에 아날로그는 거의 찾아볼 수 없고 디지털이 대부분을 차지하고 있다. 소비자로서 개인의 일상이 이렇게 디지털로 변화되고 있는 것은 ESG 경영을 해야 하는 기업들이 비즈니스 모델과 전략을 디지털에 집중해야 한다는 것을 시사한다. 이번 글에서는 ESG 경영을 하는 기업들이 반드시 주목해야 할 디지털에 대하여 알아보고자 한다.

<출처: pixabay, Foundry>

디지털을 언급할 때 아날로그를 얘기하지 않을 수 없다. 아날로그Analog는 신호와 자료를 연속적인 물리량으로 나타낸 것을 말한다. 자동차의 속도를 바늘의 각도로 표시해주는 속도계, 수은주의 길이로 온도를 나타내는 온도계, 바늘의 마찰로 인해 녹음된 소리가 나오는 음반이 아날로그의 예다. 우리가 자연에서 얻는 신호는 대개 아날로그이다. 빛의 밝기, 소리의 높낮이와 크기, 바람의 세기

등이다.[51]

반면 디지털Digital은 데이터를 '0'과 '1'의 두 가지 상태로만 생성하고 저장하고 처리하는 전자 기술을 말한다. 디지털만의 장점으로서 무한복제 및 공유가 가능하다. 또한 복구 및 가공이 용이하다. 쌍방향성도 가지고 있다. 이와 같은 특성 때문에 속도가 빠르고 부가가치 창출이나 공유에 한계비용이 0에 가깝다. 세계적인 미래학자인 제레미 리프킨이 <한계비용 제로사회The Zero Marginal Cost Society>에서 "수십만원에 불과한 스마트폰은 전 세계 수십억 명과 연결이 된다. 이 돈으로 전세계의 모든 정보를 얻을 수 있게 된다는 것은 한계비용이 사실상 없다는 것을 의미한다"고 강조했듯이, 생산성을 높여서 한계비용을 낮추겠다는 기존의 관점에서 스마트폰이나 IoT 등과 같은 디지털 기술을 사용하여 제로 코스트로 연결, 공유, 복제 그리고 융합 등을 할 수 있다는 뜻이다.[52]

이러한 디지털 기술을 사용한 ESG 경영에 대하여 살펴보면 다음과 같다.

환경 부문에서 디지털 기술을 사용한 ESG 경영

디지털 기술은 고객 데이터 분석을 통하여 에너지 사용을 최적화하고 환경 영향을 줄일 수 있게 해준다. 스마트그리드 및 에너지관리 솔루션은 에너지 소비를 최적화하고 탄소발자국을 줄이는 데 도움을 준다.

대외경제정책연구원의 연구보고서인 <글로벌 탄소중립 시대의 그린뉴딜 정책과 시사점>에서 "정부는 저탄소 분산형 에너지 확산을 위한 정책과제로서 에너지관리 효율화 및 지능형 스마트 그리드Smart Grid 구축을 통한 저탄소 분산형 에너지 확산을 핵심과업으로 제시한다"고 밝혔는데, 저탄소 녹색 혁신 관련 재정 투입은 2022년에 12조 3,000억 원에서 2025년까지 61조 원 수준으로 확대될 예정이다. 정부도 저탄소 녹색 혁신을 이루기 위해서는 전력 공급자와 소비자가 양방향으로 실시간 정보를 교환하면서 에너지 효율을 최적화하는 차세대 전력망인 스마트그리드와 같은 디지털 기술이 꼭 필요하다는 것을 이미 인지하고 있다.[53]

IoT 센서, 인공지능 및 빅데이터 분석은 교통 및 물류 시스템을 최적화하고 더 효율적으로 운영할 수 있게 해준다. 이는 유해물질 배출을 줄이고 교통 체증을 완화할 수 있다. 김부기(2023)는 "스타트업들은 해운물류 정보를 활용하여 물류의 흐름을 최적화하고, 화주에게 기존에 제공하지 않던 최적화된 물류 서비스를 제공하고 있다"고 밝혔는데, 디지털 기술을 기반으로 자동화된 무인항만에서 화물을 싣거나 내리고 또한 관련 화물 물류 정보를 실시간으로 제공한다는 뜻이다. 또한 AI를 이용하여 빈 컨테이너 재배치 서비스를 제공하거나 높은 정확도의 다양한 해양 예측 정보를 제공하기도 한다.[54]

이러한 디지털 기술의 도입으로 기업은 환경 오염을 줄이고, 에너지 효율을 높이며, 친환경 경영을 실천할 수 있다. 이는 기업의 ESG 경영을 강화하고, 지속가능한 성장을 이루는 데 중요한 역할을 할 것이다.

사회 부문에서 디지털 기술을 사용한 ESG 경영

디지털 기술은 다양한 사회 및 경제적 그룹에 속한 개인들을 포용하도록 돕는다.

원격 교육, 원격 근무 등을 통해 고용 기회를 확장하고 교육 접근성을 향상시킨다. 이동주와 김미숙(2020)은 "디지털 기술을 기반으로 한 사회관계망 서비스SNS, 인공지능과 빅데이터 기술 그리고 학습관리시스템의 활용으로 온라인 학습 환경은 새로운 교육적 패러다임을 형성하였다"고 강조했는데, 디지털 기술을 통하여 온라인 교육이 더욱 역동적이며 효과적으로 이루어지고 있다는 뜻이다.[55]

기업은 디지털 기술을 사용하여 사회적 책임성 및 다양성과 관련된 데이터를 수집하고 보고할 수 있다. 이를 통해 기업은 공정성 및 다양성을 개선하고 사회적 목표를 달성하기 위한 전략을 개발할 수 있다. 김나미 등(2021)은 "다양한 이해관계자들로부터 CSR과 관련한 정보를 파악하게 될 경우 보다 효과적으로 CSR 전략을 수립하고 실행함으로써 CSR 성과를 높이는 데 도움이 될 수 있을 것이다"고 밝혔는데, 디지털 기술을 통하여 다양한 이해관계자로부터 수집된 정보가 CSR 전략 수립을 쉽게 하고 관련 성과를 높인다는 뜻이다.[56]

디지털 기술의 도입은 사회 전반의 불균형을 해소하고 기업의 ESG 경영을 강화하여 지속가능한 성장을 이루는 데 중요한 역할을 하고 있다. 즉, 학생 교육 기회의 불평등을 해소하는 원격 교육, 직원들의 삶의 질을 향상시키는 원격 근무, 기업의 ESG 경영을 투명하게 하는 CSR 정보의 수집으로 이해관계자들과의 소통 개선 등이 그 예이다.

지배구조 부문에서 디지털 기술을 사용한 ESG 경영

디지털 기술은 기업 지배구조를 강화하고 투명성을 제고하는 데 기여한다. 최근 금융계에서는 지배구조의 투명성과 정확성을 높이기 위하여 디지털 감사를 적극 도입하고 있다.

농협은 전국에 흩어져 있는 단위 조합으로 이루어져 있다. 물리적인 한계로 샘플링 감사를 해야만 하지만, 디지털 기술을 통해 전수 조사 분석으로 전환하여 투명한 재무 정보와 특이사항 관련 정보를 효과적으로 얻고 있다. 감사 대상인 농·축협에 직접 가지 않고도 전산 시스템을 활용한 디지털 감사를 통해 표준화된 감사자료 공유와 데이터베이스 축적으로 시간과 공간의 제약을 받지 않고 정확하고 효율적인 지배구조를 만들고 있다.[57]

디지털 전수 감사를 통하여 확보된 투명한 재무 정보는 기업의 재무 건전성을 높이고 이해관계자들과 소통에 도움을 준다. 이러한 ESG의 지배구조 강화활동은 ESG 경영의 투명성을 높이는 데 도움을 줄 수 있다.

이처럼 디지털 기술은 ESG의 각 측면에서 환경, 사회 및 지배구조 관리를 지원하고 향상시킬 수 있는 도구로 작용한다. 따라서, 디지털 기술을 적극적으로 활용하는 기업과 조직은 지속가능성과 사회적 책임성을 강화하며 긍정적인 비즈니스 결과를 달성할 수 있다.

3장. DT는 ESG역까지 가는 특급열차다

- DT 가치와 이점
- DT의 핵심, 디지털!
- DT가 ESG 경영에 미치는 영향과 이점

DT 가치와 이점

2007년 미국의 비디오 렌탈 시장에는 경마장에서 뛰고 있는 두 마리의 건장한 말처럼 경쟁하는 두 회사가 있었다. 하나는 지금까지 우승을 여러 번 하였지만, 노쇠하여 쇠퇴하고 있는 말 같은 회사가 있다. 그 이름은 블록버스터Blockbuster이다. 또 다른 경쟁자는 달릴수록 더 힘을 내고 역동적으로 앞서나가는 준마 같은 회사가 있다. 바로 넷플릭스Netflix다.

블록버스터는 1990년대 미국인의 90%가 블록버스터 매장에서 10분 거리에 산다는 통계가 나올 정도로 미국 전역 어느 지역에서나 찾아볼 수 있는 상호였다. 이 회사는 빅데이터를 활용해 지역마다 어떤 영화를 선호하는지 분석한 최초의 기업이었으며, 분석된 고객 성향에 따라 매장마다 재고를 다르게 가져갔다. 하지만, 블록버스터는 2010년 연방파산법원에 파산 보호를 신청하며 경주 트랙에서 탈락하였다.

반면, 리드 헤이스팅스는 블록버스터에 영화 아폴로 13 비디오테이프를 늦게 반납하여 40달러라는 연체료를 낸 것에 화가 나서 마크 랜돌프와 함께 1997년 8월에 DVD 대여를 하는 넷플릭스를 설립하였다. 넷플릭스는 온라인 DVD 배송을 시작하면서 블록버스터에 있는 연체료를 없앴다. 리드 헤이스팅스는 온라인 DVD 배송의 매출이 70억 달러한화 약 9.4조 원에서 100억 달러한화 약 13.4조 원를 유지할 때 안주하지 않고 동영상을 전송하고 재생하는 스트리밍Streaming 서비스로 비즈니스 모델을 전환하였다. 넷플릭스는 2010년에 해외 시장에 진출하면서 퀄리티 있는 현지화된 콘텐츠 제작자로서 변신을 시도하며 온라인 동영상 서비스인 OTT[Over-the-top] 시장의 1위가 되었다.

<출처: 넷플릭스 홈페이지>

블록버스터와 넷플릭스는 모두 디지털 트랜스포메이션을 시도하였지만, DT에 성공하여 생존한 기업은 넷플릭스다. 심지어 혁신을 이야기할 때 넥플릭스를 언급하기도 하는데, 전 로이터통신 기자 지나 키팅이 쓴 책 <넷플릭스드[Netflixed]>에 나온 '넥플릭스에 당했다[Netflixed]'란 단어는 실리콘밸리에서 넷플릭스의 파괴적 혁신을 뜻할 때 사용하는 단어다.

즉, 넷플릭스의 파괴적 혁신은 소비자의 요구를 충족하는 새로운 비즈니스 모델을 제시하고, 새로운 기술을 적극적으로 도입하여 기존 비즈니스 모델을 붕괴시킬 때 사용하는 단어다.[58]

DT는 현대의 기업들에게 많은 가치와 이점을 제공하는데, 그것들에 대하여 알아보려고 한다.

DT의 개념

1장 세번째 글(시대의 대세! 디지털 트랜스포메이션)에서 DT의 개념이 소개되었다. 즉, "DT는 디지털적 기반 위에서 기업의 모든 것을 근본적으로 변화시키는 경영 전략이며, 디지털 신기술로 인해 변화하는 경영환경에 선제적으로 대응하고 새로운 성장을 할 수 있는 기업활동이다"고 정의되었다. IT 업계 전문기관의 해석을 통하여 DT의 개념을 이해해보자.

시장조사기관인 IDC가 "DT는 기업이 새로운 비즈니스 모델, 제품 그리고 서비스 등을 창출하기 위하여 디지털 역량을 활용함으로써 고객 및 시장의 파괴적인 변화에 적응하거나 이를 추진하는 지속적인 프로세스"라고 정의했는데, DT는 디지털 역량을 활용하여 새로운 비즈니스를 창출하기 위한 파괴적인 변화를 지속적으로 추진하는 프로세스라는 뜻이다.[59]

또한, 글로벌 기술혁신 기업인 IBM은 "DT는 기업이 디지털과 물리적인 요소들을 통합하여 비즈니스 모델을 변화시키고 산업에 새로운 방향을 정립하는 전략이다"고 정의했는데, DT는 물리적인 요소와 디지털을 융합하고 변화한 비즈니스 모델을 통하여 새로운 비즈니스 방향성을 정립하는 경영전략이라는 뜻이다.[30]

DT의 가치와 이점

DT는 고객에게 더 편리한 맞춤형 서비스를 제공하여 더 나은 고객 경험을 제공한다.

기업은 DT로 기존에 없었던 다양한 채널을 통하여 수집된 데이터를 분석하여 고객의 요구사항을 이해할 수 있다. 미국의 공과대학인 MIT의 세바스찬Sebastian 교수 등(2017)이 "고객 참여 전략은 일반적으로 고객이 언제든지 모든 채널에서 일관된 방식으로 주문, 문의, 결제 및 지원을 쉽게 받을 수 있도록 하는 매끄러운 종합 채널 환경을 조성하는 것을 목표로 하며, 이러한 전략은 증가하는 고객 데이터 저장소에 적용되는 분석에 의존하여 다양한 고객 요구를 더 잘 이해하고 예측할 수 있다"고 강조했듯이, DT는 고객 접촉의 종합적인 채널 환경으로서 고객 데이터를 기반으로 고객의 요구를 이해하고 고객에게 더 나은 경험을 제공한다.[60]

DT는 비즈니스 프로세스를 자동화하고 최적화하여 생산성을 향상시킨다.

작업이 자동화되고 디지털화됨으로써 작업자의 실수를 줄이고 업무처리시간을 단축시키며 비용을 절감시킨다. 캐나다의 HEC 몬트리올 대학의 교수 바이알Vial(2019)이 "기업은 디지털 기술을 활용하여 기존의 가치창출경로를 변경함으로써 경쟁력을 유지할 수 있고, 구조적인 변화를 통하여 변화에 대한 장벽을 극복하여 조직에 긍정적인 영향을 미칠 수 있다"고 밝혔듯이, DT는 기업의 경쟁력과 조직의 생산성을 높이는 핵심 요소이다.[61]

DT는 조직이 새로운 수익원을 창출하도록 도움을 준다.

기존 제품과 서비스를 디지털 형태로 제공하는 방식을 통하여 디지털 플랫폼, 구독 모델 그리고 데이터 기반 서비스 등 다양한 가능성의 문을 두드릴 수 있다. 미국 인디애나 대학교 교수 휠러Wheeler(2002)는 "다양한 디지털 기술 중 시장에 부합한 기술을 조직 내부에 확산시키는 기업이 시장을 주도한다"고 강조했듯이, 기업은 DT의 조직 내 확산을 통하여 경쟁우위의 기반을 마련함으로

써 새로운 시장을 개척할 수 있다.[62]

또한, 독일 콘스탄츠 대학교의 메르겔Mergel 교수 등(2019)이 "DT는 이해관계자와 협력하고 새로운 프레임워크를 구축하는 등 새로운 형태의 관계 및 방식을 만들어 준다"고 밝혔는데, DT는 이해관계자와의 소통 및 협력을 강화시켜서 새로운 비즈니스 모델을 창출한다.[63]

이와 같이 DT는 다양한 가치와 이점을 가지고 있는데, 기업은 DT를 잘 활용하여 새롭게 발견한 시장에서 고객을 만날 준비를 해야 한다.

DT의 핵심, 디지털!

에스키모인들은 아주 특이한 방법으로 북극여우를 사냥한다. 북극여우가 다니는 길목에 날 선 칼날이 하늘을 향하도록 칼의 손잡이를 땅에 꽂아둔다. 그리고 칼날에 피를 바르고 얼리는 것을 반복하면 칼날은 빨간 피로 두텁게 코팅이 된다. 그 칼이 있는 길을 지나던 북극여우는 피 냄새를 맡고 다가와서 피를 핥아먹는다. 맛있는 피를 계속 핥다가 이내 차가운 피가 뜨거운 피로 바뀌자 더 세차게 칼날을 핥는다. 칼에 묻은 피가 아닌 자신의 혀에서 나오는 피를 핥는데도 불구하고 피 맛에 현혹되어 계속 칼을 핥다가 과다 출혈로 의식을 잃고 죽게 된다. 에스키모인들은 이런 방법으로 북극여우를 가죽 하나 상하지 않고 잡을 수 있다.

<출처: pixabay, diapicard>

위 예화에 나온 북극여우 같은 회사가 코닥Kodak이다. 코닥은

1888년 미국에서 창립되어 오랫동안 필름 카메라와 사진 인쇄기 시장에서 전 세계 최고의 리딩 회사였다. 즉, 필름과 아날로그 카메라의 상징과 같은 회사였다. 코닥은 1975년 디지털 기술의 발전 초기에 최초로 디지털 카메라를 개발하며 미래 시장의 우선권을 확보했음에도 불구하고 1981년의 내부보고서를 통해 디지털 카메라가 필름시장을 위협한다고 판단하여 상용화를 사양한다는 결정을 하였다.

그 후 코닥은 일본 소니가 세계 최초의 디지털 카메라를 상용화하는 것을 지켜봐야만 했다. 디지털 사진기술이 급속하게 발전함에 따라 아날로그 카메라는 소비자들로부터 외면을 받고 설 땅을 잃게 되었다. 디지털 카메라와 스마트폰 카메라 시장이 확대되면서 필름 사업은 급격히 축소되었고 코닥은 2012년 1월에 파산하였다.

코닥의 파산이 우리에게 시사하는 것은 기업에 현금 수익을 가져다 주는 캐시카우를 보유하고 있더라도 미래 트렌드에 민감하게 대응하지 않으면 시장에서 퇴출된다는 것을 보여주었다. 이런 사례를 통하여 기업은 기술과 시장 동향을 주시하고 민첩하게 대응해야 냉혹한 비즈니스 세계에서 살아남을 수 있다는 것을 명심해야 한다.

디지털은 현대 비즈니스 환경에서 필수적이고 기본적인 구성 요소이다. 디지털의 중요성에 대하여 현대경제연구원의 이장균 연구위원이 <선진 기업의 디지털 트랜스포메이션 추진 동향과 시사점>에서 언급한 것을 참고하여 설명하면 다음과 같다.[64]

디지털의 중요성

(1) 생태계Ecosystem 구축

디지털 기술은 경쟁 기반의 외연을 확장하기 위하여 외부 업체와의 협력 네트워크를 구축하여 부족한 디지털 기술을 확보하고 시장 주도권을 강화하게 해준다.

AI 기반 융합혁신의 진전으로 과거와 차원이 다른 기술과 경쟁자가 시장에 진입하면서 대기업이라 할지라도 단독 대응은 거의 불가능하고 외부 자원을 활용한 비유기적 성장 전략[4]이 불가피하게 되었다. 이러한 생태계 구축은 하이퍼 코피티션Hyper-Coopetition 확대와 오픈 디지털 이노베이션Open Digital Innovation 강화 두 방향으로 전개되고 있다.

하이퍼 코피티션은 업종, 경쟁 여부에 상관없이 글로벌 협력업체, 사업파트너까지 포함한 수평 통합Horizontal Integration을 구축하는 전략이다. 가전업체가 아마존 인공지능 플랫폼을 활용해서 스마트 가전을 개발하는 것이나, 자동차 메이커들이 자율주행차 개발을 하면서 데이터 처리기술을 지닌 엔비디아나 인텔과 협력하는 것 등이다.

오픈 디지털 이노베이션은 디지털 기술 확보를 하기 위하여 외부 스타트업 및 연구기관 등 외부조직과 협업하여서 자사의 제품 및 비즈니스를 신속하게 개발하는 것을 말한다. 독일의 유럽 최대 기술기업인 지멘스가 스타트업과의 협력실행 조직인 Next47을 설립한 것이나, 미국의 세계적인 농기계 제조회사인 디어앤컴퍼니가 자

4) 비유기적 성장Inorganic Growth: M&A를 통하여 새로운 사업과 역량을 마련하여 성장하는 방법

율주행로봇 이벤트 후원, 농업분야 스타트업에 지분 참여하는 것을 사례로 들 수 있다.

(2) 프로세스의 효율화

이는 경쟁사보다 우수한 효율성 및 시장 적시성 제고를 목표로 외부까지 포함한 공급체인 전체의 비즈니스 프로세스 변혁을 말한다. 공장에 사물인터넷이나 빅데이터 등을 접목해 고객 니즈 대응력을 강화하고 생산성 향상을 도모하는 제조공정의 디지털화 추구와 같은 스마트 팩토리가 있을 수 있다.

GE의 생각하는 공장Brilliant Factory을 예로 들 수 있다. 일본 도쿄 인근의 히노시에 있는 GE헬스케어 재팬의 생각하는 공장은 대형 의료 스캐너용 부품과 소형 정밀기기용 부품들을 생산하는데, 동종의 다른 공장에 비해서 생산라인이 놀라울 정도로 효율적이다. 낭비나 예기치 못한 가동중지 시간이나 오류는 더 적고 생산 속도는 더욱 빠른 것이 특징이다. 히노 공장의 높은 효율성은 첨단 디지털 정보기술과 운영시스템이 성공적으로 결합했기 때문에 가능하였다.[65]

(3) 비즈니스 모델의 변혁

이것은 제품과 서비스를 융합하여 고객 니즈에 맞는 솔루션 개발로 지속적이면서 고부가 수익 창출이 가능한 비즈니스 모델을 구축하는 것을 말한다. 현재 제품, 서비스 그리고 솔루션 같은 최종 제품 측면에서는 제품에 ICT를 적용하여 고기능화하는 것 뿐만 아니라 제품에 기반한 서비스 사업으로 이동하는 '제조업의 서비스화'

가 진행되고 있다. 자사의 엔지니어링과 제조 활동의 노하우를 디지털 공간에서 구현하고 이를 서비스로 제공하는 사업 창출을 목적으로 한다.

세계 최대의 인프라 기업인 GE가 스웨덴과 스위스의 다국적 식품 포장기업인 테트라팩의 원격 모니터링 서비스를 이용하는 것, 자동차와 산업 기술의 전세계적 선도회사인 독일 보쉬의 스마트 매뉴팩처링 소프트웨어의 판매 그리고 일본의 소니와 도시바가 핵심 전략으로 추진하고 있는 리커링 비즈니스[5] 등을 예로 들 수 있다.[66]

이와 같이 AI 기반의 융합혁신시대에 디지털 역량을 갖추는 것은 개인, 기업 그리고 국가 모두에게 필수적이다. 개인과 기업은 디지털 역량을 갖추고 새로운 산업과 비즈니스 모델에 도전적으로 진출해야 한다. 그렇게 도전하는 기업은 디지털을 잘 활용하여 생산성을 향상시키고, 새로운 비즈니스 방식을 주도할 수 있다.

---

5) 리커링 비즈니스Recurring Business: 제품 판매 후에 지속적recurring인 수익을 창출하는 비즈니스를 뜻함.

DT가 ESG 경영에 미치는 영향과 이점

2023년 6월 27일 독일 뮌헨지방법원은 전 아우디 CEO 루퍼트 슈타들러에게 과실에 의한 사기죄로 징역 1년 9개월의 집행유예와 110만 유로[한화로 약 15억 7천여만원]의 벌금을 선고하였다.[67] 그 판결 5년 전인 2018년 6월 18일 독일 검찰은 루퍼트 슈타들러를 배출가스 조작을 위한 불법 소프트웨어 개발을 주도했다는 범죄혐의로 긴급 체포하였다.[68]

아우디, 포르쉐, 세아트, 스코다 등을 자회사로 가지고 있는 폭스바겐그룹은 2015년 9월 전 세계적으로 1,100만 대 이상의 디젤 차량에 배출가스가 실제보다 적게 나오는 것처럼 조작하는 디피트 디바이스[Defeat Device]라는 소프트웨어를 설치했다가 적발되어 전 세계에 큰 파장을 일으켰다. 독일 최대 일간지 빌트는 폭스바겐 그룹의 디젤 게이트 사건이 발생하자, 그룹이 배출가스 조작에 따른 리콜, 벌금, 사태 수습 비용 등으로 2014년 영업이익 127억 유로[한화 약 16조 원]의 5.1배에 달하는 최대 650억 유로[한화 약 86조 원]의 손해를 볼 것으로 전망하였다. 폭스바겐의 배출가스 조작 스캔들이 터진 이후에 주가는 급락하여 시가총액 280억 유로[약 37조 원]가 사라졌다.[69]

폭스바겐 그룹의 ESG 등급은 디젤 게이트 이후 글로벌 ESG 평가기관인 MSCI에게서 낙제점 수준의 CCC로 내려앉았다가 2021년 5월에 B등급으로 겨우 상승하였다.[70] 이 사건은 기업이 환경 및 사회적 책임을 다하지 못하고 디지털 기술을 부실하게 활용한 결과가 기업에게 얼마나 큰 손해를 끼칠 수 있는지 확인시켜주었다. 즉, 이 사례는 기업의 지배구조와 윤리, 환경 그리고 사회 측면의 ESG

경영이 얼마나 중요한지 보여주었고, 기업이 ESG 요소를 제대로 관리하지 못하면 회사의 평판과 금융투자의 매력도에 치명상을 입을 수 있는 것을 보여주었다.

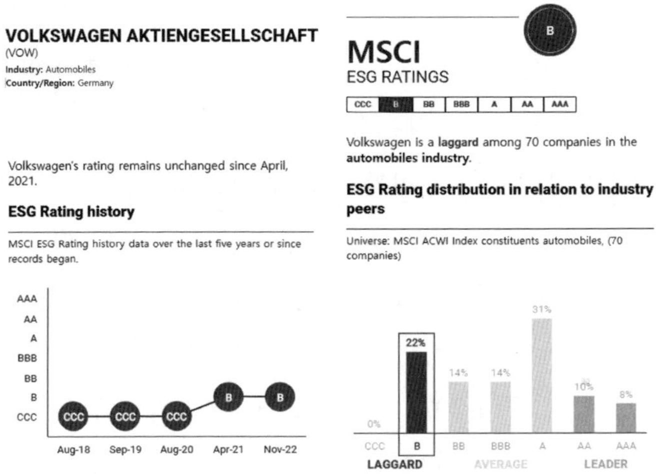

<출처: MSCI.COM>

DT는 조직의 운영과 관리 방식을 혁신적으로 바꾸는 과정이다. 이를 통하여 ESG 경영에 다양한 영향을 미칠 수 있다.

DT가 ESG 경영의 환경 영역에 미치는 영향과 이점

환경 측면에서 DT는 업무 프로세스의 자동화와 최적화를 통해 비용을 줄이고 자원을 더 효율적으로 활용할 수 있게 한다. 업무 프로세스의 자동화와 최적화의 예는 다음과 같다.

제조 기업에서 DT는 자동화 및 사물인터넷 기술을 활용하여 생산 프로세스를 개선해준다. 센서와 연결된 기계는 실시간 데이터를 수집하고 분석하여 생산 라인의 상태를 모니터링하고 예측하게 해준다. 이로써 기업은 기계 고장을 미리 감지하고 예방 조치를 취할 수 있으며, 생산 중단을 최소화하고 생산품질을 향상시킬 수 있다. 최용수(2017)는 "제조업 강국 독일이 이미 오래전에 사물인터넷 기술을 제조업에 도입하여 생산성을 30% 이상 높이는 혁신을 시도하였다"고 강조했는데, 이는 기업이 사물인터넷을 통하여 생산성 향상의 혁신을 이룰 수 있다는 뜻이다.[71]

DT는 재고 및 공급망 관리를 혁신적으로 변화시킨다. 기업은 실시간 데이터 및 인공지능 기술을 활용하여 수요예측, 재고 최적화 및 공급망 물류를 효율적으로 조절할 수 있다. 이를 통해 재고 비용을 줄이고 고객 서비스를 향상시키며, 환경에도 긍정적인 영향을 미칠 수 있다. 이충배(2020)는 "공급사슬관리의 위험을 경감하기 위해서는 공급사슬 참여자간의 파트너십, 협업, 정보공유 등을 촉진해 나가는 것이 필요하다"고 밝혔는데, 디지털 기술을 통한 공급망의 정보 파악과 적절한 대처는 효율성의 향상과 비용 감축을 이끌어 환경 경영을 이룰 수 있다는 뜻이다.[72]

DT는 로봇 프로세스 자동화[RPA]와 같은 업무 프로세스 자동화를 통해 일상적이고 반복적인 작업을 자동화한다. 이를 통하여 인적 자원을 더 전략적인 작업에 할당할 수 있으며, 오류를 줄이고 생산성을 높여준다. 김기봉(2019)은 "RPA는 직원이 수행하던 규칙 기반의 단순하고 반복적인 사무업무를 소프트웨어를 통해 자동화하는 것으로, 비교적 낮은 비용으로 24시간 동안 빠르게 업무를 수행할 수 있는 소프트웨어 로봇을 제공한다"고 밝혔는데, RPA와 같은 로봇 프로세스 자동화는 업무 효율성 향상과 비용 절감을 이끌었다는 뜻이다.

DT가 ESG 경영의 사회 영역에 미치는 영향과 이점

사회 측면에서 DT는 고객, 사원, 공급업체 및 지역사회 같은 이해관계자Stakeholder와의 상호작용을 개선시킨다. 이해관계자의 참여를 강화하는 구체적인 사례 중 하나로서 온라인 공개 플랫폼을 통한 민주적 의사결정 및 상호 참여를 예로 들 수 있다.

많은 도시와 지방정부는 DT를 활용하여 온라인으로 시민 참여 플랫폼을 개발하고 운영한다. 이러한 플랫폼은 도시 인프라, 공공 정책, 환경 문제, 교통 문제 등 다양한 주제에 관련된 의견을 수집하고 토론할 수 있는 온라인 포럼을 제공한다. 시민들은 플랫폼을 통해 의견을 나누고 제안하며, 도시와 지방정부는 이러한 의견을 분석하여 정책을 개선하거나 새로운 계획을 수립할 수 있다. 오라일리 미디어의 설립자인 팀 오라일리(2011)는 "플랫폼 정부는 구조적으로 수평적이고, 협력적인 관계를 추구하기 때문에 플랫폼 정부를 통해 도출된 산출물에 대한 시민들의 수행도는 상대적으로 높아지게 된다"고 강조했는데, 기업뿐만 아니라 플랫폼 정부를 통하여 시민의 민원 만족도와 참여도를 높일 수 있다는 뜻이다.

DT는 소셜 미디어 및 웹 기반 토론을 촉진한다. 기업 및 정부 조직은 소셜 미디어 플랫폼을 활용하여 이해관계자와 직접적으로 상호작용하고 피드백을 수집하기도 한다. 이를 통해 제품 및 서비스를 개선하고 이해관계자의 피드백을 고려하여 의사결정을 내리기도 한다. 장윤희(2012)가 "기업은 시장 및 타겟 고객 조사 활동, 홍보, 고객관계관리 강화, 신제품 테스트 및 입소문, 이벤트 진행 등 마케팅 활동의 목적을 분명히 정의하고 각 채널의 상대적인 장점과 단점을 이해하여 각 채널을 독립적 혹은 유기적으로 연계하여 상호 보완하면서 통합 마케팅 커뮤니케이션 전략을 수립하여야 한다"고 강조했는데, 기업은 개별 기업에 맞는 소셜미디어를 통하여 고객 통합 마케팅을 실시할 수 있는 정보를 획득하고 효과적인 의사결정을 내릴 수 있다는 뜻이다.[73]

DT가 ESG 경영의 지배구조 영역에 미치는 영향과 이점

DT는 다양한 시스템과 데이터를 통합하는 기술적 능력을 향상시켜서 기업의 지배구조에 도움을 준다. 이를 통하여 기업은 보다 효과적인 리스크관리, 보고 및 지배구조를 개선하고 ESG 경영을 강화시킬 수 있다. 이러한 지배구조에 있어서 시스템을 통합하는 사례는 아래와 같다.

DT는 기업의 지배구조와 투명성을 향상하는 데 도움을 줄 수 있다. 기업은 환경적, 사회적, 윤리적 리스크와 기회를 보다 효과적으로 평가하고 관리하기 위하여 관련 데이터를 수집하고, 수집된 데이터를 AI와 같은 다양한 수단을 활용하여 의사결정을 한 후 그 결과치를 공개한다. 이는 이사회의 의사결정을 더 투명하게 만들고 주주 및 이해관계자들의 신뢰를 증대시킨다. 관련하여 카밀레리(2018)가 "통합 공개는 실무자가 IR에 ESG 정보를 포함함으로써 조직 관리를 개선하고 사회의 기관 및 기타 이해관계자와의 합법성을 강화하는 데도 도움이 된다"고 밝혔는데, 통합된 시스템에서 산출된 ESG 정보는 이해관계자들의 신뢰성을 증대한다는 뜻이다.[74]

DT는 윤리적 경영과 지배원칙 준수를 강화하는 데 도움을 줄 수 있다. 삼정KPMG의 김정남 상무는 "지배구조에서도 AI 등의 IT를 활용한 회계감사는 회계 투명성을 높이는 데 도움을 준다"고 강조하면서, 다양한 채널과 더 세밀해지는 프로세스에서 AI를 활용한 윤리 경영은 기업의 지배구조 신뢰성을 높인다는 뜻이다.[75] 즉, 기업은 사회적 책임을 충실히 이행하고 지배구조를 강화하기 위하여 ESG 원칙을 채택하며, 이를 통해 부패나 윤리 위반을 예방하고 긍정적인 평판을 구축할 수 있다.

이처럼 DT와 ESG 경영은 상호 보완적이며, 미래에는 이 두 영역 간의 통합이 더욱 중요해질 것으로 예상된다. 이러한 통합은 기업이 경제적, 사회적 및 환경적 가치를 조화롭게 실현하는 데 도움을 주며, 장기적으로 지속가능한 경영 및 성과를 촉진할 것이다.

4장. 트윈 트랜스포메이션의 특징과 사례

- DT와 ESG 경영을 도입할 때 직면할 도전과제
- DT와 ESG 경영의 융합에 성공한 사례
- 트윈 트랜스포메이션 리더십 사례

DT와 ESG 경영을 도입할 때 직면할 도전과제

"2021년 전세계 지속가능성 높은 기업 순위 1위!"

세계경제포럼WEF이 에너지 및 자동화 디지털 솔루션을 제공하는 프랑스 기업인 슈나이더 일렉트릭을 2021년 세계에서 지속가능성이 가장 뛰어난 기업으로 선정하였다. WEF의 의뢰를 받아 세계 지속가능 기업을 선정하는 캐나다의 미디어그룹 겸 투자리서치기관인 코퍼릿 나이츠는 "슈나이더 일렉트릭이 향후 수십년간 탈탄소 시대의 세계 경제를 규정할 메가트렌드의 중심에 있다"고 평했는데, 슈나이더 일렉트릭이 에너지 효율화와 재생에너지 확산에 기여하여 탈탄소 시대의 핵심 플레이어라는 뜻이다.

슈나이더 일렉트릭이 전세계 지속가능성 1위 기업이 된 이유

슈나이더 일렉트릭은 180년 이상의 역사를 가지고 있으며, 사물인터넷, 클라우드, 인공지능 등 정보통신기술을 기초로 디지털 솔루션을 제공하는 기업이다.

우선, 회사는 에너지관리 기업으로서 기후변화에 대비한 에너지 전환을 가장 중요한 과제로 삼았는데, 사업 운영과정에서 효율을 높이고 탄소배출을 줄일 수 있는 디지털 솔루션 개발에 집중하였다. 그래서, 기존의 항공 화물과 트럭 등을 전기 또는 하이브리드 자동차로 대체하여 이산화탄소를 10% 이상 감축시켰다. 슈나이더는 전체 제품 중 75%의 제품에 친환경 라벨 인증을 받았고, 2020년 말을 기준으로 전체 매출의 55.2%가 이 프로그램으로 만들어졌다.

다음으로, 슈나이더는 전력을 사용하는 모든 산업 분야에 에너지 관리와 공정 자동화를 지원하였는데, 회사의 사업부문 중 에너지 관리분야가 76%이고 산업자동화 분야가 24%의 비중을 차지한다. 이 기업 매출 중 80%는 녹색 매출이다. 슈나이더는 2018년 이후 800만 톤의 온실가스를 절감하였고, 1차 협력업체는 온실가스 배출량의 50%까지 줄이도록 권장하였다.

게다가, 회사는 전력 · 자동화 · 제어 사업 분야에서 더 발전하여 '통합 에너지관리 솔루션'에 주력하고 있다. 2020년 10월에는 2040년까지 이산화탄소 배출량의 50%를 감축하겠다고 발표하였는데, 다양한 분야에서 IoT를 활용하여 에너지 공정과 관리의 최적화를 위한 '에코스트럭처EcoStruxure'라는 통합 건설 플랫폼을 운영하고 있다. 데이터센터, 반도체 · 디스플레이, 상업용 빌딩, 병원 등에 운영기술과 정보기술을 연결한 에너지 관리 통합 솔루션 사업이 그것이다.

마지막으로, 슈나이더는 가정이 향후 10년간 온실가스 최대 배출 부문이 될 것으로 전망하여 '스마트 홈 생태계 확장용 에너지 솔루션'을 발표하였다. 이 플랫폼은 지속가능성, 경제성, 효율성 그리고 탄력성 있는 맞춤화된 홈서비스를 지원한다. 스마트폰 앱으로 센터와 와이저를 통합 제어하여 주택 소유자들이 주택의 에너지 소비와 냉난방 전기료를 최대 50%까지 낮출 수 있도록 도와 준다.[76]

슈나이더 일렉트릭은 에너지 분야에서 디지털화와 ESG라는 미래 트렌드를 예견하고 에너지관리 효율화와 온실가스 절감이라는 두 가지 혁신 과제를 수행함으로써 세계 최고의 지속가능 기업으로 선정되었다.

트윈 트랜스포메이션의 도전과제: 기술의 발전

(1) 네트워크 기술

기업은 트윈 트랜스포메이션을 위해서 현실 세계와 디지털 세계를 연결하는 네트워크 기술을 확보해야 한다. 즉, 데이터를 수집하여 전송하기 위한 사물인터넷의 센서나 5G와 같은 네트워크 기술을 확보하기 위한 투자의 확대와 협력을 강화해야 한다.

삼성전자의 스마트폰은 근거리무선통신[NFC] 센서를 사용하여 간편결제, 교통카드 용도로 사용된다. 삼성전자는 자사의 가전제품에 사물인터넷 센서와 5G 기술을 탑재하여 사용자에게 다양한 서비스를 제공하고 있다. 예를 들어, 삼성전자 냉장고는 온도, 습도, 식재료의 양 등을 감지하여 사용자에게 정보를 제공하고, 삼성전자 TV는 5G 기술을 사용하여 고화질의 영상을 빠르게 전송하고 있다.[77]

현대자동차 · 기아자동차 · 현대모비스는 2017년부터 자율주행 기술 개발을 위한 공동 연구개발 센터를 설립하고, 자율주행 기술의 개발 및 상용화를 위하여 협력하고 있다. 구체적으로, 현대차그룹 3개사는 자율주행 기술의 핵심 기술인 센서, 카메라, 인공지능 등 분야에서 협력하고 있으며, 자율주행 차량의 양산을 위한 기술 개발에도 협력하고 있다. 2022년 6월부터 '레벨4' 수준의 자율주행차를 이용한 '로보라이드[Roboride]' 시범 서비스를 서울 강남구와 서초구 일부 지역에서 시작하였고, 자율주행 기술의 개발 및 상용화를 앞당길 수 있을 것으로 기대된다.[78]

(2) 데이터 리터러시

기업에는 수집된 빅데이터를 활용하여 결정을 내리고 효과적으로 의사소통을 하는 데이터 독해력인 데이터 리터러시Data Literacy 기술이 필요한데, 급변하는 유통 업체의 경영 환경 속에서 월마트의 변신은 참고할 만한다.

월마트는 월마트 구성원이면 반드시 갖춰야 할 5가지 역량을 아래와 같이 제시하였다.

① 새로운 기술 · 기기를 다루는 것을 학습하고 적응하는 디지털 리터러시Digital Literacy를 갖춰라.

② 고객 및 현장 데이터를 중시하고 이를 활용하는 데이터 기반 의사결정을 하라.

③ 현 상태에 머무르지 않고 적극적, 주도적으로 성장하려는 마인드를 가져라.

④ 새로운 환경과 변화하는 고객 상황에 맞게 사고하고 행동하는 유연성과 적응성을 가져라.

⑤ 고객의 관점에서 그들의 니즈와 불편을 파악하고 대응하는 공감 능력을 가져라.

월마트가 강조하는 5가지 역량은 고객과 상호작용을 하면서 고객이 불만을 제시하는 지점인 페인 포인트Pain Point를 데이터화하는 것, 온라인 주문에 대응하고 매장의 로봇이나 각종 디지털 기기들을 다루는 것 그리고 더 나은 고객 경험 제공을 위하여 일하는 방식이나 생각하는 방식 등을 바꾸는 것을 포괄하고 있다.[79]

(3) 인공지능 기술

기업은 데이터 분석을 통하여 도출한 정보를 기반으로 의사결정을 하는 인공지능 및 머신러닝 기술을 필요로 한다. 미국의 전자상거래 회사인 아마존의 머신러닝 세이지메이커SageMaker는 고객에게 맞춤형 상품을 추천하고, 고객 맞춤형 광고를 노출하며, 챗봇을 통하여 고객의 질문을 이해하고 정확한 답변을 하는 서비스를 고객에게 제공하고 있다.[80]

트윈 트랜스포메이션의 도전과제: 조직의 구조

(1) 프로젝트 중심 조직

트윈 트랜스포메이션을 위해서는 기업이 조직의 구조를 기존의 기능 중심에서 프로젝트 중심으로 전환하는 구조적 변화를 해야 한다. 구조적 변화를 성공적으로 수행한 기업으로서 현대자동차를 예로 들 수 있다. 현대자동차는 2010년 초반부터 구조적 변화를 추진하여 글로벌 자동차 기업으로서의 입지를 강화하였는데, 기존의 사업 부문을 자동차 사업 중심의 핵심 사업 부문과 전기차나 자율주행차 사업 같은 성장 사업 부문으로 재편하였다. 또한 기존의 기능 중심 조직 구조를 사업 중심 조직 구조로 개편하여 사업 부문의 효율적인 운영을 지원하고 있다.[81]

기존 현장 중심 인력구조를 글로벌 중심 인력구조로 개편하여, 2023년 8월에는 해외 대학 박사과정 인재 80명을 초청하는 '2023 현대 비전 컨퍼런스'를 통해 도심항공모빌리 · 자율주행 · 친환경 · 로보틱스 등의 글로벌 인력의 채용과 육성을 확대하였다.

<출처: Hyundai.co.kr의 로보라이드>

(2) 자동화된 프로세스

트윈 트랜스포메이션을 위해서는 조직의 프로세스를 기존의 수동적 프로세스에서 자동화된 프로세스로 전환해야 한다. 미국의 패스트푸드 체인점인 맥도날드는 주문 및 결제 프로세스의 자동화를 통하여 고객 경험을 크게 개선했다. 예를 들어, 고객은 키오스크나 스마트폰 앱으로 직접 주문 및 결제를 할 수 있으며, 주차하지 않고 상품을 살 수 있도록 한 드라이브스루Drive-through 주문에 있어 사람이 응대하는 기존 방법에서 AI 지원 음성 시스템을 도입하여 자동화를 하였다.[82]

트윈 트랜스포메이션의 도전과제: 인력 및 문화적 변화

(1) 인력 변화

트윈 트랜스포메이션을 위해서는 조직의 인력을 기존의 전문가 중심에서 융합형 인재로 전환해야 하는 인적 자원 변화가 요구되는

데, 카카오는 융합형 인재를 선발할 때 전공과 경력에 관계없이 다양한 분야의 인재를 채용하였고, 융합형 인재들이 서로 교류하고 협력할 수 있도록 융합형 인재 조직을 활성화하고 있다. 또한, 제주대학교 '컴퓨터공학전공과' 및 '컴퓨터교육과'와 공동으로 '카카오 트랙'을 운영하여 산업체 수요 맞춤형 인력양성을 하기도 하였다.[83]

기업은 구성원들의 문화적 변화를 위한 교육과 훈련을 제공하여 변화에 대한 저항감을 극복하게 해야 한다. 예를 들어, 산업용 소프트웨어 ERP 개발업체로서 독일 시가총액 1위 기업인 SAP는 트윈 트랜스포메이션의 문화적 변화를 성공적으로 이끌기 위하여, AI와 빅데이터 기술에 대한 교육을 제공하였고 문제해결 및 의사결정능력 향상 교육도 제공하고 있다.[84]

(2) 문화적 변화

기업은 인력 및 문화적 변화를 통하여 트윈 트랜스포메이션의 두려움을 제거해야 한다.

조직이 트윈 트랜스포메이션을 하기 위해서는 기존 방식을 벗어나 새로운 방식을 받아들여야 하는 구성원들의 문화적 변화를 요구한다. 특히, 구성원들은 새로운 기술과 방식에 대한 두려움, 기존의 방식에 대한 집착, 변화에 대한 저항감 등을 극복해야 한다.

덴마크의 해상풍력발전단지 건설 프로젝트를 예로 들 수 있다. 덴마크의 B2B서비스 회사 스테이트 오브 그린의 메어닐드 총괄은 "덴마크가 해상풍력발전을 처음 시작했을 때는 도박에 가까웠지만 지금은 사업성이 개선되어 육상풍력, 석탄, 석유발전보다도 좋다"고 말하였다. 처음 시도하기에 두려웠던 프로젝트였지만 그 두려움을 극복하고 완성한 해상풍력발전단지는 덴마크가 2050년까지 기업이 사용하는 전력의 100%를 풍력이나 태양광 같은 재생에너지로 전환해야 하는 목표를 쉽게 달성하도록 만들어 주었다.[85]

<출처: 전자신문 2022.10.10 '녹색전환' 이룬 덴마크>

또한, 에어버스는 전 세계 9천여 개의 고객사를 갖고 있는 기업관리 클라우드인 '워크데이workday'를 도입하여 직원들의 채용 주기를 50% 단축하고, 에어버스의 인사제도, 직원 성과관리, 디지털 역량 향상의 중앙 허브 역할을 하게 하였다. 이를 통해 구성원들에게 디지털 기술을 활용하여 문제를 해결하는 방법에 대한 교육 프로그램이 제공되었고, 구성원들 간의 소통이 활성화되었다.[86]

DT와 ESG를 융합하는 것은 쉽지 않은 도전이다. 하지만, 이를 성공적으로 완성한다면 기업의 지속가능성과 경쟁력을 강화하는 데 크게 기여할 수 있다. 따라서, 기업은 위와 같은 도전 극복 방안을 실행에 옮겨서 성공적인 트윈 트랜스포메이션을 달성해야 한다.

DT와 ESG 경영의 융합에 성공한 사례

"세계 최초 3D 프린팅 선박용 엔진 부품 양산"

세계 최대의 조선소HD현대중공업이 기존에 독일산 프리챔버를 사용하였는데, 코로나19로 인한 해외 물류 대란 때에 수급 불안정으로 애로를 겪었다. 그러자, HD현대중공업은 2022년 8월에 울산의 벤처집적 지식산업센터에 입주한 메탈쓰리디(주)와 함께 4년 동안 공동 개발한 대형선박용 엔진의 핵심 부품인 프리챔버Pre-chamber를 3D 프린팅을 이용하여 양산하기 시작하였다. 이를 통해 엔진 연소실 위에 위치한 작은 연소실이라 불리는 프리챔버의 납품 기간이 3개월에서 1개월로 단축되었다.[87]

이 외에도 독일의 자동차 회사인 BMW는 2008년부터 10년 동안 3D 프린팅으로 생산된 부품 백만 개를 사용하였다고 발표하였는데, 2018년 BMW 그룹의 적층 제조 센터가 3D 프린팅으로 생산된 부품의 사용량은 10년 전에 비하여 42% 증가한 연 20만 개 이상이 되었다고 보고했다.[88]

<출처: BMW Group 홈페이지>

3D 프린팅은 적층 방식의 제조 공법을 일컫는데, ESG에 걸맞은 제조 공법이다. 우선, 제약 없이 디자인과 설계를 할 수 있다. 신제품 개발 프로세스 단계에서 끝없는 수정과 재설계의 연속은 제한된 예산에 부담을 줄 수 있다. 하지만, 3D 프린팅은 수정된 3D 데이터 파일만 있으면 얼마든지 프로토타입을 만들 수 있어서 '제조의 혁신'이라 불리기도 한다.

또한, 3D 프린팅은 짧은 제로백을 가지고 있어서 신속한 생산을 가능하게 하며 수많은 산업에서 다양한 제조물을 만들 수 있다.[89] 3D 프린팅은 소외 계층을 위하여 맞춤형 의족·의수 등의 제작에 사용될 수 있어서, ESG의 사회 영역을 개선할 수 있는 기술이다.

기업은 DT와 ESG 경영을 융합하는 트윈 트랜스포메이션에 성공해야 살아남을 수 있다. 다음에서 그 두 가지의 융합한 사례를 살펴보려고 한다.

DT와 ESG 경영의 융합 성공 사례

(1) 디지털 트윈

디지털 트윈Digital Twin은 컴퓨터에 현실 안의 사물과 똑같은 것을 만들고, 현실에서 발생할 수 있는 상황을 컴퓨터로 시뮬레이션함으로써 결과를 예측하는 기술을 말한다. 이는 제조업뿐만 아니라 다양한 산업이나 사회 문제를 해결할 수 있는 기술로 여겨진다. 디지털 트윈은 다양한 물리적 시스템의 구조, 맥락, 작동을 나타내는 데이터와 정보의 조합으로서 과거와 현재의 운용 상태를 이해하고 미래를 예측할 수 있는 인터페이스이며, 물리적 세계의 디지털 버전으로서 운용 성능과 사업 프로세스를 대폭 개선하여 비즈니스 가치를 창출한다.[90]

폴란드의 야기엘론스키 대학교 의과대학 산부인과 의료진은 디지털 트윈 기술로 태아의 심장을 만들어 의과대학생 교육 및 훈련에 적용하고 있고, 미국의 전기 · 발전사업 특화 기업인 GE는 풍력 터빈의 효율성 향상을 위하여 디지털 트윈을 활용하고 있다. GE는 풍력 터빈의 데이터를 사용하여 디지털 트윈을 생성하였는데 이를 통하여 풍력 터빈의 이상 징후를 감지하고 사고를 예방하고 있다.[91]

이와 같이 디지털 트윈은 고비용, 비효율, 안전성 때문에 해결하지 못하였던 인류의 수많은 문제에 대한 개선된 솔루션을 제공해주며 항공, 에너지, 자동차, 헬스케어, 국방, 건설 등의 분야에서 활용되고 있다.[92]

(2) 사물인터넷과 인공지능

사물인터넷과 인공지능의 사례를 살펴보면, 노르웨이의 폐기물 및 재활용 기업 ROAF는 'TOMRA AUTOSORT'라는 광학선별 시스템을 설치하여 녹색 바이오 폐기물을 선별하고 도시형 생활 폐기물에서 재활용품을 회수하고 있다. 즉, 재료 감지 센서가 있는 '스마트 쓰레기통'이 AI 기반의 디지털 이미징 기술을 이용해 폐기물이 매립지에 들어가는 것을 방지하고, 축적된 데이터 분석을 통해 버려지는 쓰레기를 최소화하고 있다.[93]

EU의 유럽 연결 프로젝트는 EU 회원국 간 운송, 에너지, 통신 네트워크를 연결해 물리적 단일시장 형성을 목적으로 하고 있다. 이 프로젝트를 통하여 친환경과 DT 융합은 23억 유로한화 약 3조 2,200억 원의 수혜를 볼 것으로 전망되었다.[94]

KT의 'AI 빌딩 오퍼레이터'는 딥러닝을 통하여 냉난방 설비구조, 실내 공간 현황, 기존 에너지 소비 패턴 등을 학습하고, 건물 외부 날씨를 실시간으로 분석하여 건물 내 필요한 곳에 적절한 냉난방을 자동으로 공급한다. 이로써 KT광화문 이스트 사옥의 전기와 가스 등의 에너지 소비는 20%나 줄어들었고, 지속적인 데이터 수집과 분석을 통하여 에너지 절감 대책까지 세운다.[95]

(3) 클라우드 컴퓨팅

아마존은 2006년에 AWSAmazon Web Service라는 클라우드 컴퓨팅 서비스를 시작하였는데, 이는 전 세계적으로 가장 널리 사용되는 클라우드 컴퓨팅 플랫폼이다. AWS는 컴퓨팅, 스토리지, 데이터베이스, 분석, 머신러닝, 인공지능, 네트워킹, 보안 등 200개 이상의 클라우드 컴퓨팅 서비스를 제공하고 있으며, 전 세계 26개의 지역과 81개의 엣지 로케이션Edge Location을 보유하고 있다. 또한 AWS는

99.9%의 높은 가용성을 보장하고 다른 클라우드 컴퓨팅 플랫폼에 비해 비교적 저렴한 가격으로 서비스를 제공한다.[96]

삼성전자는 클라우드 컴퓨팅 기술을 활용하여 모바일 결제, 헬스케어 등 DT를 추진하고 있다. 대표적으로는 클라우드 기술을 활용하여 삼성페이라는 모바일 결제 서비스를 제공하고 있고 해당 서비스의 보급으로 현재 카드 소유자들이 실물카드 대신에 스마트폰 안에 내장된 삼성페이를 통하여 간편결제를 하고 있다. 또한 삼성전자는 클라우드 컴퓨팅 기술을 활용하여 삼성헬스라는 헬스케어 서비스를 제공하고 있으며 연동된 스마트 워치를 통하여 심전도, 수면상태 등 건강 데이터를 수집하여 건강에 도움을 줄 수 있는 서비스를 제공하고 있다.[97]

테슬라는 자동차 산업에서 클라우드 컴퓨팅 기술을 적극적으로 활용하고 혁신적인 기술을 도입하면서 비즈니스 모델을 변화시키고 있다. 테슬라는 자동차에 내장된 소프트웨어를 클라우드 컴퓨팅에 연결하고 이를 통하여 자동차의 성능을 지속적으로 모니터링하고 업그레이드한다. 이런 기술적 혁신은 테슬라의 전기차가 더욱 높은 성능과 안전성을 유지하게 해준다.[98]

트윈 트랜스포메이션이 아직 초기 단계에 있지만, 트윈 트랜스포메이션을 하는 기업은 경쟁력을 강화할 수 있는 잠재력을 가지고 있다. 따라서, 기업들은 트윈 트랜스포메이션을 통하여 새로운 비즈니스 모델을 창출하고, 업무 효율성을 향상시키고, 고객 경험을 개선해야 한다.

트윈 트랜스포메이션 리더십 사례

최초의 노트북을 만들었고 삼성전자에 기술을 전수했던 일본 최대의 전자제품 기업인 도시바가 2023년 12월에 일본 증시에서 상장폐지되었다. 도시바는 회계부정 문제와 미국 원자력발전소 자회사인 웨스팅하우스의 대규모 손실을 떠안자 부도를 피하기 위하여 가장 가치있는 메모리칩 사업부를 매각하기도 하였다.[99]

도쿄 소재 IT컨설팅 회사인 유로테크놀로지 재팬의 CEO인 게르하르트 파솔이 BBC와의 인터뷰에서 "도시바의 몰락은 최고위층의 부적절한 기업 지배구조의 결과"라고 지적하였다. 도시바는 ESG 경영의 지배구조에서도 낙제점 수준이었을 뿐만 아니라, DT를 통해 시장을 선도하지 못하고 트렌드를 따라가기에 급급하였다.[100]

이와 같이 트윈 트랜스포메이션을 성공시키기 위하여 가장 중요한 키맨은 다름 아닌 최고경영자CEO라 할 수 있다.[101] 트윈 트랜스포메이션을 성공적으로 주도하기 위하여 필요한 리더십의 특징을 설명할 수 있는 적절한 사례로 애플의 팀 쿡 리더십을 들 수 있다.

팀 쿡은 세계 최고의 전자제품 제조사인 애플의 스타 CEO인 스티브 잡스를 뒤이어 CEO가 되었다. 스티브 잡스가 췌장암으로 죽고, 2011년 8월 24일 팀 쿡이 애플의 CEO가 되던 날 애플의 주가는 5% 하락했다. 투자자들은 팀 쿡의 리더십에 회의를 갖고 애플 주식을 대량으로 처분하였다. 그 다음해인 2012년 9월 새롭게 출시된 아이폰5에 대하여 기자들은 "혁신이 빠져 있다"고 맹비난하였다. 그들은 창의적이고 예술적인 스티브 잡스에 비해 관리형 리

더인 팀 쿡이 애플의 DNA를 제대로 이어가지 못할 것으로 생각하였다.[102]

하지만 팀 쿡이 CEO가 된 이후 애플의 주가는 15달러에서 178달러로 11배 이상 상승하였다. 무엇이 이런 결과를 가져왔는지 다양한 원인 분석이 있을 수 있지만, 본서는 네 가지로 정리해 보았다.

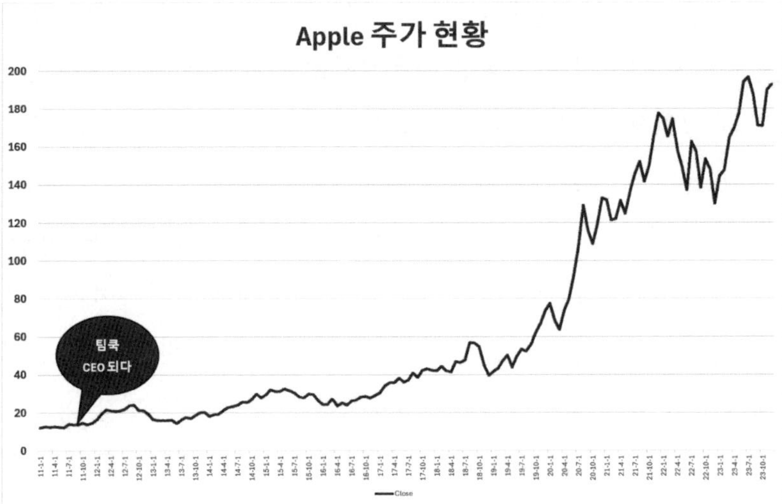

<출처: finance.yahoo.com, Apple 주가>

팀 쿡 리더십의 성공요인: DT

팀 쿡은 DT를 통하여 애플의 수익원을 다양화하는 능력을 보였다. 팀 쿡은 애플 수익의 상당 부분을 차지한 아이폰에 대한 의존도를 낮추기 위해 DT를 통하여 앱스토어, 애플 뮤직, 애플 페이를 포함한 애플 서비스 사업의 성장을 이끌었다. 현재 애플 매출의 20%를 차지할 정도로 서비스 사업은 지속적 확장을 하고 있다.

또한 팀 쿡은 애플 워치와 에어팟을 포함한 여러 신제품의 연구 개발과 출시를 이끌었고, 증강현실과 자율주행차와 같은 DT 기술에도 투자를 하고 있다. 애플이 이러한 DT 기술을 자사 제품에 성공적으로 통합하여 새로운 수익원을 창출하고 경쟁자들과의 초격차를 만들어냈다.

애플은 2023년에 애플 워치에 최초로 탄소중립 제품을 발표하였다. 애플은 디자인 및 재생에너지 사용 혁신으로 75% 이상의 탄소 배출량을 저감시킨 탄소중립 애플워치를 선보였다. 탄소중립 실천 노력의 일환으로 애플의 모든 제품 라인에 가죽 사용을 중단하고 완전한 섬유 기반 포장을 선보였다.

홈 앱 내에 그리드 예측이라는 새로운 툴을 도입하여 전력망에서 재생에너지를 사용할 수 있는 시기를 사용자에게 전달하여 전기 사용 시점을 결정하는 데 도움을 주었다. 2018년 대비 2030년 탄소 배출량을 40% 감축시키겠다는 '2030년 탄소중립 목표'가 여러 국가와 개별 기업에게 실질적으로 버거운 상황이지만, 애플은 2030년 목표를 뛰어 넘어서 2025년까지 탄소 배출량을 90%까지 저감하겠다고 선언하였다.

팀 쿡 리더십의 성공요인: 공급망 개선

스티브 잡스가 디자인에 특화된 천재적 리더라면 팀 쿡은 운영 전문 지식과 효율성 및 공급망 관리에 중점을 둔 리더였다. 팀 쿡은 ESG 경영에 집중하여 애플이 공급망의 조건을 개선하고 재활용 제품을 제공함으로써 ESG 원칙을 실천하게 하였다.

팀 쿡은 전 세계 약 100여 개의 핵심 공급업체들을 24개로 축소하였다. 대신 24개 기업들에게 애플에 공급하는 제품의 품질 유지를 전제로 많은 이익을 보장하였다. 팀 쿡은 애플을 '조직과 조직원이 같이 발전하는 조직'으로 변하게 만들었다.

애플은 특히 모든 공급사에 엄격한 사회책임 기준의 권고와 지속적인 평가를 통해 공급망의 사회적 책임을 강화하고 있다. 또한 제품과 소프트웨어에 접근성 향상을 위한 기술을 제공하고 있다.[103]

팀 쿡 리더십의 성공요인: 명확한 비전 제시

팀 쿡이 "애플은 지구상에 존재하는 그 어느 기업보다 혁신적이며, 앞으로도 멈추지 않고 전진할 것이다"고 비전을 제시했는데, 그는 애플이 세상에 긍정적인 영향을 미치는 혁신적인 제품과 서비스를 만드는 지속가능한 회사를 만들고 싶어했다.[104]

애플은 애플워치 등 혁신적인 제품과 서비스를 통하여 세상에 새로운 가치를 창출하였고, 고객의 목소리에 귀를 기울이고 고객의 요구를 충족시키기 위한 고객 중심의 경영을 하며, 환경 · 노동 · 인권 등 다양한 측면의 노력을 통하여 지속가능한 경영을 실천하고 있다.

명확한 비전 제시와 관련하여 신완선(2009)은 "리더는 조직의 가치, 비전 및 기대성과를 설정하고 전파하여 조직의 모든 범위와 밸류 체인에서 전략과 계획을 수행해야 한다"고 강조했는데, 팀 쿡은 자신의 영향력 아래 있는 모든 부분에 조직의 목표와 방향을 제시하고 실행을 주도하였다.[105]

리더는 명확한 비전을 제시하고 수시로 소통해야 한다. 강지수 등(2022)은 "언택트 시대에 리더는 업무사항뿐만 아니라 개인적 측면, 육성 관점의 이슈를 꾸준히 이야기함으로써 소통의 공백을 줄이는 것이 중요하다"고 강조했는데, 리더는 업무, 인간관계 그리고 성장을 아우르는 소통을 해야 한다는 뜻이다.[106]

팀 쿡 리더십의 성공요인: 지속적인 경청과 소통

팀 쿡은 팔로워들의 말을 경청하는 의지가 강하고 다른 사람들과 능숙하게 일하는 '소통 경영' 능력이 탁월한 것으로 유명하다. 그는 조용한 관리형 리더로서 침착하며 절대 자신의 목소리를 앞세우거나 높이지 않았다.[107]

그는 "나는 기업이 상업적인 것만을 다루어야 한다고 생각하지 않는다. 나에게 기업은 사람들의 집합일 뿐이다. 사람이 가치관을 가져야 한다면 기업 역시 가치관을 가져야 한다"고 말했는데, 기업이 경제적인 가치 창출뿐만 아니라 기업을 구성하는 사람들에 대한 가치도 중요하게 생각해야 한다는 뜻이다.

이와 같이 팀 쿡은 직원들의 목소리를 듣는 소통 경영, 직원들에게 동기를 부여하고 사람을 중시하는 행동을 통하여 구성원들의 업무 효율성과 생산성을 높였다.

팀 쿡 리더십의 성공요인: ESG 경영

애플의 ESG 경영은 디자인이 강점이라는 기업의 정체성, 경쟁자를 따돌리는 경쟁우위 확보, ESG 리스크를 ESG 기회로 만들려는 확고한 의지 그리고 공급망 관리 전문가로서의 CEO의 역량 등 다양한 요인이 복합적으로 작용한 당연한 결과였다. 하지만 팀 쿡의 ESG 경영은 애플의 지속가능성을 위한 전략적 선택이었다.

<POSRI 이슈리포트>는 애플이 ESG에 적극적인 사유로서 "첫째, ESG와 지속가능성은 창업 때부터 이어져 온 '디자인 회사'라는 정체성에 부합하는 자연스러운 목표이기 때문이다. 둘째, 지속가능성은 안드로이드 진영의 추격에 대응할 돌파구로서 경쟁우위 차별화의 포인트이자 새로운 경쟁의 룰로 선택했을 가능성이 높다. 셋째, 애플을 고질적으로 괴롭혀 온 ESG 리스크 요인들을 더 이상 외면할 수 없는 상황에 따른 정면돌파를 선택한 것이다. 넷째, ESG는 CEO인 팀 쿡이 공급망 관리 전문가로서의 경험을 가장 잘 활용할 수 있는 전략적 이슈이기 때문이다"고 기술했는데, 애플의 ESG 경영은 기업의 지속가능성을 위한 전략적 선택이라는 뜻이다.[103]

팀 쿡의 트윈 트랜스포메이션 리더십은 지속가능한 성장을 해야 하는 다른 기업들에게 위와 같은 중요한 시사점을 제공한다. 기업의 리더들은 DT와 ESG 경영을 동시에 추구함으로써 미래 경쟁력을 강화하고 지속가능한 성장을 달성할 수 있다.

2부

트윈 트랜스포메이션!
대해부!

5장. DT 기술과 ESG 경영의 융합

- 데이터 기술과 ESG 경영: 인공지능, 빅데이터, 블록체인, 클라우드 컴퓨팅
- 모빌리티 기술과 ESG 경영: 자율주행차, 드론, 로봇, 차세대 통신
- 기반기술과 ESG 경영: 차세대 전지, 3D 프린팅, 사물인터넷, 가상현실

데이터 기술과 ESG 경영: 인공지능, 빅데이터, 블록체인, 클라우드 컴퓨팅

흑해에서 잠수함을 지휘했던 러시아군 전직 장교 스타니슬라프 르지츠키가 조깅 중 총에 맞아 사망하였다. 이 사건의 용의자는 GPS로 위치를 알려주는 피트니스 앱 스트라바Strava를 통해 르지츠키의 위치를 추적하여 암살하였다. 르지츠키는 규칙적으로 조깅한 경로와 시간을 운동 앱 스트라바에 기록하였는데, 용의자가 이를 보고 계획한 위치에서 그를 기다렸다가 범행을 저질렀다.

<출처: 위키피디아 kilo급 잠수함>

암살당한 르지츠키가 애용한 앱인 스트라바는 한국을 비롯해서 전세계적으로 가장 유명한 자전거 라이딩 기록 앱이자 소셜 네트워크 서비스를 제공하는 회사이다. 전세계 최고의 피트니스 앱 '스트라바'는 현재 13조 개의 GPS 포인트, 주당 1,500만 회의 업로드,

15억 개의 분석 포인트를 포함하여 120TB의 데이터를 저장하고 있다.

스트라바는 전세계에서 가장 유명하고 최고의 시장점유율을 보유하고 있는 클라우드 컴퓨팅 서비스 AWS[Amazon Web Services]를 사용하였다. 그중에서도 데이터 분석을 위해 특별히 설계되고 대량의 데이터를 읽어 데이터 전반에 걸친 관계와 추세를 파악하게 해주는 데이터 웨어하우스[Data Warehouse]인 레드시프트[Redshift]를 사용하고 있었다.

그러나, 스트라바가 처리해야 할 공학과 분석 수요가 증가하고 있는 반면에 레드시프트는 스트라바가 필요로 하는 동시성 요구를 만족시키지 못하였고 스트라바 개발자들의 프로그래밍에 걸리는 쿼리 시간도 늘어나게 만들었다. 이러한 이유로, 스트라바는 데이터의 중앙 집중식 저장소인 데이터 레이크[Data Lake]를 아마존의 레드시프트에서 스타트업 클라우드 회사 스노우플레이크[Snowflake]로 이전[Migration]하였다.

스트라바가 아마존의 레드시프트를 떠난 이유는 치열해지고 있는 시장에서 경쟁우위를 유지하기 위해서 데이터의 저장과 처리에 있어 빠른 응답이 필요했는데, 그 필요를 더 채워주는 기업으로 옮겨간 것이다.

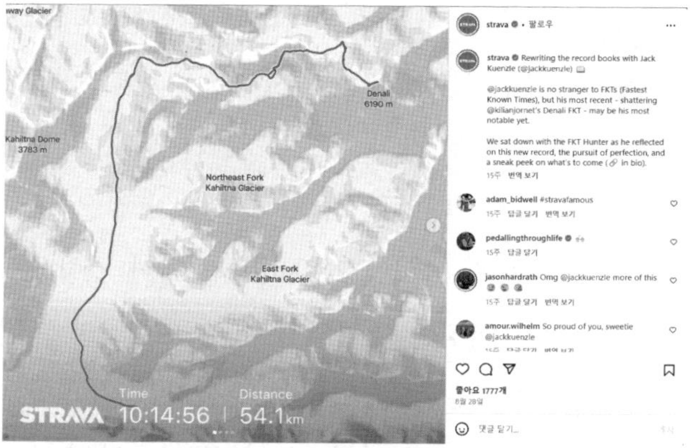

<출처: Strava Instagram>

이처럼 살벌한 약육강식의 기업환경에서 ESG 경영을 해야 하는 기업들은 인공지능, 빅데이터, 블록체인 그리고 클라우드 컴퓨팅 같은 경쟁력 있는 데이터 기술을 활용하거나 확보해야 한다. 다음에서 이러한 데이터 기술에 대하여 알아보고자 한다.

데이터 기술: 빅데이터

빅데이터Big Data라는 용어는 1990년대 중반에 월드 와이드 웹World Wide Web의 태동기에 실리콘 그래픽스의 수석 과학자 존 마시John Mashey가 기술자 그룹에서 처음 사용하였다.[1]

미국의 정보기술 연구 자문회사인 가트너는 "빅데이터는 미래경쟁력을 좌우하는 21세기 원유다"고 강조했다. 빅데이터는 모바일이나 사물인터넷이 차세대 통신과 융합하여 실시간으로 데이터를 수집하여 만들어진 것이다. 특히 마케팅 분야에서는 고객 행동과 소비 패턴을 파악하여 개인 맞춤형 마케팅을 하기 위해 적극적으로 데이터를 수집하고 있다. 기업이 데이터를 수집한 후 그 데이터를 분석하여 기업의 미래 행동에 대한 의사결정을 한다.

빅데이터의 트렌드에 두 가지 특징이 있다. 먼저, 비정형 데이터의 급격한 성장이다. 즉, 페이스북, X, 웨이보와 같은 소셜 미디어와 모바일의 위치 정보가 실시간으로 비정형 데이터 형식으로 쌓이고 있다. 다른 하나는 비정형 데이터를 처리하고 의미를 해석할 수 있는 신기술의 등장이다. 즉, 끊임없이 성장하는 컴퓨터 처리용량과 합리적인 비용으로 대용량 데이터 처리를 가능하게 해준 클라우드 컴퓨팅과 같은 비정형 데이터를 관리하는 능력의 향상이다.[2]

빅데이터는 환경 데이터를 수집하고 분석하여 환경 문제를 보다 정확하게 파악하고 해결책을 마련하는 데 도움이 되고 있으며, 사회적 약자의 어려움을 파악하고 지원하는 데 활용될 수 있다.

시장조사기관 VMR이 <글로벌 빅데이터 시장>이라는 연구 보고서에서 "전세계 빅데이터 시장 규모는 2022년 1,603억 달러한화 약 214조 원에서 매년 13.9%씩 성장해 2030년에는 3,993억 달러한화 약 535조 원에 이를 것으로 전망된다"고 밝혔듯이, 빅데이터 시장은 빠른 속도로 성장하고 있다.[3]

데이터 기술: 인공지능

박경종과 강마리아(2021)가 "인공지능은 인공으로 학습 능력, 추론, 지각과 같은 사람의 능력을 기계에 재현하는 공학이다"고 밝혔는데, 인공지능은 지각하는 사람의 능력을 재현하는 공학이라는 뜻이다.[4]

2010년대에 기계학습Machine Learning 또는 딥러닝Deep Learning 같은 개념들이 생기면서 인공지능 연구가 활발히 일어났다. 기계학습은 데이터를 통하여 분석하고 학습하여 그 안에 있는 지식을 추출하는 것을 말한다. 즉, 경험에 의한 인간의 학습 능력 같은 기능을 컴퓨터에서 실현하는 기법과 기술이다. 인공신경망Artificial Neural Network, 디시전 트리Decision Tree 등이 대표적인 기계학습 기법이다.

인공지능은 에너지 소비 최적화, 재생 가능 에너지 예측, 환경 모니터링, 증상별 노하우 습득을 통한 정확하고 정밀한 치료 등에 빅데이터를 분석하여 활용할 수 있다.

인공지능은 공장 자동화, 에너지 효율 개선, 친환경 제품 개발 등을 통해 환경 오염을 줄이고 기후 변화 대응에 기여할 수 있으며, 맞춤형 의료, 교육, 복지 등 사회 공헌 분야에서 새로운 기회를 창출할 수 있다.

마켓앤마켓이 <2030년까지의 글로벌 AI 시장 전망Artificial Intelligence Market - Global Forecast to 2030> 보고서에서 "AI 시장 규모는 2023년에 1,502억 달러한화 약 201조 원에서 2030년 1조 3,452억 달러한화 약 1,802조 원로 고속 성장할 것이다"고 예측하였다.[5]

데이터 기술: 블록체인

블록체인Blockchain 기술은 정보를 암호처리하여 분산저장을 하면 내용의 수정이나 변조가 어려워서 투명한 거래가 가능하고 개인정보 보호를 할 수 있다는 발상에서 시작되었다. 금융기관의 전산센터에서 중앙집중식 데이터를 보관하는 것에 반대되는 개념으로서 서버가 없이 개인들의 컴퓨터가 각각의 서버 역할을 하면서 서로

간에 정보를 주고받는 분산네트워크 방식을 따르기 때문에 분산형 원장관리 시스템이라고 한다.

블록체인은 일정한 시간 동안(비트코인은 약 10분) 발생한 여러 개의 거래 내역을 묶어 하나의 블록을 만든다. 블록체인의 모든 거래 참가자가 한 개의 통장을 공유하고 거래 내역을 동시에 복제하여 저장하므로 그 내용의 위변조는 거의 불가능하다.

새로운 거래가 발생할 때 참가자 반 이상의 동의가 있어야 블록이 만들어진다. 그 만들어진 블록은 기존 블록체인에 연결되므로 보안이 유지되고 거래가 투명해진다. 이렇게 체결되는 계약을 스마트 계약이라고 한다.

블록체인은 탄소 배출권 거래, 환경 인증 등 환경 관련 데이터의 투명성과 신뢰성을 높이는 데 활용될 수 있으며, 소셜 임팩트 투자, 사회적 기업 지원 등 사회적 가치 창출을 위한 새로운 플랫폼을 제공할 수 있다.

삼정KPMG경제연구원은 2024년의 블록체인 시장 규모는 235억 달러 한화 약 31조 5천억 원 로 전망하였다. 블록체인의 유망한 분야로서 금융이 60.8억 달러 한화 약 8.1조 원 , 헬스케어가 44.9억 달러 한화 약 6조 원 , 정부 · 공공이 38.7억 달러 한화 약 5.2조 원 , 소매 · 전자상거래가 34억 달러 한화 약 4.6조 원 , 자동차가 25.5억 달러 한화 약 3.4조 원 , 콘텐츠 · 엔터테인먼트가 20.3억 달러 한화 약 2.7조 원 순이었다.

세계시장포럼은 “2025년까지 전 세계 GDP의 10%는 블록체인을 기반으로 하며 2050년에는 그 비중이 50%까지 갈 것이다”고 전망하였다.[6]

데이터 기술: 클라우드 컴퓨팅

클라우드 컴퓨팅Cloud Computing에 구름Cloud이라는 단어가 들어간 이유는 컴퓨터를 사용하는 사람의 입장에서 마치 '구름 속에 있는 컴퓨터를 쓰는 것'과 같기 때문이다. 사용자는 구체적인 것은 알 수도 없고 알 필요도 없이 컴퓨터를 활용한다는 의미이다.[4]

클라우드 컴퓨팅이 탄생한 배경은 데이터의 증가 때문이며, 고객의 온라인 접속의 불규칙성 때문이다. 즉, 미국의 온라인 상거래 기업들이 블랙프라이데이를 전후해서 기존 대비 열 배 이상 한꺼번에 몰리는 고객을 대비할 컴퓨터 자원을 준비해야 하지만, 평상시에는 그 정도 고객이 들어오지 않기 때문에 자원의 낭비를 가져온다. 클라우드 컴퓨팅은 이런 개인이나 기업의 불만을 제거해보자는 아이디어로 등장하게 되었다.

클라우드 컴퓨팅에 다음과 같은 특징이 있다. 우선, 클라우드 컴퓨팅은 사용자의 데이터 사용에 있어 파레토법칙을 따르고 있다. 20%의 데이터는 빈번하게 사용하지만, 80%의 데이터는 접속하지도 않고 이용하지도 않는다. 또한, 클라우드 컴퓨팅은 기업들에게 다양한 이점을 제공해준다. 필요할 때 필요한 만큼 자유롭게 이용이 가능하고, 기기에 상관없이 자유롭게 접속이 가능하며, 여러 명이 동시에 접속할 수 있으며, 사용자 수요의 변화에 신속한 자원 제공이 가능하며, 컴퓨터 자원 사용량의 정밀 측정으로 최적화를 가능하게 하여, 최신 컴퓨터 상태를 유지할 수 있다는 특징이 있다.[7]

클라우드 컴퓨팅은 환경 친화적인 데이터센터 구축과 운영을 지원함으로써 환경 보호에 기여할 수 있으며, 원격 근무, 온라인 교육 등 디지털 기술을 통해 사회적 소외를 해소하고 사회 통합을 강화하는 데 활용될 수 있다.

미국의 IT 및 통신 시장조사 기관인 IDC는 2022년 전 세계 퍼블릭 클라우드 서비스 시장의 매출이 5,458억 달러한화 약 731조 원에 이른다고 분석하였다.

이와 같이 인공지능, 빅데이터, 블록체인, 클라우드 컴퓨팅 등 데이터 기술이 발전함에 따라 ESG 경영과의 연계가 더욱 강화될 것으로 전망된다. 데이터 기술을 활용한 기업들의 증가는 관련 기업들에게 ESG 경영의 효율성을 향상시키고, ESG 경영의 새로운 기회를 창출하게 해줌으로써 기업의 지속가능성을 높일 것으로 기대된다.

모빌리티 기술과 ESG 경영:
자율주행차, 드론, 로봇, 차세대 통신

1913년 4월 1일 미국 미시간주 하일랜드 파크의 포드자동차 공장에서 컨베이어 시스템을 통하여 생산된 자동차로 인하여 세계 자동차 역사는 새로 쓰여지기 시작하였다. 물흐르듯이 컨베이어 시스템에 올려진 '모델T'는 대당 생산시간 630분을 93분으로 단축시켜서 대량생산을 가능케 하였다. 2,100달러였던 자동차 가격을 290달러까지 낮췄다. 대량소비를 가져온 공정과정의 혁신이었다.[8]

<출처: 해시넷 포드자동차 하일랜드 파크 공장>

100년 전 포드처럼 전기차 제조사 테슬라는 자동차 업계의 판도를 바꾸는 행보를 보였다. 테슬라는 설립된 지 10년 되는 2013년 1분기에 회사 역사상 최초로 1,120만 달러(한화 약 150억 원)의 분기 흑자

전환에 성공하였다. 그로부터 7년 후 테슬라는 전 세계 연간 자동차 판매량 7,750만 대의 1% 보다 적은 50만 대의 전기자동차를 판매했지만, 세계 자동차 제조업체 중 시가총액 1위에 올라섰다.

테슬라가 등장한 후 세계 자동차 업계의 판도는 완전히 바뀌었다. 도요타, 폭스바겐, 현대차 등 기존 완성차 업체들이 앞다퉈 내연기관 차량에서 전기차로 전환을 선언하고 모든 역량을 집중하고 있다. 테슬라가 아직 자동차 생산 및 판매량에서 미미한 수준이지만 회사의 가치를 나타내는 시가총액에서 세계 1위로 우뚝 선 이유는 무엇일까?

테슬라가 자동차 회사 시총 1위가 된 이유[9]

(1) 뛰어난 전기차 성능

테슬라의 고급 세단인 모델S의 제로백[1)] 2.1초는 포르쉐 스포츠카인 911 카레라 4S의 3.6초보다 1.5초 짧다.

또한, 고객은 테슬라를 구매한 이후 꾸준히 진화하는 차량 품질을 제공받는다. 즉, 스마트폰처럼 무선으로 차량의 소프트웨어 기능을 업그레이드해주는 OTA[Over The Air] 기능 때문에 고객이 구매 후에도 꾸준히 신차를 구매한 효과를 누릴 수 있다.

일본의 자동차 전문가는 “테슬라 자동차의 자율주행에 쓰이는 인공지능[AI] 반도체, 차량 부품을 제어하는 전자제어유닛ECU 등은 도요타와 폭스바겐을 6년 이상 앞서 있다”고 언급하며. 테슬라 차량의 핵심 부품이 세계 최고 수준임을 밝혔다.

---

1) 제로백: 정지상태에서 시속 100km에 도달하는 시간

(2) 빠른 제조능력의 진화

테슬라는 4680배터리 같은 배터리셀을 만드는 기계도 직접 설계하는 배터리 관련 기술을 보유하여 생산 효율을 높이고 있다.

전기 자율주행차 시장을 선점하기 위해 소프트웨어부터 클라우드 시스템, ECU, AI 반도체, 충전소, 통신까지 서비스의 모든 단계를 연결하는 수직계열화를 하고 있다.

테슬라 CEO 일론 머스크는 2030년에 연 2,000만 대 생산능력을 갖춰서 세계 자동차 판매 시장의 25% 이상을 장악하겠다고 말했다. 아직 미래의 일이지만 투자자는 과거의 테슬라 행적을 보고 테슬라의 2030년 구상을 믿어주는 것 같다.

<출처: 테슬라 홈페이지>

이와 같이 테슬라는 100년 전 포드가 이끌었던 자동차 생산혁명보다 더 기대되는 자율주행차 혁명을 이끌고 있는데, 이번 글에서는 자율주행차, 드론, 로봇, 차세대통신과 같은 모빌리티 기술을 알아보겠다.[7]

모빌리티 기술: 자율주행차

자율주행차Autonomous Car는 자동차 보급과 비슷한 시기에 시작되었지만, 실질적 자율주행차는 일본의 기계기술연구소가 1977년에 도로에 그려진 선을 따라 주행하는 자동차를 개발하면서 등장하였다.

국제 자동차기술자협회 SAE는 자동차 조종에 사람이나 시스템의 관여 정도에 따라 자율주행차 기술을 레벨0에서 레벨5까지 6단계로 분류하였다. 먼저, 레벨0은 사람이 항상 제어하는 상태에서 시스템이 충돌의 경고나 방지를 돕는 보조 수준이다. 레벨1은 차선유지 보조기술과 크루즈컨트롤 기술을 포함한 반자율주행이 시작되는 단계다. 레벨2는 고속도로 주행기술이 포함되어 자동차가 차선 변경이나 추월을 제한적으로 하며 필요한 경우에 사람이 주행에 개입하는 단계다. 레벨3는 자동차가 센서를 활용하여 스스로 차선을 변경하고 앞차를 추월하거나 장애물을 피하는 등 어느 정도 주변 상황을 파악한다. 레벨4는 자동차가 고속도로와 같은 자율주행을 할 수 있는 지역에 제한이 있지만, 스스로 주행할 수 있으며 위험한 상황이 발생해도 안전하게 대응한다. 레벨5는 자동차가 지역에 제한 없이 스스로 판단하여 완전하게 자율주행을 하는 단계로서 사람이 자동차 공간에서 다른 일을 하게 된다. SAE는 2035년에 레벨5가 완성될 것으로 예상하였고, 대한민국은 2030년까지 레벨4 수준의 달성을 목표로 하고 있다.

자율주행차는 운전자의 부주의나 과속으로 인한 교통사고를 줄여 인명과 재산 피해를 감소시킬 수 있으며, 교통 흐름을 최적화하여 교통 혼잡을 줄이고 연료 소비를 절감할 수 있다. 또한, 고령자,

장애인 등 교통약자의 이동권을 보장하고, 여성, 아동 등 안전 취약 계층의 안전을 강화할 수 있다.

2030년에 전 세계 신규 자동차의 50% 이상이 자율주행차로 예상된다. 2035년 전 세계 자율주행차 시장 규모는 약 1,300조 원을 초과할 것으로 예상된다. 자동차 기업들은 모빌리티 서비스를 통해서 플랫폼 사업을 추진하고 있는데 그 성장률이 매년 30% 이상으로 예상된다.

모빌리티 기술: 드론

드론Drone은 통상 사람이 탑승하지 않은 항공기로서 무인항공기 Unmanned Aerial Vehicle, UAV로도 불린다. 1차 세계대전이 발발하자 미국은 무인기 개발에 착수하여 1918년에 조종사 없이 폭탄을 싣고 80km 정도 날아간 무인기를 개발하였다. 드론이 군사 목적으로 많이 사용되었지만, 2010년대 중반부터 민간에서 사용되기 시작하였다.

무선 원격 조종으로 비행하는 드론은 지상의 조종사가 하늘에 떠 있는 드론과 데이터를 주고받는 통신부, 드론을 조종하는 제어부, 드론이 비행할 수 있게 해주는 구동부, 장비를 실은 탑제부로 나뉘어진다. 전 세계 드론의 70%는 중국에서 생산된다. 드론이 미래 공중전의 핵심이 될 것으로 예상되기 때문에 미국이 자국의 드론 기술을 향상시키려고 노력을 하고 있다. 현재 반도체 대전으로 미국과 중국이 다투듯이 미래에는 드론 기술 조달 리스크가 예상되기도 한다.

드론은 기존의 운송 수단에 비해 에너지 효율이 높아 배출 가스를 줄일 수 있으며, 재난 구호, 의료 서비스, 농업, 물류 등 다양한 분야에서 사회 공헌에 기여할 수 있다.

현재 군사시장이 세계 드론시장을 주도하고 있지만 향후 민간시장이 확장될 것으로 예상된다. 드론의 경제효과는 2025년에 90조원 이상이 될 것이고 10만개 이상의 일자리를 만들 것으로 예상된다.

모빌리티 기술: 로봇

로봇Robot은 인간과 유사한 형태를 가지고 걷기도 하고 말도 하는 기계장치 또는 어떤 작업이나 조작을 자동적으로 하는 기계장치이다. 인간에 가까운 로봇을 만들려는 노력은 백 년 동안 이어져 왔다. 미국의 세계적인 원자력 기업인 웨스팅하우스 일렉트릭은 1926년에 사람의 말에 응답하는 텔레복스Televox라는 로봇을 개발하였다.

제조업의 제조공정을 자동화하는 주역으로서 산업용 로봇은 정밀하고 정확한 기능을 수행하는 기술로 진화하고 있다.

산업별로 로봇시장의 크기는 자동차 시장이 가장 크고, 전기 전자 시장이 그 다음이며, 금속 및 기계 산업 시장이 가장 작다. 로봇시장이 중요한 이유는 로봇에서 시작하여, 소프트웨어와 주변기기 그리고 네트워크와 서비스까지 가치망이 연결되어 형성되기 때문에 전후방 산업의 연관효과가 크기 때문이다.

로봇은 물류, 제조, 서비스 등 다양한 분야에서 기존의 노동력을 대체함으로써 탄소 배출량을 감소시킬 수 있으며, 고령화 사회의 노동력 부족 문제를 해결하고 장애인과 고령자 등 사회적 약자의 삶의 질을 향상시킬 수 있다.

세계 로봇 시장은 소프트웨어, 시스템 엔지니어링, 주변기기 등을 포함하는데, 리서치앤마켓이 예상한 서비스로봇 시장규모는 158.7억 달러한화 약 21.3조 원에서 2030년까지 1,873.3억 달러한화 약 251조 원까지 성장할 것으로 예상된다.

모빌리티 기술: 차세대 통신망

5G · 6G를 차세대 통신망Next Generation Networking, NGN이라 부른다.

2019년에 시작된 5G 이동통신은 4G보다 20배 빠르게 데이터를 전송하고, 열 배 많은 동시 접속을 가능케 하는 기술이다. 향후 5G 기술을 대체할 6G 통신 기술은 2030년에 보급될 것으로 예상된다.

세계경제포럼WEF은 "6G는 신뢰할 수 있으며 자유로운 데이터 유통기술이다"고 정의했으며, 삼성전자는 "6G는 새로운 차원의 초연결 경험을 제공하는 기술이다"고 주장했다.

6G가 보급되면 초실감 확장현실, 고정밀 모바일 홀로그램 그리고 디지털 복제가 가능할 것으로 기대된다. 인공지능이 5G와 연결될 때 민간에서는 금융, 제약, 의료, 유통 그리고 제조 등의 업종에서 활발하게 사용될 것이다. 반면 군수에서는 사이버 보안, 첩보, 병사 훈련, 자율형 시스템 개발 그리고 작전계획 등에서 전략적으로 매우 중요하게 응용될 것으로 예상된다.

2023년에 전 세계의 연결기기 중 45%가 이동통신과 연결되며 나머지 55%가 유선과 와이파이에 연결될 것으로 예상된다. 같은 시기에 전 세계 인구의 70% 정도인 57억 명이 이동통신을 사용하고 있으며 1인당 3.6개의 기기가 네트워크에 연결되고 있다.

차세대 통신은 전기차, 수소차 등 친환경 차량의 충전 인프라를 확충하고 자율주행차의 안전한 운행을 지원함으로써 환경 보호에 기여할 수 있으며, 원격 교육, 원격 의료 등 디지털 기술을 통해 사회적 소외를 해소하고 사회 통합을 강화할 수 있다.

차세대 통신시장 규모가 2020년 41조 원에서 2026년에 1,275조 원으로 확대될 것으로 예상된다. 5G가 2035년에는 2,750조 원의 가치사슬을 생성하고, 경제적인 산출 총액이 1경 원을 초과할 것으로 예상된다.

기업은 이처럼 미래에 확대될 것으로 예상되는 자율주행차, 드론, 로봇, 차세대 통신 같은 모빌리티 기술을 잘 개발시켜서 ESG 경영에 혼합해야 한다. 이러한 노력은 기업의 경쟁력 강화와 ESG 경영 실천에 기여할 수 있을 것이다.

기반기술과 ESG 경영:
차세대 전지, 3D 프린팅, 사물인터넷, 가상현실

"애플, 구글 알파벳, 마이크로소프트, 델, 테슬라를 고발합니다."

미국의 인권 법률 구호단체인 국제권리변호사회 IRA가 콩고민주공화국 내 코발트 광산에서 일하던 아동 광부들이 죽거나 다친 14개 가정을 대리하여 거대 첨단 IT 기업들에게 소송을 제기하였다.

콩고민주공화국은 전 세계 코발트 생산량의 60%를 공급하고 있다. 코발트는 전기차나 스마트폰의 리튬이온배터리에 사용되는 희귀광물이다. 이런 글로벌 기업들이 소송을 당한 이유는 코발트가 아동 노동과 밀접히 관련된 것을 알고도 공급망 관리를 제대로 하지 않고 아동 착취를 통하여 이득을 얻었다는 것이다.

전 세계적으로 전기차 시장은 확대되고 있고 고용량의 이차전지를 장착하는 것이 경쟁력 우위를 점하는 기준점이다. 전기차 배터리로 쓰이는 리튬이온배터리에는 콩고민주공화국의 아동 노동 문제가 된 코발트가 중요한 원료로 쓰이고 있다. 하지만, 코발트는 아동 노동과 같은 ESG의 사회문제가 있기 때문에 공급의 안정성이 떨어지고 가격도 높다.

리튬이온배터리 시장은 2022년 549억 달러[한화 약 73.5조 원]에서 2030년 1,476억 달러[한화 약 198조 원]로 확대될 것으로 예상되는데, 사회적 문제가 없고 공급의 변동성이 적은 리튬, 니켈, 망간 등의 광물을 안정적으로 확보하는 것이 사업의 핵심이다.

<출처: 포스코홀딩스 미래기술연구원 홈페이지>

한국에서 이차전지의 원료 조달 · 소재 생산 · 폐배터리 재활용의 종합 밸류체인을 구축하고 있는 회사가 있다. 세계 최대 철강회사로 알려진 포스코홀딩스이다. 포스코홀딩스는 급변하고 있는 산업의 지형도를 파악하고 선도적으로 세계 1위 이차전지 소재 기업으로 변화 중이다.[10]

포스코홀딩스는 이차전지 소재 사업을 그룹의 미래 먹거리로 선정하고 집중 투자하고 있다. 회사는 이차전지 시장의 60%를 차지하고 있는 양극재에 쓰이는 니켈과 하얀 석유로 불리는 리튬의 광물을 확보하였는데, 호주의 리튬 광산, 아르헨티나 리튬 염호 매입, 서호주 니켈 광산 투자, 탄자니아와 호주의 흑연광산에 대한 투자를 선제적으로 주도하였다.

사회적 문제가 되는 코발트의 양을 5% 이하로 줄이고 니켈의 함량을 90%로 늘린 울트라 하이니켈 양극재와 같은 차세대 양극재 기술개발에 착수하였다. 그 외에 폭발 위험이 있는 액체 전해질을 대신하여 전고체 배터리 등 단결정 양극새, 코발트가 없는 코발트

프리 양극재 개발을 병행 중이다. 포스코홀딩스의 자회사인 포스코케미칼은 천연 흑연 음극재뿐만 아니라 실리콘 음극재, 리튬메탈 음극재 등 음극재 기술을 고도화하고 있다.

포스코홀딩스는 2030년에 전기차 시장이 4,000만 대까지 확대될 것으로 예상한다. 전기차의 핵심 소재인 배터리 소재 수요가 폭증할 것을 예견하고 관련 사업에 적극적인 투자를 하였다.

포스코홀딩스는 미래기술연구원을 개원하여 연구원 내에 수소와 저탄소 에너지를 위한 그린에너지 연구소, 이차전지 소재를 연구하는 그린모빌리티 연구소, AI 기술 플랫폼을 만들기 위한 그린 인텔리전스 연구소를 설치하여 3차 산업의 핵심인 철강생산 기업에서 4차 산업혁명의 필수 요소 생산기업으로의 변화를 꾀하고 있다.

이번 글은 AI 기반의 융합혁신의 기반 기술로 인정되는 차세대 전지, 3D 프린팅, 사물인터넷, 가상현실 등에 대하여 알아보고자 한다.[7]

디지털 산업의 기반기술: 차세대 전지

이탈리아의 물리학자인 알레산드로 볼타가 1801년 나폴레옹 황제 앞에서 구리판과 아연판 사이에 묽은 황산용액을 적신 천을 끼워 볼타 전지Voltaic Cell를 재현하였다. 최초의 전지를 만든 볼타의 이름을 따서 전압의 단위를 볼트volt, V라 부르게 되었다.

일차전지Primary Cell는 전지 내의 전기화학반응이 비가역적이어서 한 번 쓰고 버려야 하는 일회용 전지를 말한다. 반면, 이차전지Secondary Cell는 비싸지만 충전하여 여러 번 사용할 수 있는 충전기와 같은 전지를 말한다.

최근 50년간 전지 기술에 있어 가장 진화된 것은 리튬이온전지Lithium-ion Battery, Li-ion Battery다. 연구자들이 리튬을 이용한 전지를 오랫동안 연구한 이유는 리튬이 높은 전압을 낼 수 있기 때문이었다. 리튬이온전지는 양극, 음극, 분리막, 전해액의 네 가지 요소로 구성되어 있다. 네 가지 구성 요소 중 양극에 사용되는 물질에 따라 용량과 전압이 결정된다. 이 양극에 리튬이 많이 포함될수록 용량이 커진다.

리튬이온전지는 온도가 높아질 때 내부 전해액이 새어 나와서 불이 나거나 폭발할 위험의 단점이 있다. 그래서 이차전지배터리 생산기업들은 차세대 전지로서 전고체 리튬이온전지All-solid-state LIBs를 개발하려고 노력하고 있다. 왜냐하면 고체 전해질은 화재와 폭발 가능성이 희박하기 때문이다.

차세대 전지는 기존의 화석연료 기반 전지에 비해 에너지 효율이 높고 탄소 배출량이 적어 기후 변화 대응에 기여할 수 있고, 전기차, 수소차 등 친환경 운송 수단의 보급을 촉진하여 대기 오염과 소음을 줄일 수 있다.

차세대 전지 산업은 현재 휴대폰이나 노트북의 저장장치로서 주로 쓰이지만, 전기 자동차 시장이 확대되면서 급성장할 것으로 예측된다. 세계 시장규모가 2018년부터 2025년까지 연평균 27% 성장하여 2025년에 131조 원이 될 것으로 예상된다. 폐배터리 재활용 시장은 2030년에 20조 원 정도 될 것으로 예상된다.

디지털 산업의 기반기술: 3D 프린팅

3D 프린팅은 적층 제조라고도 불리는데, 컴퓨터 내에서 작업된 3차원의 솔리드Solid CAD 모델링 데이터를 한층 한층Layer by Layer 적층하여 손으로 직접 만질 수 있는 물리적 형상으로 빠르게 제작하는 기술이자, 상상하는 어떤 형상이든 모델링만 된다면 현실화시킬 수 있는 강력한 제작 수단이다. 즉, 누구나 소비와 제조가 가능한 프로슈모Prosumer, Producer+Consumer의 시대와 1인 제조기업의 탄생이 가속화될 것이다.[11]

3D 프린팅은 프린터 장비, 소프트웨어 그리고 소재로 구성되고, 3D 프린팅은 복잡한 형상을 짧은 시간에 저렴한 비용으로 만들 수 있으며, 활용 분야는 패션 디자이너, 의료 분야, 음식, 건축 그리고 우주산업 등이다.

3D 프린팅은 기존의 제조 방식에 비해 재료 낭비가 적고 생산 공정을 단순화하여 환경 오염을 줄일 수 있다. 맞춤형 의료 기기나 장애인 보조 기구 등을 생산함으로써 사회적 약자의 삶의 질을 향상시킬 수 있다.

3D 프린팅의 시장 규모는 2023년에 30조 원으로 예상된다. 바이오 3D 프린팅 시장은 2023년에 4조 원 규모로 예상된다.

디지털 산업의 기반기술: 사물인터넷

사물인터넷은 모든 사물을 인터넷에 연결하는 기술을 말한다. 여기서 사물은 냉장고나 세탁기와 같은 가전제품, 휴대폰과 같은 모바일 장비, 옷이나 안경 등과 같이 몸에 착용하고 다닐 수 있는 디바이스와 같은 웨어러블 디바이스Wearable Device 등 다양한 내장형 시스템Embedded System을 말한다.

사물인터넷은 에너지 사용량을 실시간으로 모니터링하고 제어함으로써 에너지 효율성을 높일 수 있는데, 실시간으로 교통, 의료, 재난 등 다양한 분야의 정보를 제공함으로써 안전과 편의를 증진시킬 수 있다.

사물인터넷 기술을 통하여 스스로 물을 주는 화분이나 스스로 수리하는 자전거가 만들어질 수 있다. 사물인터넷의 세계 시장규모는 2022년 1,312조 원 규모로 전망된다. 그 시장의 80% 이상은 소프트웨어와 데이터일 것으로 예상된다.

디지털 산업의 기반기술: 가상현실

가상현실Virtual Reality, VR은 실제 존재하지 않는 현실을 컴퓨터를 이용하여 만들어 내고 사람이 오감을 통하여 느끼게 하는 기술을 말한다. 즉, 현실에 존재하지 않는 완전히 상상으로 만든 인공 환경 안에서 사람이 움직이거나 느낄 수 있는 가능성을 제공한다.

2014년에 페이스북이 가상현실을 이용할 수 있는 헤드셋을 개발한 벤처 기업 오큘러스를 20억 달러한화 약 2.7조 원에 인수하면서 세계적으로 가상현실 붐이 일기도 했다.

가상현실의 한 부분인 증강현실Augmented Reality, AR이라는 것이 있다. 증강현실은 실제 존재하는 환경에 가상의 사물이나 정보를 합성하여 마치 원래의 환경에 존재하는 사물처럼 보이도록 하는 컴퓨터 그래픽 기법이다.[12]

가상현실은 원격 근무, 온라인 교육, 가상 회의 등을 통해 교통량을 감소시키고 탄소 배출량을 줄일 수 있고, 교육, 문화, 여가 등 다양한 분야에서 새로운 경험을 제공함으로써 사회적 소외를 해소하고 사회 통합을 강화할 수 있다.

증강현실과 가상현실을 합한 세계 시장 규모는 2025년에 628조 원으로 예상된다.

이와 같이 확대가 예상되는 디지털 기반 기술은 ESG 경영의 전반적인 영역에서 긍정적인 영향을 미칠 수 있다. 기업들은 이러한 기술을 적극적으로 활용하여 ESG 경영을 강화하고 지속가능한 성장을 도모하여야 한다.

6장. 데이터 기반 ESG 경영

- 데이터 수집과 분석의 중요성
- ESG 영역에서 데이터 활용 방안
- 데이터 기반 의사결정의 중요성과 잠재적 이점

데이터 수집과 분석의 중요성

"70경 50만 조 → 700,500,000,000,000,000"
전 세계 해변의 모래양을 숫자로 표현한 것이다.

<출처: pixabay, Kanenori>

이것을 정보 혹은 저장 단위로 간단하게 표현하면 0.7제타바이트다. 1 제타바이트[Zettabyte, ZB]는 전 세계 해변 모래의 양보다 43% 정도 더 많은 양을 나타내는 측정 단위다. 미국의 IT 및 통신 시장조사 기관 IDC는 2025년 전 세계 데이터 양을 175ZB로 예측하였다.[13] 175ZB는 전세계 해변의 모래양의 250배의 규모다. 이것을 표시하면 다음과 같다.

175,(제타[Zetta])000,(엑사[Exa])000,(페타[Peta])000,(테라[Tera])000,(기가[Giga])000,(메가[Mega])000,(킬로[Kilo])000

위 숫자와 괄호 속 단어는 우주 공상 과학 만화에 나오는 행성의 이름 같기도 하다. 일단 0이 너무 많아서 거북하고 세기에도 버겁다. 또한 괄호 속 단어를 보니 '킬로', '메가', '기가' 그리고 '테라'까지는 들어본 것 같은데, 그다음 단어부터는 생소하다.

KT 경제경영연구소에 따르면 기원전 3,000년부터 기원후 2,000년까지 5,000년 동안 인류가 생성한 데이터의 양은 약 20 엑사바이트EB다. 2000년대 초반부터 2021년까지 인류가 생산한 전 세계 데이터 총량이 약 50ZB다. EB의 천 배가 ZB이니 최근 20여 년 동안 생성된 데이터 양이 5,000년 동안 만들어진 양에 비해 2,500배나 많다. 현재 인류가 가진 데이터의 약 90%는 지난 10년 동안에 생산되었다. 이렇게 데이터가 폭발적으로 증가한 이유는 무엇일까?

그 이유는 디지털 기술이 급격하게 발전하면서 데이터 생성과 복제가 너무 쉬워졌고, 사물인터넷 기술, 개인이 사용하는 스마트 기기, 신용카드 거래 그리고 수많은 CCTV 등 디지털 기기의 사용으로 엄청난 양의 데이터가 만들어지고 있기 때문이다.[14] IDC의 수석부사장 데이비드 레인셀은 "누군가 175ZB를 블루레이 디스크에 저장한다면, 디스크를 달까지 23번 갈 만큼 쌓을 수 있다. 오늘날 가장 큰 용량의 하드디스크에 다운로드한다면, 125억 대가 필요하다"라고 ZB를 실감나게 표현하였다. 참고로 ZB보다 더 큰 단위는 10의 24승인 요타바이트YB, 10의 27승인 론나바이트RB, 10의 30승인 퀘타바이트QB다. 지금은 아니지만 다음 세대에는 ZB, YB, RB, QB와 같은 정보 저장 단위까지 사용해야 할 것이다.[15]

[데이터 단위와 데이터 양 표시]

단위	값	데이터 양
바이트(byte, B)	1000^0=100(일)	1 byte=2^0B
킬로바이트(Kilobyte, KB)	1000^1=103(천)	1024B=2^{10}B
메가바이트(Megabyte, MB)	1000^2=106(백만)	1024KB=2^{20}B
기가바이트(Gigabyte, GB)	1000^3=109(십억)	1024MB=2^{30}B
테라바이트(Terabyte, TB)	1000^4=1012(일조)	1024GB=2^{40}B
페타바이트(Petabyte, PB)	1000^5=1015(천조)	1024TB=2^{50}B
엑사바이트(Exabyte, EB)	1000^6=1018(백경)	1024PB=2^{60}B
제타바이트(Zettabyte, ZB)	1000^7=1021(십해)	1024EB=2^{70}B
요타바이트(Yottabyte, YB)	1000^8=1024(일자)	1024ZB=2^{80}B
론나바이트(Ronnabyte, RB)	1000^9=1027(천자)	1024YB=2^{90}B
퀘타바이트(Quettabyte, QB)	1000^{10}=1030(백양)	1024RB=2^{100}B

<출처: 위키피디아>

트윈 트랜스포메이션 시대에는 데이터의 수집과 분석이 기업에 미치는 영향이 크다. 그 이유로서 디지털 플랫폼과 물리적 세계가 실시간으로 연결되고 서로 영향을 주고받으므로 데이터의 수집과 분석이 기업의 경쟁력 확보에 필수적인 요소가 되고 있기 때문이다. 컴퓨터 프로그래밍 서비스를 제공하는 라이앤캐처스의 허윤 대표는 "DT를 위하여 AI 기반 기술로 기업의 생산성을 높이고 기존 기술과의 융합을 통한 시너지 효과를 내는 것이 중요하다. 이를 위해 데이터 수집과 분석을 해야 한다"고 밝혔는데, DT는 수집된 데이터를 인공지능 기술이 기존 기술과의 시너지를 통하여 분석할 때 완성된다는 뜻이다.

기업의 경쟁력 확보를 위한 필수적인 데이터 수집과 분석의 방안으로 고객 경험의 강화, AI 기반 플랫폼의 사용 그리고 전 직원의 데이터 리터러시 확보를 들 수 있다.

데이터 수집과 분석 방안: 고객경험의 강화

데이터 수집과 분석의 목적은 고객경험의 강화인데, 기업은 고객의 구매 데이터, 행동 데이터, 위치 데이터 등을 수집하여 고객의 관심사, 구매 패턴, 행동 양식을 파악할 수 있다. 이를 바탕으로 고객에게 맞춤형 정보와 편리한 서비스를 제공하고, 고객의 피드백을 수집하여 데이터 수집과 분석의 방향을 개선할 수 있다.

데이터 분석의 핵심은 고객경험을 강화시키는 것인데, 고객경험은 고객이 기업의 상품과 서비스를 이용하는 과정에서 느끼는 총체적인 경험을 말한다. 기업은 데이터 분석을 통해 고객에게 초개인화 및 편의성을 제공함으로써 고객경험을 강화할 수 있는데, 이를 통하여 고객은 기업에 대한 만족도가 높아지며 기업의 경쟁력은 향상된다.

초개인화Hyper-personalization는 기업이 소비자 개인의 필요와 상황에 특화된 개별적인 맞춤 혜택이나 서비스를 제공하는 것을 뜻하는데, 오직 한 사람만을 위한 맞춤형 서비스를 말한다. 전 세계 최대의 검색엔진인 구글이 고객의 검색 기록, 위치 정보, 관심사 등을 분석하여 맞춤형 검색 결과를 제공하는 것과 세계 최대의 동영상 공유 플랫폼인 유튜브가 고객의 시청 기록, 선호도 등을 분석하여 맞춤형 동영상을 추천하는 것이다. 이러한 초개인화 서비스는 고객의 니즈를 충족시키고 고객 만족도를 높인다.[16]

고객에게 편의성을 제공하면 고객경험이 강화된다. 로켓배송으로 유명한 국내 최대의 전자 상거래 기업 쿠팡은 고객의 구매 기록,

선호도 등을 분석하여 자동으로 상품을 추천한다. 상품을 장바구니에 넣으면 '무료 배송이 가능한 가격'이나 '할인'이 된 '완전히 다른 카테고리'의 상품이 추천된다. '새벽배송'을 통하여 밤중에 주문한 상품이 출근 전 집 앞에 배송이 된다. 이러한 편의성 서비스는 고객의 불편을 해소하고 고객 만족도를 높인다.[17]

이처럼 데이터 분석을 통해 고객경험을 강화하는 것은 기업의 경쟁력을 향상시키는 필수적인 요소이므로, 기업은 데이터 분석 역량을 확대하고 이를 통해 고객경험을 강화하기 위한 노력을 기울여야 한다.

데이터 수집과 분석 방안: AI 기반 플랫폼의 활용

데이터의 양과 복잡성이 지속적으로 증가하고 있기 때문에 기업은 AI 기반의 플랫폼과 자동화 솔루션을 활용하여 데이터 수집과 분석을 효율적으로 수행할 수 있는데, 이를 통하여 내부 및 외부 데이터를 수집하고 전처리를 하여야 한다. 자동화된 빅데이터 분석으로 데이터 수집과 분석 시간을 단축하며 그 정확성을 향상시킬 수 있다. 게다가 자동화를 통하여 반복적이고 정형화된 데이터 수집과 분석 업무에 관한 인력의 부담을 줄이고 좀 더 창의적인 일에 인력 재배치를 할 수 있다.

AI 기반의 플랫폼과 자동화 솔루션을 활용하여 데이터를 수집하고 분석하는 과정은 다음과 같다.

먼저 기업이 직접 보유하고 있는 내부 데이터를 수집해야 한다. 기업의 내부 데이터는 운영, 고객, 제품 그리고 서비스 등과 관련된 것이고, 기업의 현재 상황을 이해하고 개선하기 위하여 꼭 필요한 정보이다.

다음으로 기업이 공공 데이터, SNS 데이터, IoT 데이터와 같은 외부 데이터를 수집해야 한다. 외부 데이터는 기업의 외부 환경을 이해하고 변화에 대응하기 위하여 유용하고, 시장의 경쟁 상황을 파악하기 위해 경쟁사의 데이터를 수집하고 그들의 전략을 분석함으로써 이에 대응하는 전략을 수립할 수 있다.

마지막으로 수집된 대규모의 데이터를 분석하여 의미 있는 정보를 도출해야 한다. 빅데이터 분석을 통해 기업은 기존의 데이터 분석으로는 발견할 수 없었던 새로운 인사이트를 얻을 수 있는데, 기업은 고객의 구매와 관련된 빅데이터를 분석하여 고객의 구매 패턴을 예측하고 고객의 구매를 유도하는 마케팅 전략을 수립할 수 있다.

데이터 수집과 분석 방안: 데이터 리터러시 확보

데이터 리터러시Data Literacy는 데이터를 읽고 해석하는 능력을 말하는데, 기업에 필요한 것은 데이터 자체보다 통찰력이다. 기업의 최종 목표는 데이터로부터 무엇을 얻고자 하는가에 대하여 질문하고 고민하여 비즈니스 성과를 창출하는 것이다.

이를 위해 기업은 조직 내 구성원들 각각이 데이터의 힘을 이해하고 데이터와 친해지는 문화를 만들어야 한다.[18] 기업이 데이터 리터러시를 확보하기 위해서 데이터 수집 및 분석의 중요성과 필요성에 대한 인식을 높이는 교육, 관련 도구와 기술에 대한 교육 그리고 이를 수행한 직원들에게 인센티브 등을 제공해야 한다.

기업은 데이터 리터러시를 위해서 목적 중심의 데이터 사고방식을 가져야 한다. 기업 구성원들은 목적에 맞는 구체적인 데이터를 수집, 가공 그리고 분석을 하여 목적에 맞는 인사이트를 제시해야 한다. 결과적으로 목적과 문제를 스스로 정의하고 데이터를 수단으로 사용하여 합리적인 결론을 도출해야 한다.[19]

이러한 방안을 통해 기업은 데이터 수집과 분석을 보다 효과적으로 수행하고 고객경험을 강화함으로써 기업의 경쟁력을 강화할 수 있다.

ESG 영역에서 데이터 활용 방안

> "구인광고
> 대 상 자: 예측모델 과학자 · 데이터 마이닝 분석가
> 고용기간: 2012년 11월까지
> 유일한 목표: 오바마 대통령 재선임"

정말 간단한 구인광고다.

미국의 민주당 대통령 후보인 버락 오바마가 2008년 11월 4일에 공화당의 존 매케인 후보를 누르고 미국의 44대 대통령으로 당선된 시기에 오바마의 선거 캠프는 그의 재선을 위하여 위와 같은 구인광고를 내고 데이터 마이닝Data Mining팀의 인원을 5배로 늘렸다. 미국의 시사주간지 타임은 2012년 11월에 오바마 대통령이 미국의 45대 대통령으로 재선에 성공하자 "정보에서 통찰력을 뽑아내는 컴퓨터 전문가들이 경험과 직감에 의존하는 선거 전문가들을 빠르게 대체할 것이다. 드디어 정치에 빅데이터 시대가 도래하였다"고 기사를 냈는데, 정치에서조차도 경험과 직감이 아닌 빅데이터 분석이 중요하다는 것을 증명하였다.

오바마 선거 캠프 내 데이터 마이닝팀의 역할은 공공 데이터, 구매 가능한 모든 상업용 데이터 그리고 실무자가 직접 발로 뛰며 수집한 정보들까지 모든 데이터를 취합하여 유권자 · 기부자 · 자원봉사자의 명단, 휴대폰 번호, 소셜네트워크 계정 등 모든 활용 가능한 정보를 모아 일원화된 시스템을 만드는 것이었다. 그들은 개인

별 유권자의 성향을 파악하여 맞춤형으로 접근하였다. 오바마 선거 캠프는 'Micro-Targeting'이라는 개인 맞춤형 선거운동을 펼쳤는데, 접촉해야 할 유권자 목록 중에서 설득 가능 순서로 정렬하고 오바마 대통령, 미셸 오바마 영부인 그리고 조바이든 부통령 중 누구의 이름으로 이메일을 보냈을 때 후원받을 가능성이 제일 높은지 예측하여 가장 높은 확률의 서명을 기재하여 이메일을 발송했다. 미국 영화산업의 중심지인 할리우드에서 정치헌금 디너파티에 참가하여 돈을 지불할 가능성이 가장 높은 그룹이 40대 여성으로 조사되자, 데이터 마이닝팀은 40대 여성 그룹에게 가장 어필할 수 있는 배우로 분석된 조지 클루니를 초대하여 성공적으로 정치자금을 모금하였다. 그 팀은 매일 6만 6,000회의 가상 선거를 하며 모든 가능한 시나리오를 검토하였는데, 승리의 가능성이 있는 경합 주에 자원을 집중하였다. 경합 주에서 오바마 캠프의 예측과 실제 결과 간의 차이는 0.5% 포인트 미만으로 정확했다.[20]

이와 같이 정치에서도 빅데이터 정치 분석을 통하여 선거에서 승리하였듯이, 트윈 트랜스포메이션 시대에 일반 기업들은 데이터 분석을 통하여 최적의 의사결정을 하고 승리와 생존을 쟁취해야 한다. ESG 영역에서 데이터의 활용 방안을 살펴보면 다음과 같다.

ESG 경영을 위한 데이터의 활용

기업은 데이터를 활용하여 ESG 경영을 실천하여 기업의 지속가능성을 확보해야 한다. 이를 위하여 환경, 사회, 지배구조와 관련된 데이터를 수집하고 분석하여 기업의 ESG 경영 활동을 개선할 수 있다.

환경영역에서의 사례를 보면, 미국의 월마트는 빅데이터를 활용하여 소비자의 소비 패턴을 분석하고 친환경 제품의 판매를 확대하기 위한 노력을 하고 있다. 또한 AI를 활용해 온라인으로 구매한 품목을 물류 센터가 아닌 매장에서 처리할 수 있는지 식별하여 주행 거리 단축, 배송 박스 수 감축, 단일 배달 경로에서 여러 주문 결합 그리고 전기 밴 사용을 계획하여 온실가스 감소 노력을 하고 있다.[21]

한국전력공사는 빅데이터 및 인공지능 분석을 활용하여 전기 부하를 예측하는 '파워체크 모바일 서비스'를 시행하여 2023년 아파트 정전 건수를 지난 2년 평균 대비 약 50% 정도 감소시켰다.[22]

사회 영역에서의 사례로서, 미국 뉴욕시는 '푸미Fummi' 프로젝트를 통하여 6만 명의 주거지가 없는 거주자들에게 음식과 금융서비스를 제공하였다. 주거지가 없는 거주자들은 푸미 앱에서 블록체인 계정으로 가입하면 'Change Coins'라는 가상화폐 30개를 무료로 받아서 구호센터의 음식이나 금융서비스를 이용할 수 있다. 수혜자가 코인을 사용하면 블록체인 저장 기록을 기반으로 사용처 추적이 가능하여 수혜자를 지속적으로 관찰 및 보호할 수 있다.[23]

한국의 행정안전부는 2023년 3월에 데이터 기반의 재난관리를 위해 58개 재난관리책임기관의 재난안전데이터를 공유·활용하는 공유 플랫폼을 개통하여 풍수해, 폭염, 지진 등에 대한 데이터를 국민과 관계기관에 제공하였다. SK가스는 이 데이터 중 24종의 데이터를 자사의 가스시설 정보와 연계 분석하여 2023년 4월 강릉에 산불이 발생했을 때 선제적으로 대응하여 가스시설 폭발 사고를 예방하였다.[24]

지배구조 영역의 사례로서, 기업은 빅데이터를 활용하여 기업의 경영 정보를 보다 투명하게 공개할 수 있고, 기업의 부패, 비리, 기타 위법 행위를 신속하게 발견하고 예방할 수 있다. 기업은 빅데이터를 활용하여 고객의 의견과 요구 사항을 더욱 정확하게 파악하고 이를 기업 경영에 반영할 수 있으며, 기업의 내부통제의 취약한 부분을 정확하게 식별하고 효과적으로 관리하며 신속하게 위반 행위를 감지할 수 있다.

미국 뱅크오브아메리카BOA는 빅데이터 분석을 통해 신용리스크 모델을 고도화해 신용리스크에 대한 조기경보체계를 강화해왔으며, 비정형 데이터 분석을 통해 신용관리와 손실예측 처리시간도 단축시켰다.[25]

미국 투자은행 골드만삭스는 2020년 미국, 홍콩, 말레이시아 등 전세계 금융 당국으로부터 국부펀드 자금을 세탁하고 정치인들에게 뇌물을 뿌린 혐의로 총 62.5억 달러한화 약 8.4조 원의 벌금을 부과받았다. 그래서, 회사는 내부자 불법 행위를 잡아내기 위하여 영국 기업 컴프라이어드밴티지에 2,000만 달러한화 약 268억 원의 레그테크[2)]투자를 확대하였다. 이를 통하여 촘촘해진 규제망과 천문학적 과징금을 피하고 있다.[26]

데이터 윤리 준수를 위한 노력

기업이 데이터 윤리를 준수하지 않을 경우 기업의 지속가능경영에 치명상을 입을 수 있기 때문에 기업이 데이터를 활용할 때는 데

2) 레그테크RegTech: 규제Regulation와 기술Technology의 합성어로서 금융회사가 내부통제와 법규준수를 용이하게 하는 정보기술을 말한다.

이터 윤리를 준수해야 한다.

개인정보위원회는 2023년 7월에 개인정보보호 법규를 위반한 대학병원 17곳에 개인정보 처리 실태 개선을 권고하였는데, 2018년 4월부터 2020년 1월까지 대학병원 17곳의 직원들이 18만 5,271명분의 환자 정보를 제약사 직원에 건네거나 제약사 직원의 정보 입수를 묵인하는 방법으로 환자 정보를 보호하지 않는 고객정보 유출 사건이 일어났다.[27]

기업은 고객 정보의 유출 같은 개인정보보호법 위반을 방지하기 위하여 다음과 같은 사항을 대비해야 한다.

① 기업은 데이터 윤리 기준을 수립하고 이를 준수하기 위한 체계를 구축해야 한다.

기업은 데이터 수집, 처리, 활용, 보안 등 데이터의 전체 주기에서 발생할 수 있는 윤리적 문제를 고려하여 데이터 윤리 기준을 수립해야 한다. 기업은 수립된 기준을 준수하기 위한 체계를 구축하고 이를 실행하기 위한 교육 및 훈련을 실시해야 한다.

② 기업은 데이터 주체의 권리를 존중해야 한다.

기업은 데이터 주체의 개인정보 자기결정권, 정보 접근권, 오류 정정권, 삭제권, 처리 제한권, 이의 제기권, 이전 요구권, 침해 배상 청구권 등 데이터 주체의 권리를 위한 책무를 다하기 위해서 데이터 주체에게 데이터 수집, 처리, 활용에 대한 정보의 제공과 데이터 주체의 동의를 얻어야 한다.

③ 기업은 데이터의 유출, 도난, 훼손, 변조, 오용, 남용 등을 방지하기 위해 데이터의 안전을 확보해야 한다.

기업은 데이터 안전을 확보하기 위하여 사용자 인증 및 권한의 관리와 접근 통제 조치와 같은 데이터 접근 보안, 데이터 암호화와 데이터 삭제 보안 등과 같은 데이터 사용 보안, 데이터 전송시 암호화 및 IP 주소 기반 접근 제어 같은 데이터 전송 보안 등의 조치를 마련해야 한다.

④ 기업은 데이터 주체의 권리를 침해한 경우 이를 시정하고 피해를 배상해야 한다.

기업은 데이터 유출이 발생한 경우에 즉시 데이터 유출 사실을 데이터 주체에게 통지하고, 유출된 데이터의 범위와 유출 경위를 조사하며, 유출된 데이터의 복구 및 폐기를 조치하고, 유사한 사고의 재발을 방지하기 위한 보안 조치를 강화해야 한다.

데이터 주체는 데이터 유출로 인해 발생한 피해에 대해 손해배상을 청구할 수 있고, 그 금액은 유출된 데이터의 종류와 양, 유출로 인해 발생한 피해의 정도 등을 고려하여 산정된다.

기업은 ESG 경영에 책임감 있게 참여하고 지속가능성을 강화하기 위해서 빅데이터를 잘 활용하고, 고객 데이터의 보호를 위해 프로세스와 대책을 마련하여 고객 신뢰를 확보해야 한다. 기업의 적절한 데이터 활용과 고객정보보호 조치는 이해관계자들로부터 신뢰를 확보하고 기업의 지속가능성을 높일 수 있다.

데이터 기반 의사결정의 중요성과 잠재적 이점

"일주일에 두 번씩 신상품을 출시하세요"

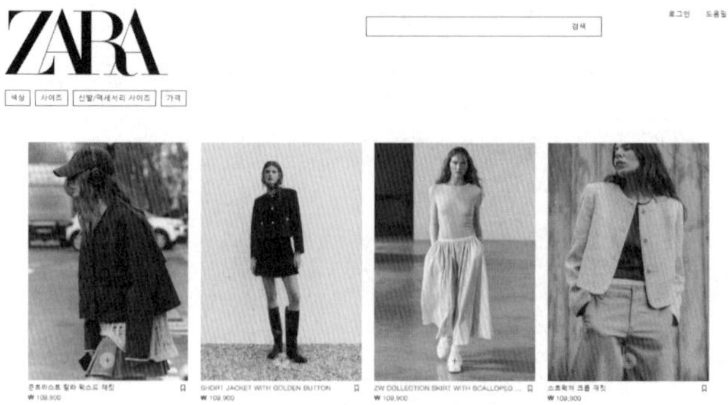

<출처: ZARA 홈페이지>

스페인에 본고장을 둔 세계 최대 규모의 종합 패션 의류 기업인 인디텍스의 상품 출시 전략이다. 인디텍스는 글로벌 SPA 브랜드 자라, 버쉬카, 마시모두띠, 오이쇼 등의 브랜드를 보유하고 있다. SPA는 전문점Specialty Retailer, 유통업자상표Private Label 그리고 의류Apparel의 앞자를 딴 것으로서 기획부터 생산, 유통까지 한 회사가 직접 맡아서 판매하는 의류 브랜드를 말한다. 패스트 패션Fast Fashion은 일반 패션 브랜드와 달리 최신 트렌드와 소비자 반응에 맞춰 1~2주 단위로 빠르게 상품을 기획 생산해 판매하는 의류를 말한다.[28]

SPA 브랜드이자 패스트 패션 사업모델의 대표 주자인 자라는 수요예측 기반의 재고 및 생산 최적화 시스템을 기반으로 공격적인 상품 출시 전략을 운용하고 있다. 자라의 핵심역량은 다품종 소량 생산, 디자인부터 매장 전시까지의 최단 시간 생산 프로세스 그리고 최소 재고량에 의한 비용절감을 들 수 있다. 자라는 데이터 분석을 통한 재고관리로 무 재고 정책을 고수하여 과잉생산이나 할인을 지양한다. 또한 각 매장은 2~3주 내 판매되지 않은 상품을 주문한 양의 최대 20% 수준에서 매장 간에 교환할 수 있다. 이 회사는 이런 무 재고 운영 정책을 위해서 미국의 MIT와 공동으로 전 세계 매장의 판매 · 재고 데이터를 분석하여 최대 매출을 창출하는 재고 최적 분배 시스템을 만들었다. 이 시스템은 제품별 수요예측, 매장별 판매 추이 분석 그리고 진열된 상품 수가 판매량에 미치는 영향을 분석하고 있다. 이러한 데이터 기반 의사결정이 자라가 전 세계 82개국 5,572개 이상의 매장을 보유하고 일주일에 2번씩 연간 1만 5천 개 신상품을 출시하면서도 무 재고 운영정책을 고수할 수 있게 해주는 핵심역량이다. 위와 같은 자라의 사례를 통하여 데이터 기반 의사결정의 탁월한 성과를 볼 수 있었다.

다음에서 데이터 기반 의사결정과 관련된 중요성, 잠재적 이점 그리고 빅데이터 고도분석 체계 구축 단계에 대하여 설명하고자 한다.

데이터 기반 의사결정의 중요성

(1) 데이터 기반 의사결정은 기업의 효율성을 높인다.

기업의 의사결정자는 효과적인 데이터 분석을 통하여 의사결정의 정확성을 높이고 빠른 의사결정을 할 수 있다. 기업은 이를 통하여 비용 절감과 자원의 효율적 할당으로 경영의 효율성을 향상시킬 수 있다. 온라인 쇼핑몰을 운영하는 기업은 고객의 구매 이력, 페이지 방문 기록, 검색 기록 등의 데이터를 분석하여 고객의 관심사를 파악할 수 있고, 이를 바탕으로 고객에게 맞춤형 상품 추천과 할인 정보를 제공함으로써 별도의 광고 비용 없이 마케팅 효과를 높일 수 있다.

(2) 데이터 기반 의사결정은 기업의 경쟁력을 강화시킨다.

기업은 데이터를 기반으로 고객 맞춤형 제품이나 서비스를 제공하여 고객 만족도를 향상시킬 수 있다. 기업은 데이터를 활용한 기업활동을 통해 경쟁 환경에서 경쟁사 대비 우위를 유지하고 경쟁사와 차별화를 도모할 수 있다. 테슬라가 자율주행차 개발에 데이터 기반 의사결정을 활용하고 있는데, 자율주행차의 운행 데이터를 분석하여 자율주행 기술을 개선하고 안전성을 높이고 있다.

(3) 기업은 데이터를 기반으로 독특한 결정을 할 수 있다.

기업의 경영자가 주관적인 판단과 감각보다 데이터에 기반하여 인사이트 있는 독특한 결정을 할 수 있다. 성공한 기업의 경영자일수록 새로운 제품을 출시할 때, 경영자의 경험, 선호도, 과거의 성공 습관에 따라 결정을 하기 쉽다. 하지만, 경영자가 소비자의 선호도, 시장의 트렌드, 경쟁사의 상황 등을 종합적으로 고려한 데이터 기반 의사결정을 하면 보다 합리적인 결정을 내릴 수 있다.

(4) 기업은 데이터를 기반으로 미래 예측을 할 수 있다.

기업의 경영자는 데이터를 통하여 패턴을 발견하고 경향을 이해할 수 있다. 경영자는 이를 통하여 변화 지향 및 자기 주도적 행동인 프로액티브Proactive 조치와 미래 예측을 할 수 있다. 데이터는 심층적인 인사이트를 제공하는데, 기업의 경영자는 데이터 분석을 통하여 기회를 식별하고 문제점을 해결할 수 있다. 데이터 기반 의사결정은 기업이 조직의 변화무쌍한 비즈니스 환경에 대응하고, 유연한 비즈니스 모델을 구축하여, 신속한 의사결정을 가능케 하여 기업의 유연성과 대응능력을 향상시킨다.

이와 같은 데이터 기반 의사결정이 기업의 경영자에게 의사결정 효율성의 향상과 독특한 결정이나 미래 예측 등을 할 수 있는 토대를 마련해줘서 기업의 경쟁력을 강화시켜줄 것이다.

빅데이터 및 고도분석체계의 구현 단계

김연진(2013)은 <빅데이터 기반의 고도분석체계 도입을 통한 기업혁신: 사례와 방법론>에서 기업이 빅데이터 기반의 고도화된 분석체계를 도입하고 전략적으로 활용하기 위해서 다음과 같은 기업역량 확충의 단계를 거쳐야 한다고 밝혔다.[20]

(1) 활용 목적이 명확한 데이터 수집 계획 수립

기업은 비즈니스 가설 수립, 현재 활용할 수 있는 데이터와 활용 목적에 적합한 수집 가능 데이터의 점검 그리고 추가로 필요한 데이터를 수집하기 위한 절차를 정의해야 한다. 이 단계는 데이터 기반Data Foundation을 구현하는 것으로서, 데이터 관점에서 기업이 가장 우선적으로 기업 내부에서 활용잠재력을 갖춘 데이터와 그 원천을 발굴하여 활용가능한 상태로 만드는 것을 말한다.

(2) 인사이트 제공 가능 분석 모델의 개발

기업이 데이터를 수집한 이후의 단계에서는 서술적인 분석[3)]으로 현황 분석을 먼저 수행하여 예측 모델을 개발해야 한다. 이때 현장에서의 활용도를 고려하여 사용하기 쉬운 모델을 개발하는 것이 좋다.[29] 여기서는 새롭게 정의된 고객행태변수 관련 데이터를 사내 DB로부터 발굴하고 가공하여서 해당 세분화모델 및 향후 발전된 모델에도 적용 가능토록 데이터 기반과 연계한다. 기업에 가장 필요한 모델을 현재 상황 대비 어느 정도 개선된 형태로 만들 것인가를 결정해야 하고, 그 목적을 달성하기 위해서 가장 적합한 변수 및 데이터를 파악하여 도입해야 한다.

(3) 구체적인 활용 목적에 맞는 모델 개발

이 단계에서는 인사이트를 주는 분석 모델을 근거로 상품이나 서비스의 개발, 고객에게 수행할 영업 · 마케팅 · 캠페인 모델의 개발 그리고 실제 비즈니스 활동에서 수행할 프로세스를 정의해야 한다. 이 단계에서는 수집 · 분석 · 이행 구조의 빅데이터 및 고도분석체계를 활용해야 한다.

(4) 기본역량 구현Fundamental Capability Implementation

이 단계에서는 앞에서의 구체적인 효과성이 입증된 후에 기반이 되는 분석 플랫폼, 데이터 관리체계, 운영 관리체계 그리고 인프라

---

3) 서술적인 분석Descriptive Analytics: 과거에서 현재 데이터를 통하여 무슨 일어났는지에 대한 질문에 답하는 것으로서, 특정 시점이나 기간에 발생한 결과를 보여주는 분석 방법.

를 구축하여 기본역량 구현을 해야 한다.

이렇게 기업역량 확충의 준비 작업이 완료되면 데이터 기반 의사결정은 트윈 트랜스포메이션의 비즈니스 환경에서 필수적이며, 기업의 경쟁력과 지속가능성을 강화하는 데 큰 역할을 할 수 있다.

기업들은 위와 같이 데이터 기반 의사결정의 중요성을 이해하고, 잠재적 이점을 내재화하고, 빅데이터 및 고도 분석체계의 구현 단계를 통하여 기업의 지속가능경영을 해야 한다.

7장. 트윈 트랜스포메이션 중 ESG 준비

- 트윈 트랜스포메이션에 맞는 리더십을 갖춰라
- 트윈 트랜스포메이션을 수용하는 조직문화를 만들어라
- 트윈 트랜스포메이션 시대에 걸맞은 디지털 윤리
- 트윈 트랜스포메이션 시대에 걸맞은 인공지능 윤리

트윈 트랜스포메이션에 맞는 리더십을 갖춰라

"60억 7,000만 달러한화 약 8조 1,338억 원!

전 세계 최고 가치의 축구팀!"

미국 경제 전문지 포브스가 세계에서 가장 가치 있는 축구팀으로 레알 마드리드를 선정하였는데, 레알 마드리드는 2022년에 이어 2년 연속 1위의 영광을 차지하였다.[30] 레알 마드리드를 세계 최고 가치의 축구팀으로 만든 사람은 스페인 1위의 건설사이자 비중국 세계 2위 건설사인 ACS 그룹의 초대 회장인 플로렌티노 페레스 회장이다.

페레스 회장은 '갈락티코스'[4)]를 펼치며 레알 마드리드를 세계 최고의 축구 브랜드로 만들었다. 갈락티코스 정책이 효과를 발휘하며 레알 마드리드는 페레스 2기 동안 페레스 1기보다 월등한 성적을 거두었는데, 4번의 리그 우승과 4번의 챔피언스 리그 우승을 쟁취하였다.

레알 마드리드는 이탈리아 최고 명문 유벤투스에서 지네딘 지단, 인터밀란에서 한일 월드컵 득점왕인 호나우두, 맨체스터 유나이티드에서 데이비드 베컴과 크리스티아누 호날두 그리고 토트넘에서 가레스 베일 등 당대의 최고 슈퍼스타들을 엄청난 이적료를 주고 영입하였다. 이를 통해 페레스 회장은 레알 마드리드의 브랜드 가치를 높였다. 높아진 브랜드 가치에 더하여 우승 실적, 중계권 수익

4) 갈락티코스Galacticos: 전 세계의 초특급 축구 스타들을 대거 영입하는 정책으로서 은하수라는 뜻

그리고 유니폼이나 굿즈 판매와 같은 리테일 수익 증가로 유료 관객이 적어진 코로나19 시기에도 타 구단들이 적자를 면치 못할 때 흑자를 거두었다.

<출처: 레알 마드리드 페이스북 홈페이지>

레알 마드리드에서 페레스 회장의 성공적인 스포츠 경영 능력은 세계적인 건설그룹을 만든 그의 기업경영능력 이력에서 찾아볼 수 있다. 스페인 우파 정치인으로 활동했던 페레스는 1993년 ACS 그룹의 모태인 OCP의 부회장으로 취임한 후 1996년 아우시니, 1997년 히네스 나바로 등 건설사를 인수하여 ACS 그룹을 출범시켰다. 그 후 1999년에 오닉스 그리고 2002년에 ACS 그룹의 2배 크기인 스페인 최대의 종합건설회사인 드라가도스 그룹을 인수하였다. 2011년에는 독일의 해외건설 1위 건설사 호흐티프Hochtief 지분을 50%까지 인수하였다. 페레스 회장은 각 업계에서 건실한 기업이나 기존 계열사와 가치사슬 내에 있는 기업만 인수하였다. ACS 그룹은 2010년대 중반 이후 프랑스 빈치Vinci와 비중국 건설사로서 세계

1위 다툼을 하고 있다. 이와 같이 ACS 그룹과 레알 마드리드의 페레스 회장은 혁신적인 리더십으로 국내 시장에 머물던 회사들을 각 부문에서 세계 최고의 기업으로 만들었다.

트윈 트랜스포메이션을 성공적으로 이끄는 변혁적 리더십

ACS 그룹 사례와 같이 기업의 성공을 위해서는 리더를 잘 선택하는 것이 중요하다. 트윈 트랜스포메이션은 DT와 ESG 경영을 동시에 추진하는 것인데, 기존의 조직과 업무 방식을 근본적으로 변화시키는 것이어서 쉽지 않은 과제이다. 리더는 이를 위하여 비전을 제시하고, 구성원의 역량을 강화하며, 문화적 변화를 이끌어야 한다.

이러한 디지털 혁신과 지속가능성을 모두 달성해야 하는 트윈 트랜스포메이션에 맞는 리더십으로서 변혁적 리더십Transformational Leadership이 있는데, 여러가지 리더십 이론 중 변혁적 리더십이 다른 리더십에 비해 트윈 트랜스포메이션에 더 적합한 사유를 여러 연구에서 확인할 수 있다.

브루스 아볼리오Bruce j. Avolio와 버나드 바스Bernard M. Bass(1995)는 "변혁적 리더십이 지금까지 많은 연구들을 통해 집단적 성과, 리더십의 유효성 그리고 리더에 대한 만족도 등에 정(+)의 영향을 미치며 그 영향력은 다른 리더십에 비해 더 큰 효과가 있음을 보여주고 있다"고 주장했는데, 변혁적 리더십이 조직의 모든 측면에서 다른 리더십에 비해 더 큰 효과가 있음을 밝혔다.[31]

제임스 맥그리거 번스J. M. Burns(1978)는 "변혁적 리더십이 리더와 부하 모두의 동기를 유발하고 도덕성을 높이며, 미래를 예측하고 부하들을 미래의 리더로 성장시키거나 더 나은 리더가 되도록 이끌며 이들로 하여금 조직의 비전을 이해하고 받아들이도록 고취시키는 과정에서의 리더이다"고 정의했는데, 변혁적 리더십은 동기부여, 도덕성, 성장, 비전 제시를 통해 리더와 팔로워 모두에게 긍정적인 변화를 이끌어낼 수 있음을 시사한다.[32]

버나드 바스와 브루스 아볼리오(1994)는 "변혁적 리더십은 카리스마 같은 이상적인 영향, 영감적 동기부여, 지적 자극, 개별적 배려의 4가지 차원으로 구성된다"고 밝혔는데,[33] 이러한 변혁적 리더십의 네 가지 구성요소를 통하여 트윈 트랜스포메이션에 필요한 리더십에 대하여 알아보고자 한다.[34, 35]

트윈 트랜스포메이션의 리더십 요소: 이상적 영향력

카리스마Charisma로도 불리는 이상적 영향력Idealized Influence은 부하들이 리더에게 동경, 존경 그리고 신뢰의 결과를 나타내는 것이다. 팔로워들은 리더의 위험감수, 부하들의 욕구에 대한 리더의 고려 그리고 리더의 윤리적이거나 도덕적인 면을 본받으려고 한다. 리더가 구성원들의 존경과 신뢰를 얻고 구성원들이 리더를 따르고 싶도록 하는 것을 의미한다.

리더는 이상적 영향력을 수행하기 위해서 다음과 같은 세 가지의 역량을 갖추어야 한다.

① 개인적 매력과 카리스마를 발휘해야 한다.

② 도덕성과 윤리성을 갖추어야 한다.

③ 비전과 열정을 보여야 한다.

애플의 창업자 스티브 잡스는 이상적 영향력을 통하여 DT를 성공적으로 이끌고 침몰해 가던 애플을 글로벌 최고의 전자제품 제조사 및 온라인 서비스 판매사로 자리매김하도록 이끌었다. 잡스는 강렬한 카리스마와 탁월한 커뮤니케이션 능력을 통하여 구성원들의 마음을 사로잡았는데, 나중에는 고객과 투자자의 마음까지 매료시켰다.

잡스는 고객을 최우선으로 생각하여 심플한 디자인에 집착하는 제품 철학을 고수하였는데, 항상 혁신을 추구하는 비전과 열정을 가지고 있었다. 애플의 한 엔지니어는 잡스의 심플한 디자인에 대한 집착과 혁신에 대한 열정을 보고, 혁신적인 스마트폰을 개발하기 위해 최선의 노력을 하였다. 그래서 최초의 아이폰은 통화와 문자메세지에 집중하였던 기존의 휴대전화와 전혀 다른 개념의 스마트폰으로서 이메일, 일정 관리, 게임 그리고 음악 등 정보기술 기기의 허브가 되었고, 단번에 스마트폰 시장의 리더가 되었다.

트윈 트랜스포메이션의 리더십 요소: 영감적 동기부여

영감적 동기부여Inspirational Motivation는 변혁적 리더가 구성원들에게 비전을 제시하고 그 비전을 달성할 수 있다는 자신감을 심어주는 것을 의미하는데, 팔로워로 하여금 도전적 목표와 임무를 열정적으로 받아들이고 계속 추구하도록 동기부여하고 격려함으로써 의욕을 고무시키는 것을 말한다.

트윈 트랜스포메이션은 조직의 근본적인 변화를 요구하는 것이기 때문에, 구성원들의 영감적 동기부여는 필수적이다. 영감적 동기부여를 제대로 수행하기 위해서는 다음과 같은 사항에 유의해야 한다.

① 구성원들에게 명확한 비전을 제시해야 한다.
② 구성원들이 비전을 달성할 수 있다는 자신감을 그들에게 심어 주어야 한다.
③ 구성원들이 비전에 공감할 수 있도록 해야 한다.

미국의 전기차 기업 테슬라의 CEO 일론 머스크는 영감적 동기부여를 통해 DT를 성공적으로 이끈 인물이다. 머스크는 남아프리카 공화국에서 청소년기를 보낼 때 만화방의 문이 닫힐 때까지 공상 과학 만화를 읽었던 사람이었다. 그 만화책 주인공들의 영향력으로 그는 구성원들에게 다음과 같은 비전을 제시하였다. "지구를 구하는 기업이 되자" 또는 "인류를 화성으로 보내자"라는 다소 황당한 주장을 하였다.

하지만, 머스크의 이러한 비전은 구성원들의 열정을 불러일으켰고, 구성원들이 비전을 달성하도록 자신감을 심어주었다. 머스크가 이끄는 테슬라는 전기차 시장의 선두주자로 자리매김할 수 있었고, 스페이스X는 우주 수송 산업에서 성공한 회사가 되었다. 스페이스X는 세계 최초의 상용 우주선 발사, 세계 최초의 궤도 발사체 수직 이착륙과 재활용, 세계 최초의 궤도 로켓을 100번 이상 재사용하는 등 각국 정부조차도 회의적으로 본 우주 수송 산업의 가능성을 높였다. 그 회사는 2021년까지 인류가 발사한 인공위성보다 4배 많은 42,000개의 인공위성을 발사하였다.

트윈 트랜스포메이션의 리더십 요소: 지적 자극

지적 자극Intellectual Stimulation은 리더가 팔로워들의 창의성과 헌신적인 행동을 유발하기 위해 가치, 상상력, 문제해결 및 문제인식의 방식을 변화시키고 자극하는 행동을 말한다. 트윈 트랜스포메이션은 기존의 방식을 혁신하는 것이므로 구성원들의 지적 자극은 필수적인데, 지적 자극은 다음과 같은 세 가지이다.

① 새로운 아이디어를 제안하고 실험할 수 있는 환경을 조성해야 한다.

② 구성원들이 서로의 생각을 공유하고 토론할 수 있는 기회를 제공해야 한다.

③ 구성원들이 새로운 기술과 지식을 습득할 수 있도록 지원해야 한다.

구글의 CEO 선다 피차이는 구글 직원들의 지적 자극을 효과적으로 고무시킨 리더로 평가받는다.

선다 피차이는 일주일에 하루를 현재 수행하고 있는 프로젝트와 전혀 관련 없는 활동에 쓴다는 뜻의 '20% 타임 룰'을 시행하여, 구성원들이 자신의 관심 분야에 대한 연구와 개발에 몰두하도록 해주었다.

그는 아이디어를 시제품으로 만들어 아이디어를 시험하고 검증하는 도구인 '프로토타이핑Prototyping' 문화를 장려하여, 구성원들이 새로운 아이디어를 빠르게 구현하고 테스트하게 해주었다. 또한, '실패에 대한 관용' 문화를 조성해서, 구성원들이 실패를 두려워하지 않고 새로운 시도를 할 수 있게 해주었다.[36]

트윈 트랜스포메이션의 리더십 요소: 개별적 배려

개별적 배려Individualized Consideration는 리더가 팔로워들의 일의 성취와 성장욕구에 특별한 관심을 나타내어 팔로워가 스스로 개인의 발전을 도모하게 만드는 행동이다. 리더가 구성원들을 개별적으로 배려하기 위해서는 다음과 같은 부분에 신경을 써야 한다.

① 리더는 구성원들의 관심과 역량이 개별적으로 차이가 있다는 것을 이해하고 존중해야 한다.

② 리더는 구성원의 역량과 욕구를 제대로 파악해야 한다. 리더가 제대로 된 지원을 하기 위해서 설문조사와 인터뷰를 실시하여 구성원들의 DT에 대한 필요 기술과 지식에 대한 니즈를 파악하고, 맞춤형 교육 프로그램을 개발해야 한다.

③ 리더는 조직 내에서 구성원들이 디지털 역량 및 ESG 경영에 대한 이해를 높이도록 교육하고 지원해야 한다.

④ 리더는 구성원들과 지속적인 소통을 하고 그들로부터 피드백을 받아서 구성원들이 리더의 개별적 배려에 대해 감동하게 해야 한다.

리더는 트윈 트랜스포메이션을 성공적으로 수행하기 위해서 구성원들의 이상적 영향력, 영감적 동기부여, 지적 자극, 개별적 배려를 요소로 가지고 있는 변혁적 리더십을 적절하게 발휘해야 한다. 이를 통하여 리더들은 DT와 ESG 경영을 효과적으로 융합하며, 도전적인 과제를 뛰어넘어 기업이 지속가능한 경영 및 성장을 하게 만들 것이다.

트윈 트랜스포메이션을 수용하는 조직문화를 만들어라

자일리톨로 잘 알려진 핀란드 아래로 발트해Baltic Sea를 지나면 북유럽 발트 3국이 있는데 최상단에 에스토니아Estonia라는 나라가 있다. 이 나라는 구 소련의 체제하에 있다가 1991년 독립할 당시에 1인당 국내총생산GDP이 100달러에 불과한 빈국이었다. 인구도 133만 명밖에 되지 않았고, 국토 면적은 남한의 45% 정도로 작았으며, 국토의 48%가 숲으로 이루어진 자원이 부족한 나라였다.

자원도 없고 가난한 아날로그 국가가 20여 년이 흐른 2022년에 1인당 GDP는 28,567달러이고 전 세계 최고의 디지털 강국으로 바뀌었다. 에스토니아는 정부와 국민이 서로 소통하면서 지금은 전세계에서 가장 선도적인 디지털 문화를 구축하였다.

<출처: 구글 맵>

디지털 선도 국가 에스토니아

1990년대에 전자정부를 설립하여 전 국민이 전자 ID를 발급 받고 있다. 심지어 외국인도 전자정부 시민증을 신청하고 발급받아서 금융거래까지 할 수 있다. 에스토니아의 공공 서비스는 'once-only' 원칙에 따라 두 번 묻지 않는다.

전자 세금e-Tax 시스템을 통해 에스토니아인의 95%는 3분 이내에 세금 신고를 할 수 있어 국민들의 이 시스템에 대한 만족도가 높았다.

에스토니아는 날씨가 선거 참여율에 영향을 미치자 전자 투표e-Voting가 가능한 디지털 민주주의를 도입하였다. 심지어 재투표를 가능케 하여 가장 마지막 선택지를 최종 투표로 인정하였다. 전자 투표를 통해 2007년 국회의원 선거 투표율을 기존 7%에서 25%로 상승시켰는데, 투표율 상승은 투표자의 1/3이 해외에서 선거를 할 수 있었기에 가능하였다.

전자 헬스e-Health 시스템은 헬스케어에 디지털 솔루션을 적용하여 시스템을 유연하게 하였고 효율적인 예방조치가 가능하여 의료비를 절감시켰다. 심지어 의료 데이터의 공유를 통하여 이웃 국가인 핀란드나 스웨덴에서 양국 국민들은 자신의 진료기록을 확인하고 처방전을 받을 수 있다.

전자 영주권e-Residency 시스템은 전 세계 누구든지 온라인으로 발급받을 수 있는 영주권으로서 인터넷 뱅킹이나 결제를 할 수 있다. 온라인으로 일하는 외국인에게 디지털 노마드 비자도 허용하여 우수 디지털 인재를 유치하고 있다.

전자 경찰e-Police 시스템은 순찰차에 태블릿과 웹 기반 모듈식 소프트웨어 솔루션을 설치하여 순찰차와 가까운 곳에서 무전기가 없어도 순찰관의 위치와 상태를 실시간으로 알려주어 안전행정 업무에 도움을 주고 있다.[37]

에스토니아는 열린 문화와 DT를 통하여 우수한 디지털 행정 시스템을 갖추었다. 이는 다른 국가들에게 디지털 혁신 및 전자정부 시스템 구축에 대한 중요한 모범 사례를 제공하고 있다.

에스토니아가 국민적인 디지털 문화를 구축하여 성공적인 DT를 이끌었듯이, 일반 기업도 DT를 수행하기 위한 조직문화가 필요하다. 전세계적으로 DT에 성공한 대표적 기업이 아마존이다. 아마존을 통하여 DT에 성공하기 위한 조직문화를 살펴보자.

성공적인 DT를 위한 아마존의 조직문화

(1) 고객 최우선 문화

아마존은 항상 고객을 최우선으로 두며, 고객의 요구를 이해하고 반영하는 문화를 갖고 있었다. 따라서 DT 프로세스에서도 고객의 니즈를 충족하기 위한 기술 혁신을 적극적으로 추진하였다. "고객에서부터 시작하라. 나머지는 그 다음이다. 고객이 원한다면 수익성은 포기해도 된다"고 말하는 발칙한 발상이 아마존에는 상식이다. 월마트의 더그 맥밀런 CEO는 이런 아마존의 고객 요구를 반영하는 문화를 닮고 싶어서 사명을 '월마트 스토어Walmart Store'에서 '점포Store'를 뺀 '월마트Walmart'로 변경하였다. 그는 "우리는 고객의 니즈에 따라 성장 전략을 바꿔야 한다. 온라인 쇼핑을 원하는 고객들에 맞춰 사명을 바꾸게 되어 기쁘다"고 말했는데, 월마트는 생존을 위해 사명까지 변경한 것을 통하여 아마존처럼 고객의 니즈에 따라 회사의 프로세스 등 모든 것을 바꾸고 싶어했다.[38]

(2) 실패를 수용하는 문화

아마존에는 실험을 장려하고 실패를 수용하고 긍정적으로 받아들이는 문화가 있었다. 그래서, 실패한 직원을 해고하거나 처벌하지 않고 보호하였다. 그렇다고 실패를 방치한 것은 아니고 실패 데이터를 수집하고 분석하여 원인을 찾고 개선하기 위한 노력을 하였다. 이를 통해 새로운 아이디어를 탐구하고 빠르게 시장에 적용할 수 있으며 DT에 가속도를 낼 수 있었다. 전성철 등(2018)이 "전 직원이 일단 떠오른 아이디어를 갖고 빠른 속도로 시제품을 만든 뒤, 시장 반응을 통해 개선해 나가는 린 스타트업Lean Start-up 방법론을 통해 작은 아이디어를 재빨리 실험해 시장의 피드백과 교훈을 반영한 후 더 나은 제품과 서비스로 발전해나가야 한다"고 강조했는데, 아마존은 린 스타트업 방법을 어느 기업보다 잘 적용하여 빠른 실험과 학습을 통해 혁신을 이루었다.

(3) 데이터 기반 의사결정의 문화

아마존은 데이터 기반 의사결정을 강조하며, 데이터 분석을 통해 비즈니스 프로세스와 제품을 지속적으로 개선하였다. 이를 통해 DT의 성과를 측정하고 향상시켰다. 맥킨지는 "잠재적으로 가장 큰 가치를 가진 정보를 식별 · 추출 · 분석 · 결과 전달을 할 수 있는 것이 데이터 리터러시Data Literacy다"고 밝혔는데, 기업이 데이터를 해석할 수 있는 데이터 리터러시를 많이 확보하는 것이 기업의 가치를 증대한다는 뜻이다. 데이터 활용의 장애물에 대해 주요 기업의 CDOChief Data Officer를 대상으로 가트너가 실시한 설문조사에서 "데이터 리터러시의 부족함이 DT에 대한 두 번째 큰 장애물이다"고 발표했는데, 아마존은 이런 데이터 리터러시를 양성하고 활용하여 성공적인 DT를 이루었다.

(4) 협력을 촉진하는 문화

아마존은 조직 내부에서 민첩한 업무 방식을 채택하고 팀 간 협력을 촉진하였다. 이를 통해 변화에 대응하고 신속하게 업무를 조정할 수 있었다. 데이비드 로저스David Rogers(2018)는 "성공한 기업은 그 크기와 규모가 저주가 될 수도 있다. 기존 조직이 변화를 만들어갈 준비를 아주 빠른 속도로 해야 된다"고 강조했듯이, 아마존은 큰 기업이었지만 배타적이지 않고 작고 가벼운 조직의 특징을 가진 린 스타트업Lean Startup과 같은 협력을 촉진하는 문화를 통해 DT에 성공하였다.

(5) 돕는 리더십

아마존의 CEO 제프 베이조스는 미래를 예측하고 주도하는 역할을 하였다. 그는 일단 DT를 하겠다는 원칙을 세우자 이를 조직과 조직원들이 밀고 나갈 수 있도록 돕는 리더십을 발휘했다. CEO가 내세운 DT 경영철학하에서 전사 조직과 직원들이 비전과 목표를 공유해 유기적으로 DT 활동을 수행해야만 의미 있는 DT를 할 수 있다. 성공적인 DT를 위해서는 기업 내 임직원 모두 DT의 사고를 가지고 업무에 임해야 한다. 제프 베이조스는 아마존이 DT를 해야 한다는 것을 말하였고, 변화된 조직문화 속의 직원들은 이것을 적절히 수행하였다.

이렇게 아마존의 조직문화는 조직과 조직원이 DT를 성공적으로 주도하고 지속적으로 혁신하도록 만들었다.

트윈 트랜스포메이션 시대에 걸맞은 디지털 윤리

"시가총액 367억 달러한화 약 40조 원 증발"

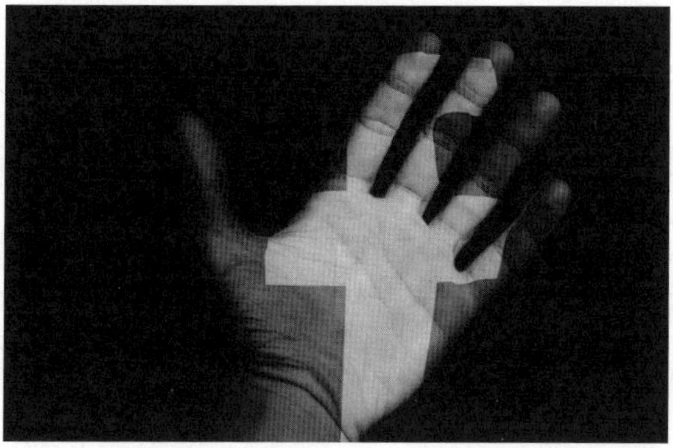

<출처: pixabay, TheDigitalArtist>

2018년 3월 19일 페이스북 주가는 지난 4년 만에 최대 낙폭인 6.8%나 급락했다. 페이스북 주가가 이렇게 폭락한 이유는 영국의 데이터 분석회사인 캠브리지 애널리티카Cambridge Analytica, CA가 페이스북 사용자 5,000만 명의 개인 정보를 수집하고 프로파일링 함으로써 2016년 도널드 트럼프 미국 대통령의 당선에 큰 도움을 주었다는 혐의를 받았다.

페이스북은 2018년에 CA가 페이스북 이용자들의 개인 정보를 유출시켜서 사생활 보호 규정을 위반하였다는 사유로 CA의 계정을 중지시켰다. CA가 주도한 정보 유출은 페이스북 이용자가 메신저의 '개인동의 옵트인[5]' 기능을 활성화하여 연락처 정보를 업데이

5) 옵트인Opt-in: 당사자가 개인 데이터 수집을 허용하기 전까지 당사자의

트한 것이기 때문에 페이스북은 이 사건과 무관하다고 주장하였다.

하지만, 고객의 페이스북에 대한 신뢰도가 하락하고 이용자의 탈퇴 · 삭제 운동이 확대되면서 주가가 폭락하자 페이스북은 공식 사과문을 발표하고 개선책을 마련하며 진화에 나섰다. 미 연방거래위원회FTC는 페이스북과 2년마다 외부기관으로부터의 감사를 받을 것과 FTC와 페이스북의 합의 내용을 위반한 것이 적발될 경우 건당 최대 4만 달러한화 약 5,300만 원의 벌금을 부과할 수 있다는 협약을 맺었다. 정보 유출의 주모자였던 CA는 결국 파산했다.

이 사건을 통하여 기업은 디지털 플랫폼과 데이터 사용에 대한 개인정보 보호와 디지털 윤리를 강화해야 할 당위성을 확실히 깨닫게 되었다.

트윈 트랜스포메이션 시대에는 디지털 기술이 우리 삶의 모든 영역에 깊숙이 침투하면서 디지털 윤리의 문제가 더욱 심각해질 수 있다. 우리가 유념해야 할 디지털 윤리에 대하여 다음에서 살펴보고자 한다.

디지털 윤리의 개념

디지털 윤리Digital Ethics는 디지털 환경에서 디지털 미디어와 디지털 기술을 윤리적으로 사용하기 위한 규범적 기준과 방법이다. 디지털 윤리는 디지털 환경에서의 규범적 기준으로서 도덕적 책임과 의무이고, 디지털 윤리의 방법으로서 디지털 미디어와 디지털 기술의 윤리적 사용이다.

이청재(2021)가 "디지털 윤리는 디지털 세계의 시민으로서 지켜

데이터 수집을 금지하는 제도

야 할 도덕적 책임과 의무에 관한 규범적 측면으로 디지털 환경에서 개인의 권리와 책임, 새로운 형태의 정치 · 경제 · 사회 · 문화 활동에 참여할 때의 정의롭고 비판적인 사고, 디지털 기기와 인터넷 사용에 있어 안전하고 올바른 태도 등이다"고 밝혔는데, 디지털 윤리는 디지털 환경에서 올바르게 행동하기 위한 규범적 기준이라 할 수 있다.

민춘기(2019)가 "디지털 윤리는 디지털 미디어와 디지털 기술이 개인, 조직, 사회 맥락에서 어떻게 사용되는지 연구하고, 이로 인해 발생하는 문제와 갈등을 해결하는 방법을 탐구한다"고 주장했는데, 디지털 윤리는 사회, 기업, 개인이 디지털 미디어와 디지털 기술을 윤리적으로 사용하기 위한 솔루션인 것이다.

이와 같은 디지털화와 빅데이터에 적용되어야 하는 도덕적 규범인 디지털 윤리가 필요한 이유는 디지털 세계의 사용자들이 올바른 정체성과 가치관을 바탕으로 에티켓을 지키는 태도를 가져야 하기 때문이다. 또한 디지털 기술과 규범 지식을 바탕으로 문제해결 및 지혜로운 소통능력인 디지털 리터러시를 통하여 범죄와 폭력을 예방하기 위해서다.

디지털 윤리의 필요성과 달성방안

(1) 개인의 권리와 자유의 보호

① 개인의 권리와 자유의 보호를 위한 디지털 윤리의 필요성

디지털 기술이 발전하면서 사이버 공격, 데이터 유출 그리고 개인정보 남용과 같은 문제로부터 개인정보를 보호하는 것이 중요해졌다.

2013년에 NSA 기밀자료 폭로사건이 있었다. 미합중국 국가안보국NSA의 계약직 요원인 에드워드 조지프 스노든이 미국의 NSA나 영국의 GCHQ 등의 정보기관들이 전 세계에 있는 일반인들의 통화 기록과 인터넷 사용정보를 PRISM이란 비밀정보수집 프로그램을 통하여 무차별적으로 수집 및 사찰을 했다고 폭로한 사건이 있었다.[39]

이 사건은 국가가 개인의 프라이버시를 침해할 수 있는 잠재적인 위험성을 보여준 사건이었다. 이러한 수집은 테러와 같은 범죄를 예방하기 위한 목적으로 이루어졌지만, 개인의 사생활을 침해하고 표현의 자유를 제한할 수 있다는 우려가 제기되었다.

② 개인의 권리와 자유의 보호를 위한 디지털 윤리의 달성방안

트윈 트랜스포메이션 시대에는 인공지능과 사물인터넷 기술의 발전으로 개인정보가 더욱 쉽게 수집되고 활용될 수 있다. 이는 개인의 프라이버시를 침해하고, 부당한 차별이나 범죄에 악용될 수 있는 위험을 초래한다. 그래서, 각 기업이나 정부는 개인정보의 수집, 사용, 처리 등에 대한 디지털 윤리 기준을 갖춰야 한다. 예를 들어, 한국의 과학기술정보통신부는 2023년 6월에 윤석열 대통령이 파리 '디지털 비전 포럼'에서 제시한 글로벌 디지털 질서의 기본원칙과의 연계방안을 논의하며 디지털 윤리를 세워 나가려는 노력을 하고 있다.[40]

(2) 사회적 공정성과 형평성의 실현

① 사회적 공정성과 형평성의 실현에 대한 디지털 윤리의 필요성

인터넷과 모바일 기기의 보급으로 사이버 폭력이 더욱 쉽게 발생하고 있다. 디지털 기술은 특정 집단에 대한 차별이나 불평등을 야기할 수 있는데, 사이버 상에서 익명성에 숨어서 상대방의 명예를 훼손하거나 스토킹을 하는 사이버 폭력이 발생할 수 있다. 일부의 인터넷 사용자들이 익명성에 기대어 혐오적 발언을 하거나 사이버 괴롭힘Cyber Harassment을 하고 있는데 그 숫자가 계속 증가하고 있다. 이는 피해자의 정신적, 신체적 피해를 초래할 수 있기 때문에 근절하기 위한 대책으로서 디지털 윤리 규범이 대두되고 있다. 따라서, 디지털 윤리는 이러한 차별과 불평등을 방지하기 위한 기준을 제시하여야 한다.

② 사회적 공정성과 형평성의 실현에 대한 디지털 윤리의 달성방안

정부는 디지털 윤리 관련 법률을 시행하고, 기업은 디지털 윤리 규범을 준수하기 위한 자율적 규제를 마련해야 한다. 정부와 기업은 디지털 윤리 규범의 확산과 실천을 위한 교육과 홍보 활동을 전개해야 한다.

정보통신망 이용촉진 및 정보보호 등에 관한 법률 제44조 제1항에는 "이용자는 사생활 침해 또는 명예훼손 등 타인의 권리를 침해하는 정보를 정보통신망에 유통시켜서는 아니 된다"고 규정하였고, 제3항에는 "방송통신위원회는 정보통신망에 유통되는 정보로 인한 사생활 침해 또는 명예훼손 등 타인에 대한 권리침해를 방지하기 위하여 기술개발 · 교육 · 홍보 등에 대한 시책을 마련하고 이를 정보통신 서비스 제공자에게 권고할 수 있다"고 규정하였다. 이를 통해 타인의 권리침해 정보를 정보통신망에 유통하는 것을 금지

하고, 방송통신위원회는 권리침해의 방지 시책을 마련 · 권고할 수 있다는 뜻이다.[41]

유네스코(2023)는 "사이버 공간에서 차별·혐오표현 대응과 미디어 리터러시 교육이 필요하다"고 말했는데, 온라인 공간에서 혐오표현 문제가 심각하기 때문에 관련 교육이 필요하다는 뜻이다.[42]

카카오는 2020년 1월에 <증오발전 근절을 위한 카카오의 원칙>을 발표하였다. 이 원칙에는 AI윤리 헌장, 아동 · 청소년 보호 정책 그리고 최근 인권경영 선언까지 디지털 책임을 포함하고 있다.[43] 이와 같이 플랫폼 운영자나 디지털 정보의 사용자는 특정 집단에 대한 차별이나 사이버 폭력을 방지하기 위한 기준을 갖춰야 한다.

(3) 사이버 범죄의 예방

① 사이버 범죄의 예방에 대한 디지털 윤리의 필요성

디지털 기술이 발전하고 데이터 사용량이 급증하는 것에 비례하여 사이버 공격이 늘어나고 고도화되고 있다. 이를 막기 위해 보안 프로그램을 최신화하거나 출처가 불확실한 파일을 다운 받지 않는 등의 디지털 보안능력을 강화할 필요가 있다. 위와 같이 디지털 기술이 발생시킬 여러 가지 문제에 대처하기 위한 디지털 윤리가 필요하다.

② 사이버 범죄의 예방에 대한 디지털 윤리의 달성 방안

사이버 범죄로부터 개인과 기업을 보호하기 위한 디지털 기술의 안전성을 확보하고 디지털 윤리 교육을 강화하는 기준을 갖춰야 한다.

우크라이나 사태를 계기로 사이버 위협이 증대하자 미국의 바이든 행정부가 '사이버보안 강화법'에 서명을 하여 사이버안보 대응 조치를 강화하였다. 즉, 미국은 주요 인프라 기업에 대해 해킹 또는 랜섬[6] 지불 시 당국에의 보고 의무를 부과하고, 이를 이행하지 않을 때를 대비하여 법적 강제수단을 마련하였다.

한국의 국회입법조사처는 "중요 인프라 기업의 사이버 사건을 신고할 법적 의무를 강화하는 입법안을 고려해볼 수 있다"고 제안하였는데, 정부와 국회는 합리적인 IT 보안 조치와 절차를 채택·이행하도록 행정부의 스마트 모니터링과 지원을 강화하는 방안을 고려해야 한다.[44]

트윈 트랜스포메이션 시대에 디지털 윤리는 우리 사회의 미래를 결정할 중요한 요소이다. 디지털 윤리를 확립하고 실천함으로써, 디지털 기술이 우리 사회에 긍정적인 영향을 미칠 수 있도록 해야 한다.

6) 랜섬Ransom: 랜섬웨어Ransom Ware는 파일, 문서, 이미지 등 기업의 데이터를 암호화한 후에 접근 권한을 되찾고 싶으면 랜섬(몸값, Ransom)을 지불할 것을 기업에 요구하는 일종의 악성 소프트웨어다.

트윈 트랜스포메이션 시대에 걸맞은 인공지능 윤리

2023년 11월 17일에 일평균 1억 명이 쓰는 챗GPT 개발사 오픈AI가 '챗GPT의 아버지'라 불리는 샘 알트먼 CEO를 해임시켰다.

<출처: OpenAI, CEO 교체 공지>

오픈AI는 '인류 모두에게 이익이 되는 안전한 AI'라는 사명을 가진 비영리법인이다. 오픈AI의 이사회 구성원은 총 6명인데 이 중 4명이 알트먼의 해임을 찬성하였다. 100억 달러[한화 약 13조 4천억 원]을 투자하여 오픈AI 자회사의 지분 49%를 투자한 마이크로소프트는 즉시 퇴출된 알트먼과 그 동료들에게 마이크로소프트의 인공지능 연구팀을 맡기겠다고 발표하였다.

미국의 경제뉴스 기업인 블룸버그는 익명을 요구한 소식통을 인용하여 "알트먼이 AI 개발 속도와 이에 따른 문제점에 대해 일리야 수츠케버 수석 과학자 등 이사회 구성원과 충돌한 것이 해임의 주요한 이유다"고 보도했다. 미국의 IT 구독 미디어인 디인포메이션은

"알트먼이 인공지능 기술의 안전성 문제를 세심하게 고려하지 않은 상태에서 너무 빨리 움직인 것이 이번 사태를 초래했다"고 전했다.

영국의 정치경제 주간지인 이코노미스트는 이번 갈등을 '규제론자'와 '개발론자'의 대결 구도로 보았다. 수츠케버와 다른 이사진들로 구성된 '규제론자'는 인공지능이 가진 위험성을 우려하며 엄격한 규제를 강조하였다. 반면, CEO 샘 알트먼을 필두로 한 '개발론자'는 기술의 잠재력을 강조하며 개발에 중점을 두었다. 이번 오픈AI의 사태는 모든 이들에게 인공지능 안전규제에 대한 관심을 갖게 하였다.[45]

오픈AI 이사회의 다툼은 향후 인류가 맞닥뜨려야 하는 인공지능 윤리에 대한 '대리전' 이었는데, 이 싸움은 규제론자들의 빠른 승복과 개발론자들의 승리로 끝났다. 결국 샘 알트먼은 해임 5일 만에 오픈AI로 복귀하였다.

그의 복귀로 오픈AI의 인공지능 기술 발전에는 탄력이 생기겠지만, 윤리적 논의는 뒷전으로 밀릴 수 있다는 우려가 나온다. 경제전문지 포춘은 "오픈AI 사태는 결국 돈을 쥐고 있는 쪽이 승리할 수 밖에 없다는 점을 보여주었다"고 기술했다.[46] 그래서, 오픈AI에서 뒷전으로 밀린 '인공지능 윤리'에 대하여 논할 필요가 있다.

IAAE 국제인공지능&윤리협회 전창배 이사장은 "우리가 '인공지능'에 '윤리'라는 단어를 붙이게 된 것은 인공지능이 바로 '자율성'을 가지기 때문인데, 우리 삶을 풍요롭게 하는 기술이더라도 통제할 수 없는 기술은 시한폭탄과 다름없다. 지금은 자율성이 없어서 컨트롤할 수 있는 인공지능이 사람처럼 생각하는 시대가 온다면 상황은 달라지고 각종 범죄에 악용될 수 있다"고 주장하며, 통제되

지 않은 인공지능의 위험성을 강조했다.[47]

인공지능이 가져올 수 있는 윤리적 문제에 대한 우려는 인공지능 능력이 커질수록 더욱 확대되고 있다. 다음에서 인공지능 윤리에 대하여 이야기하고자 한다.

인공지능 윤리의 개념

인공지능 윤리AI Ethics는 인공지능의 설계, 개발, 활용의 전 과정에서 지켜야 할 원칙과 규범으로 구성되어 있다. 그래서 인공지능 윤리는 인간의 기본적인 가치와 이상을 반영하고, 인공지능 기술의 윤리적 잠재 위험을 예방하고, 책임성을 확보해야 한다.

한나Hanna와 카짐Kazim(2021)은 "인공지능 윤리는 사회의 기본적 약속과 선도적인 가치를 반영하는 원칙을 합리적으로 준수함으로써 인공 기계의 설계와 사용에 있어서 인간의 행위를 인도하려는 시도이다"고 주장했는데, 인공지능 윤리는 인간과 사회를 위해 인공지능을 사용하기 위한 원칙과 규칙을 마련하는 것을 뜻한다.[48]

트윈 트랜스포메이션 시대는 인공지능 기술이 더욱 빠르게 발전하고, 우리 삶의 모든 영역에 깊숙이 침투하기에, 인공지능 기술이 가져올 수 있는 윤리적 문제에 대한 대안을 가지고 있어야 한다.

정창우와 이혜진(2022)이 "인공지능 윤리는 개발자와 사용자를 포함하여 모든 사회 구성원이 인공지능의 설계와 개발, 활용 전 과정에서 지키도록 기대되는 가치와 원칙으로 구성된 규범을 의미한다"고 언급했는데, 인공지능 윤리는 개발자와 사용자를 포함하여 모든 사회 구성원이 지켜야 할 규범을 뜻한다. 그들은 "인공지능 윤리는 실천윤리학의 한 분야로서 아직 일어나지 않았으나 인공지능 기술의 진화로 장차 일어날 징조를 예측하고 앞으로 일어날 수 있는 문제 상황에 적용할 예방적 윤리 기준이다"고 밝혔는데, 인공지능 기술의 윤리적 잠재 위험을 예방하기 위한 기준을 뜻한다.[49]

인공지능 윤리는 하나로 정의할 수 없는 다양한 뜻을 가지고 있지만 포괄적 의미로 인공지능 윤리는 인공지능으로 인해 발생 가능한 미래의 위험을 사전에 예방하고 규제하기 위해서 필요한 내용이다.

인공지능이 우리 삶의 모든 영역에서 깊숙이 침투하고 있고 그로 인한 윤리적 문제가 심각해질 수 있기 때문에 트윈 트랜스포메이션 시대에는 인공지능 윤리가 더욱 중요해지고 있다.

인공지능 윤리의 필요성과 달성방안

(1) 개인정보 침해 문제

① 개인정보 침해 문제에 대한 인공지능 윤리의 필요성

사물인터넷 기반의 스마트 기기가 개인 및 가정에 보급되어 현대인의 생활이 편리해졌지만, 인공지능을 통하여 사용자의 데이터가 수집 · 처리 · 공유되는 과정에서 사용자의 개인정보 침해 사례가 빈번하게 발생되고 있다. 그래서 인공지능 윤리가 필요하다.

아마존의 인공지능 음성비서 알렉사Alexa는 사용자들의 음성 명령 내용을 보유하고 있었는데, 아마존의 직원들이 알렉사의 기능 향상을 위하여 알렉사가 보유한 음성 명령을 문서로 기록하면서 사용자들의 배송 주문을 위한 주소정보나 인적사항을 사용자들의 동의 없이 수집하여 개인정보 침해를 하였다.[50]

② 개인정보 침해 문제에 대한 인공지능 윤리의 달성방안

인공지능 윤리에서 개인정보 침해 문제를 방지하기 위한 달성방안으로서 인공지능 윤리의 중요성을 인식하고, 윤리적 행동을 실천할 수 있도록 교육을 강화해야 한다.

IAAE 국제인공지능&윤리협회 전창배 이사장은 "인공지능 윤리 문제는 결국 인간 윤리 문제이므로 개발자부터 소비자까지 모든 사람을 교육해야 한다"고 주장했는데, 인간 윤리 교육으로 인공지능 윤리 문제가 해결될 수 있다는 뜻이다.

자율성이 인공지능의 핵심인데, 자율성의 정도에 따라 인공지능 발전 단계를 '약 · 강 · 초'의 3단계로 나눌 수 있다.

'약 인공지능 단계'는 인공지능에게 자율성이 결여돼 있는 단계로서, 진정한 AI를 체감할 수 없다. '강 인공지능 단계'는 인공지능이 자율성을 갖는 시기로서, 이쯤 되면 인공지능이 인간과 공존하며 감정을 표현하고 연애 · 결혼 등을 할 수 있는 시기이다. 인공지능의 지적 수준 또한 올라가 인간의 생각을 읽을 수 있다. '초 인공지능 단계'는 기술이 폭발하는 등 '신'적인 인공지능이 등장하는 단계이다. 이때는 '유토피아'가 올 수도 있지만, 악한 인공지능이 인류를 지배하거나 인류를 사라지게 하는 시나리오도 무시할 수 없다.

그러나 현재의 인공지능은 아직 인간이 시키는 단계에 머물러 있어 제대로 만들면 사고를 최소화할 수 있기 때문에, 개발자부터 소비자까지 인공지능 윤리 교육을 시켜야 한다. 다만, 인공지능의 발전을 위해 금지된 것이 아니면 모든 것이 허용되는 '네거티브 규제'를 해야 한다.[51]

(2) 편향된 알고리즘의 문제

① 편향된 알고리즘의 문제에 대한 인공지능 윤리의 필요성

인공지능 알고리즘은 학습 데이터에 내재된 편향을 그대로 반영할 수 있기 때문에, 특정 집단에 대한 차별이나 불평등을 야기할 수 있다.

아마존Amazon의 인력 구성은 여성보다 남성이 많았고, 그 업무 성과도 남성이 여성보다 높았는데, 아마존이 개발하던 인공지능 채용 시스템은 자사의 이런 데이터를 학습하여 여성보다 남성 지원자를 선호하는 패턴을 보였다. 아마존은 성차별 논란이 일자 인공지능 채용 시스템을 폐기하였다.[52]

아마존이 2020년 6월에 미국 경찰에 제공해오던 안면인식 소프트웨어 레코그니션Rekognition 사용을 1년간 금지하는 모라토리엄을 선언하고, 1년 동안의 유예기간 동안 의회가 적절한 규정을 마련해 주길 바란다는 발표를 하였다. 아마존이 이 사업에서 철수한 이유는 흑인 조지 플로이드의 사망 사건에 영향을 받으면서 인종차별을 조장할 수 있는 안면인식 기술 제공 기업에 대한 압박이 가중되었기 때문이다.

알고리즘 정의 연맹Algorithmic Justice League의 조이 부올람위니 대표는 아마존 같은 IT 대기업에 안면인식 금지를 지속적으로 촉구했고, 안면인식 기술 오남용 근절을 주장하는 수많은 시민단체, 활동가, 연구가들의 노력이 더욱 탄력받을 것으로 보인다.[53]

② 편향된 알고리즘의 문제에 대한 인공지능 윤리의 달성방안

편향된 알고리즘 문제를 해결하기 위하여 인공지능 윤리를 담은

규정이나 가이드라인 등을 마련하고 준수해야 한다.

마이크로소프트는 2016년 인공지능 챗봇 '테이Tay'를 선보였다가 혐오와 차별의 언어를 사용해서 출시 16시간 만에 운영을 중단하였는데, 그 후 마이크로소프트는 2018년에 인공지능 윤리 기준을 명시한 '책임 인공지능 원칙'을 발표했다. 이후 구글, IBM 등 글로벌 AI 기업이 인공지능 윤리 헌장 또는 가이드라인 마련에 동참했다.[54]

국내에서도 카카오가 2018년 업계 처음으로 '알고리즘 윤리 헌장'을 발표했는데, 헌장에는 알고리즘 기본원칙, 차별에 대한 경계, 알고리즘에 대한 설명 등을 포함하고 있다.[55]

국내에서는 교육부가 2022 개정 교육과정부터 로봇윤리교육 중 인공지능윤리교육에 대한 부분을 반영할 예정이며, '인공지능 윤리기준' 3대 기본원칙과 10대 핵심 요건을 초등·중등·고등학교 교육과정에서 순차적으로 반영하여 교육할 예정이다. 기존에 시행되지 않았던 인공지능 윤리교육이 실제 교육 현장에서는 드디어 시작되는 것이다.[56]

미국 바이든 정부는 2022년 10월에 인공지능과 관련한 인권 보호 지침을 내놓았다. AI 권리장전AI Bill of Rights은 안전하고 효과적인 시스템 구축, 알고리즘을 통한 차별 방지, 데이터 관련 사생활 보호, 자동화 시스템의 활용에 대한 고지와 설명 그리고 인간 대안 마련 등 5가지 원칙으로 구성되었다.

이 중에서 인간 대안 마련은 AI 프로그램에 문제가 발생할 때 신속하게 대체할 수 있는 사람과 연락해야 한다는 내용을 포함하고 있다. 백악관은 "모든 사람을 보호하고 가장 높은 가치를 강화하는 방식으로 기술을 사용하는 사회를 위한 안내서"로 지침을 마련했다고 설명하였다. 이는 EU가 추진하는 AI 법보다 훨씬 약하고 구속력도 없는 선언적 지침이지만, 향후 AI에 대한 미국 정부의 광범위한 규제 지침이 될 가능성이 높으므로 의미가 있다.[57]

인공지능을 개발할 때 데이터의 편향성을 검증하는 절차를 마련하고 강화해야 한다.

미국 바이든 정부가 내놓은 AI 권리장전에 알고리즘을 통한 차별 방지가 지침화되었다. 바이든 정부의 이러한 노력이 혁신을 방해할 수 있지만, 인공지능을 제작하는 회사의 경영자는 인공지능 개발 단계에서부터 데이터 편향성 검증을 강화하고 알고리즘의 투명성을 확보하는 등의 윤리적 고려 사항을 반영하는 책임 있는 환경을 만들 의무가 있다.

(3) 자율주행차의 사고 문제

① 자율주행차의 사고 문제에 대한 인공지능 윤리의 필요성

자율주행차는 인간의 개입 없이 스스로 운행하기 때문에, 사고 발생 시 책임 소재가 불분명할 수 있다. 자율주행차의 보급률은 매년 증가하는데 반해 자율주행시스템에 대한 윤리적 기준 마련은 더딘 상태이다.

2023년 말에 운전자가 손을 떼고도 운전하다가 차량 제어권을 언제든지 회수할 수 있는 자율주행차 레벨3 상용차가 출시될 예정이고, 2027년부터는 운전대를 없애고 운전자가 주행에 개입하지 않는 레벨4 수준의 자율주행차가 상용화될 예정이다.

레벨4의 자율주행자동차가 상용화되면 자동차 제조사가 운행에 대한 책임을 져야 하는 새로운 시장을 맞이하게 된다. 즉, 자율주행차가 위급 상황시에 탑승자의 안전을 우선적으로 고려해야 할지, 반대로 보행자나 다른 운전자를 우선적으로 보호해야 할지에 대한 윤리적 기준을 마련해야 한다. 또한 사고 책임과 보상에 대한 법과 제도를 정비해야 한다.[58]

자율주행자동차가 탑승자의 안전만 고려하면 보행자나 다른 운전자에게 위협이 될 수 있다. 반면 다른 운전자나 보행자를 보호하기 위해 탑승자에게 손해를 끼칠 수도 있다. 따라서, 제조사 등이 위험을 줄이기 위한 조치를 다했는가, 법원이나 보험사가 인공지능 블랙박스에 접근이 가능한가 등 다양한 상황에 대한 처리 방안을 마련해야 한다.[59]

② 자율주행차의 사고 문제에 대한 인공지능 윤리의 달성 방안

자율주행차의 사고 문제를 해결하기 위하여 인공지능 윤리에 대한 법률을 마련하고 준수 여부를 감시하고 감독하는 체계를 강화해야 한다.

한국은 2008년 3월에 전세계에서 선도적으로 <지능형 로봇개발 및 보급 촉진법>을 입법화하였다. 그리고 2023년 5월 16일에 자율주행차인 '실외이동로봇'의 정의 및 운행상 손해 배상을 위한 보험 가입 의무화를 법제화하여 자율주행차를 위한 법률 미비를 보완하였다.[60] 또한, 2020년 12월에 '인공지능 윤리기준'을 제시하고 2021년 5월에 관련 제도화 방향이 담긴 '신뢰할 수 있는 인공지능 실현 전략'을 발표하였다. 이때부터 국내에도 인공지능 신뢰성에

관한 개념을 명확히 했다.[61]

2024년 1월 9일에 자율주행자동차법이 시행되었다. 이 법의 제정 배경은 자율주행자동차의 개발을 촉진하고 운행 기반을 조성하는 것이다. 자율주행자동차법은 전국 6개 지정된 지역에서 적용되는데, 서울 상암동 일원 6.2㎢ 범위와 같은 시범 운행지구에서의 규제 특례를 규정한 한계점이 있다. 하지만, 자율주행자동차에 관한 사항만을 독립적으로 규정한 국내 최초의 단일 법률로서의 상당한 의미가 있다. 이 법은 자율주행 시대를 견인하고 자율주행자동차 도입에 따른 혼란이나 부작용을 방지할 수 있는 탄탄한 법제도의 기초가 될 것으로 예상된다.[62, 63]

미국 정부는 2017년에 'AI 미래에 관한 준비'와 2019년에 'AI 이니셔티브에 관한 행정명령' 같은 인공지능 윤리 규범을 규정했다. 일본은 2018년 'AI 활용 원칙안'을 제정했고, 유럽연합은 2019년에 'AI 윤리 가이드라인', OECD는 2019년에 'AI 원칙 권고안 합의'를 각각 마련하였다.[64]

트윈 트랜스포메이션 시대에 인공지능 윤리는 우리 사회의 미래를 결정할 중요한 요소이다. 인공지능 윤리를 확립하고 실천함으로써, 인공지능 기술이 우리 사회에 긍정적인 영향을 미칠 수 있도록 해야 한다.

이 외에도 인공지능 윤리 교육을 강화하여 인공지능 윤리의 중요성을 인식하고 이를 실천할 수 있는 인재를 양성해야 하고, 인공지능 윤리 규범을 마련하고 이를 준수하도록 하는 법률, 규정, 가이드라인 등을 마련해야 한다. 마지막으로, 인공지능 윤리가 준수되는지를 감시하고 감독하는 체계를 강화해야 한다.

인공지능 윤리를 통하여 트윈 트랜스포메이션 시대에 인공지능 기술이 개인의 권리와 자유를 보호하고, 사회적 공정성과 형평성을 실현하며, 지속가능한 사회를 만드는 데 기여할 수 있도록 해야 한다.

8장. 트윈 트랜스포메이션 중 DT 준비

- 디지털 기술이 ESG 목표 달성에 어떠한 도움을 주는가?
- 디지털 플랫폼을 이용한 ESG 경영
- 메타버스를 이용한 ESG 경영

디지털 기술이 ESG 목표 달성에 어떠한 도움을 주는가?

"적과의 동침"

글로벌 1·2위 가전 기업인 삼성전자와 LG전자가 스마트홈Smart Home 생태계 확대를 위하여 적과의 동침을 시작했다. 시장 조사업체 옴디아는 "스마트홈의 시장규모가 2020년 608억 달러한화 약 80.4조 원에서 2025년 1,785억 달러한화 약 2,360조 원까지 급성장할 것이다"고 전망하였다.

스마트홈은 TV, 냉장고, 에어컨 등 가전을 앱이나 스마트 스피커 등과 하나로 연결하여 원격 제어하는 기술이다. 창문과 커텐 여닫기, 차량 시동 걸기 등 센서만 있다면 그 확장성은 무한하다. 그래서, 글로벌 주요 가전업체뿐 아니라 구글 · 애플 · 아마존 등 빅테크 기업들도 스마트홈의 성장성을 보고 막대한 투자를 하고 있다.

2023년 12월부터 삼성전자의 앱 '스마트싱스'에서 LG전자의 휘센 에어컨을 조작할 수 있고, LG전자의 'LG씽큐'에서 삼성전자의 비스포크 냉장고를 조작할 수 있다. 냉장고, 에어컨, 세탁기 등 총 9종의 주요 가전의 연동을 2023년 말까지 완료하고, 쿡탑 등 다양한 가전제품의 연동까지 확대할 계획이다. 양사가 적과의 동침을 하게 된 이유는 글로벌 가전 시장이 침체된 상황에서 각사별로 제각각 운영된 스마트홈 서비스가 고객으로부터 큰 호응을 얻지 못했기 때문이다.

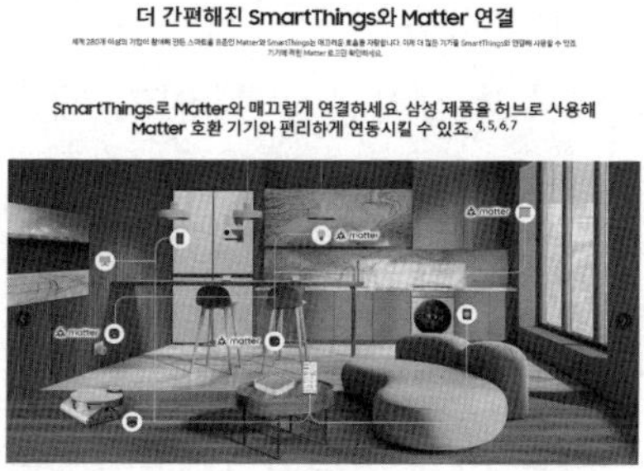

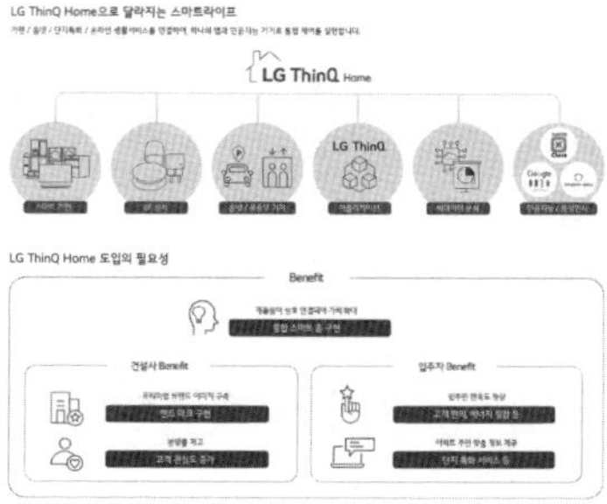

<출처: 삼성전자 SmartThings 홈페이지, LG전자 LG ThinQ 홈페이지>

전 세계 가전업체와 IT 기업들은 특정 제품이나 서비스에 소비자를 묶어 두는 방식의 '록인효과Lock-in Effect'와 기업이 시장에 최초로 진입하여 얻은 유무형의 이익을 표현하는 '선점 우위 효과'를 기대하여 표준화를 하고 있다. 글로벌 가전업체들의 협력체인 HCAHome Connectivity Alliance는 HCA 표준을 통하여 특정회사의 플랫폼에 맞추지 않고 클라우드를 거쳐 다른 회사의 가전을 제어할 수 있게 만들었다. 또한, 구글과 아마존 등 빅테크 기업들은 사물인터넷 기기 간 통신언어를 통일한 '매터Matter'라는 표준으로 표준화를 시도하고 있다. 매터는 통일된 표준에 맞춰 기기를 새로 만들면 연결할 수 있다는 점에서 이미 만들어진 가전을 제어하는 HCA 표준과 다르다.[65]

기업은 AI 기반의 융합혁신의 시기를 겪고 있다. 즉, 사물인터넷, 차세대 통신, 빅데이터, 인공지능, 클라우드 컴퓨팅 등 같은 디지털 기술을 적극적으로 도입해야만 기업 경쟁력을 갖출 수 있다. 삼성전자와 LG전자가 지혜롭게 적과의 동침을 시작한 이유는 두 회사가 적과의 싸움에서 단기적으로 승리하는 것보다 DT와 ESG가 융합된 시장에서는 카멜레온처럼 변화해야만 살아남을 수 있기 때문이다.

기업은 DT와 ESG 경영을 통하여 장기적으로 안정적 수익을 거두는 지속가능한 경영을 할 수 있다. 이를 위해 기업은 우선 방대한 디지털 데이터 처리를 위해 AI, 클라우드 컴퓨팅, 빅데이터 등을 활용하고 기존에 어려웠던 활동을 ICT를 도입하여 혁신적으로 해결하는 DT를 이뤄야 한다. 또한, 환경시설에 대한 투자나 사회적 기업활동에는 상당한 자금이 소요될 수 있지만, 선택적으로 절약하는 비용이 아닌 필수적으로 투여되어야 하는 투자의 관점으로 ESG 경영을 바라봐야 한다.

다음에서 투자의 관점에서 ESG 경영과 DT를 성공적으로 융합의 회사들의 사례를 살펴보고자 한다.

ESG의 환경 영역에서 DT 실현

삼성그룹의 ICT 기업인 삼성SDS는 매년 매출액의 증가에도 불구하고 온실가스 배출량을 감소시키고 있다. 실제로 이 회사의 온실가스 원 단위 배출량은 2016년 1억 원당 1.24톤에서 2022년 1억 원당 0.71톤으로 감소하였다. 이와 같은 온실가스의 감소를 위해 회사는 외기 냉방, 공조 시뮬레이션을 통한 항온 항습기 가동 최적화, 냉수 펌프 인버터 설치, 태양광 발전 설비 설치, 지열 열교환기 등 친환경 기술을 도입하여 에너지 효율을 최적화하였다. 무공해차

전환, 전기차 충전시설 설치, 사무실 조명 자동 소등 등 온실가스 감축을 위한 다양한 활동까지 시행하고 있다.[66]

코오롱 그룹의 코오롱인더스트리는 강철의 5배 되는 강도와 550℃에 견디는 고내열성 섬유인 아라미드Aramid, 친환경 점접착체인 석유수지Petroleum Resins 같은 차세대 배터리 소재를 개발하면서 탄소중립 목표를 달성하기 위한 생분해 플라스틱과 화학적 재생기술 개발을 적극 추진하고 있다. 즉, 지속가능한 고분자 생태계SPE라는 친환경 성장 전략을 세워서 친환경 원료로 생산된 제품이 폐기된 후 재활용이나 생분해를 통해 생태계에서 순환되는 사이클을 마련하였다. 이런 생산과정을 위해 AI와 빅데이터로 제조과정을 최적화하였다.[67]

ESG의 사회 영역에서 DT 실현

세계 1위 커피 브랜드인 스타벅스는 공정무역과 경영의 투명성 등 ESG 영역의 회사 가치를 높이기 위해 다양한 시도를 하고 있다. 스타벅스는 '빈투컵Bean to Cup' 프로그램을 실행하고 있다. 즉, 고객 경험을 극대화하기 위해서 블록체인을 활용하여 원두 산지에서부터 모든 유통과정의 전체 정보를 투명하게 공개하고 있다. 스마트폰으로 원두 포장에 부착된 QR코드를 스캔하면 원두 재배지와 생산지, 해당 농부에 대한 스타벅스의 지원 내용, 커피 로스팅 시기 그리고 테이스팅 노트 정보까지 모두 공개한다. 원두에 대한 고객의 피드백을 반영하여 좋은 원두를 생산하는 커피 농부를 지원하기도 한다.[68]

65세 이상 인구가 전체의 20% 이상을 차지하면 초고령사회라고 부른다. 2022년 말 기준으로 대한민국의 65세 이상 인구 비율은 18%이다. 대한민국 사회는 초고령사회 입구에 있는 상황이다. 그에 따라 노인 고독사, 노인 돌봄, 노인 빈곤 같은 사회적 문제가 증가하고 있다. 이에 SK텔레콤은 2019년 4월부터 사회적 기업인 행복커넥트와 협업하여 AI를 기반으로 노인 돌봄 서비스를 시작하였다. AI 돌봄 서비스는 AI 스피커 '누구NUGU'를 통해 독거 어르신의 외로움, 안전 그리고 치매 등의 문제를 해결한다. 현재 1만 7,300여 명의 어르신이 이 서비스를 이용하고 있다. AI 돌봄 긴급 SOS 구조 현황은 2019년 15건에서 2022년 210건까지 확대되었다.[69]

ESG의 지배구조 영역에서 DT 실현

여론조사기관인 모노리서치가 <ESG 준비실태 및 인식조사>에서 "ESG 전략 수립 시 ESG의 모호한 범위와 개념이 가장 큰 애로사항이다. 그중에서도 지배구조의 가장 큰 이슈는 평가기준이 모호하다"고 밝혔듯이, ESG 기준 중 지배구조의 평가기준이 제일 불확실하다.

지배구조 영역에서 모호성을 줄이려고 노력하는 회사로서 알뜰폰이나 전화 부가서비스를 제공하는 코스닥 상장사인 세종텔레콤은 종이 없는 프로토콜 생태계를 구축하기 위하여 자체 블록체인 플랫폼인 '블루브릭BlueBrick'을 기반으로 주요 데이터를 블록체인상에 기록하고 활용하고 있다.

네덜란드의 맥주 브랜드인 하이네켄은 기존 내부 감사에서 감사 비용 문제 때문에 감사 대상의 5~10% 정도를 샘플로 선정하여 수

작업으로 감사를 실시하다가, 데이터 추출이나 양식작성을 사람 대신 소프트웨어가 대신해 주는 RPARobotic Process Automation와 텍스트 이미지를 기계가 읽을 수 있도록 텍스트 포맷으로 변환하는 과정인 OCROptical Character Recognition을 도입하였다. 이 기술을 통하여 표본 샘플률을 20%에서 최대 90%까지 상승시켰다. 디지털 기술을 통한 감사가 활성화되면 정기감사에서 일상감사로 감사주기가 짧아지고 관련 정보의 공개시기도 빨라질 수 있다. 이처럼 적시성 있는 정보의 제공과 정확하고 투명한 시스템이 정착되면 지배구조의 품질이 올라갈 것이다.[70]

이와 같이 DT를 통하여 환경 보호, 사회 발전 그리고 투명하고 효율적인 기업 경영 같은 ESG 경영을 실현하는 방법이 더욱 개선 발전되어야 한다.

디지털 플랫폼을 이용한 ESG 경영

"물류의 디지털 트랜스포메이션 선언!"

클라우드와 디지털 물류 서비스를 제공하는 삼성그룹의 정보통신기업 삼성SDS는 첼로스퀘어Cello Square라는 디지털 물류 플랫폼을 만들었다. 첼로스퀘어는 고객이 견적에서 시작하여 예약, 운송, 트래킹 그리고 정산까지 모든 물류 서비스를 이용할 수 있는 물류 플랫폼이다. 삼성SDS는 첼로스퀘어에 데이터 분석, 자동화 그리고 탄소배출량 추적 등 새로운 ESG 기능을 추가했다. 이를 통하여 운송 중인 화물 데이터를 분석하고, 제품 단위까지 세분화된 운송 정보를 제공하여 미래 재고량까지 예측하게 해준다. 즉, 마우스 클릭 만으로 모든 물류 서비스를 이용하며 디지털 물류혁신을 경험하게 해준다.

세부적으로 살펴보면, 첫째, 고객이 물류비를 상세 분석할 수 있도록 운송 과정에서 발생하는 비용이나 이상 상황 등의 실시간 데이터를 리포트로 지원한다. 둘째, 광학문자인식OCR 기술로 자동 추출한 선적서류 정보의 플랫폼 저장, 필요한 추가 서류의 자동 생성 그리고 드론을 활용한 물류 창고 재고 조사와 데이터 입력 등의 자동화 기능도 있다. 셋째, 국내외 트럭의 예약과 배차, 결제 기능을 제공하는 '디지털 트럭커Digital Trucker'를 첼로스퀘어와 연계하여 글로벌 내륙 운송의 즉시 견적과 예약 등을 진행할 수 있게 하였다. 넷째, 견적 조회 시 거리, 운송량 등에 따라 물류 전 과정에서 발생하는 예상 탄소배출량을 제공하면서 ESG 경영도 지원한다.[71]

<출처: 삼성SDS Cello Square 홈페이지>

위 사례를 통하여 삼성SDS의 물류 플랫폼이 DT를 통해 ESG 경영을 수월하게 한 것을 살펴보았다. 다음에서 ESG 경영을 수월하게 하기 위해서 디지털 플랫폼에 대하여 살펴보겠다.

플랫폼의 개념

플랫폼의 사전적 의미는 '역에서 기차를 타고 내리는 곳'을 뜻이지만, DT 시대에는 플랫폼에 더 다양한 의미가 있다.

플랫폼은 소비자와 같은 다양한 사람들이 연결되어 가치를 교환하는 가상의 디지털 공간이며, 서비스와 제품을 연결하는 기술 체계로서 핵심 가치를 담을 틀을 제공하여 내부와 외부, 또는 외부와 외부 간 상호 연결을 가능케 하는 역할을 한다.[72, 73, 2]

또한 플랫폼은 고객 참여로 플랫폼에 쌓인 디지털화된 데이터를 인공지능으로 분석하여 조직의 위험을 낮추고 조직을 민첩하게 만드는 비즈니스 프로세스이다.[74, 75]

따라서, "플랫폼은 소비자 사이에 연결을 통하여 가치 교환과 가치 창출을 하는 가상 공간으로서, 고객 데이터로 진화하는 기술 체계이다"고 정의할 수 있다.

디지털 플랫폼이 더 중요해지는 이유

플랫폼은 시간이 갈수록 중요해지고 있다. 그 이유는 다음과 같다.[73]

① 자체로 지렛대 역할을 한다. 즉, 다양한 고객 니즈에 대응하더라도 결국 내부 자원이 상품 개발이나 생산기술 확보에 집중토록 한다.

② 강력하면서도 유연한 비즈니스 모델을 구축하게 해준다. 즉, 제품과 제품 간의 관계에서 벗어나 제품과 서비스 간에 강한 결합을 통해 강력한 상품을 만든다.

③ 서비스 기반 경제의 핵심 동력이다. 제조업에도 서비스업에 일반화된 쓴 만큼 대가를 지불Pay Per Use하는 개념을 자연스럽게 해준다.

④ 네트워크 경제 운영을 쉽게 해준다. 예를 들어, 카드 소유주, 카드 가맹점, 정유사 그리고 자동차 등을 연결시킨다.

⑤ 전략적인 체급을 결정짓게 한다. 즉, 플랫폼은 사업가를 플랫폼에서 게임의 규칙을 결정하는 키맨이 되게 한다.

이렇게 중요한 디지털 플랫폼 시장이 상상을 초월할 정도로 커질 것으로 예상되지만, 기업들은 정작 그 준비를 제대로 하지 않고 있다. 맥킨지 보고서는 "2025년까지 디지털 플랫폼은 전 세계 매출의 30%를 차지하고 이는 60조 달러한화 약 8경 400조 원에 달할 것으로 예상되지만, 전체 3%의 기업만이 플랫폼 전략을 세우고 있다"고 밝혔는데, 플랫폼이 미래 경제를 주도할 잠재력을 가지고 있지만, 플랫폼 전략을 세우는 기업은 소수라는 뜻이다.[76]

디지털 플랫폼의 이점

(1) 플랫폼은 새로운 가치 창출을 가능하게 한다.[77]

① 플랫폼은 기업의 기술 수준뿐만 아니라 비즈니스와 전략에 있어 사고방식을 전환시킨다. 기업은 더 이상 제품만을 판매하는 것이 아니라 기초적인 서비스를 제공해야 한다. 플랫폼 경제는 공유경제[7)]나 임시계약경제[8)]라 불리는 디지털 플랫폼을 중심으로 비즈니스 모델을 구축하는 시장 트렌드를 가지고 있다. 그렇다고 플랫폼이 최근에 등장한 것이 아니고, IBM, SAP, 마이크로소프트와 같은 회사처럼 수십 년 동안 구축된 사례도 있다.

② 성공적으로 플랫폼을 구축한 회사들은 고객을 만들었고 또 다른 고객을 확보하기 위하여 가치있는 플랫폼을 만들었다. 최고의 플랫폼은 가장 매력적인 기능을 갖춘 플랫폼이어야 한다. 그래서 기업은 혁신을 해야 한다. 기업이 혁신을 하기 위해서 대담하게 생각하고 전략적 예측력으로 시스템을 개발해야 한다. 플랫폼은 "어디로 갈 것인가? 시장은 어떻게 변할 것인가? 우리 고객들은 앞으로 무엇을 필요로 할 것인가?"와 같은 질문을 할 수 있는 장소여야 한다.

---

7) 공유 경제Sharing Economy: 차량 숙소 등을 타인과 나눠 쓰는 협력 소비를 뜻한다.
8) 임시계약경제Gig Economy: 기업이 정규직 대신에 필요할 때마다 필요한 사람과 임시로 계약을 맺고 고용하는 경제 형태를 뜻한다.

(2) 플랫폼은 업무 효율성을 향상시킨다.[78]

① 플랫폼은 가동 중단 시간을 제거한다. 제조산업계에서 1년에 약 500억 달러한화 약 67조 원의 가동 중단의 비용과 시간이 소요된다. 그런데, 플랫폼과 사물인터넷으로 구동된 스마트 팩토리에서는 예측 유지 보수 기능을 통하여 가동 중단 시간이 제한되었다.

② 플랫폼 전략은 공급망 회복탄력성을 제공한다. 코로나 19 초기에 포춘지 선정 1000대 기업 중 94%의 기업이 공급망 중단 사태를 겪었다. 그런데, 기업과 공급업체 사이에 네트워크를 구축하는 통합 플랫폼을 만들면 기업은 위기상황에 다른 공급업체로 선회하여 그 기업의 재료를 사용할 수 있다.

③ 플랫폼 전략은 재작업을 감소시켜준다. 통상 프로젝트 재작업의 52%는 원활하지 않은 의사소통 때문에 발생한다. 클라우드 기반 플랫폼에서 일반적인 데이터 환경을 만들면 설계단계에서 더 큰 투명성과 더 쉬운 문제해결을 위해 모든 사람이 공유하는 단일 정보 소스가 생긴다.

(3) 플랫폼은 ESG 성과 관리를 강화한다.

① 디지털 플랫폼은 다양한 데이터 원천에서 ESG 관련 정보를 수집하고 통합할 수 있게 해준다. 탄소 배출, 에너지 소비, 노동 조건 그리고 사회적 프로그램 및 지배구조 데이터를 단일 플랫폼에서 수집하고 통합하여 종합적인 ESG 성과 보고를 하게 해준다.

② 디지털 플랫폼은 기업이 실시간으로 데이터를 처리하고 분석하여 ESG 성과를 모니터링하고 개선시킨다. 국내 전기차 충전 제조 2위 기업인 중앙제어는 2022년 8월에 전기차 충전서비스 플랫

폼 '이브이시스'를 출시했는데, '이브이시스'는 앱, PC 웹, 충전기를 통합적으로 연결하는 충전 운영 플랫폼으로서 사용자가 이 앱을 통해 충전소 검색, 예약, 결제 그리고 평가를 할 수 있다. 또한, 운영자는 웹상에서 운영관리의 원격제어, 모니터링, 실시간 장애 관제 그리고 정산까지 할 수 있다.[79]

③ 디지털 플랫폼은 데이터를 시각화하여 ESG 성과를 더 쉽게 이해하게 해준다. 이를 통하여 이해관계자와의 투명하고 효과적인 의사소통이 가능해진다. 개인투자자 대상 투자정보 서비스를 하는 FN가이드의 자회사 '리퍼블릭케이'는 2021년 9월에 AI로 데이터를 분석해 투자자에게 맞춤형 서비스를 하는 '퀀트케이'의 정식 서비스를 시작했는데, 시약을 판매하는 한 업체는 퀀트케이를 사용하여 최근 주문량을 82%, 매출을 93%까지 끌어올렸다. 데이터 시각화의 효과에 대하여 권종원 한국산업기술시험원 센터장은 "AI를 이용하여 디지털 데이터를 분석할 수 있다고 생각하지만 사실 현업에서는 시각화만 잘해도 통찰력을 얻을 수 있는 것들이 많다"고 밝혔는데, 데이터 시각화만으로도 데이터의 패턴, 추세, 관계 등을 쉽게 파악할 수 있다는 뜻이다.[80]

④ 디지털 플랫폼은 기계학습Machine Learning 및 예측 분석을 통하여 시나리오를 모델링하고 ESG 결과를 예측해 준다. LG유플러스는 2021년 12월에 'A/B테스트 플랫폼'을 도입했는데, A/B테스트는 기존 서비스 A안과 개선된 B안을 고객 반응 데이터 기반으로 대조하여 어떤 방안이 더 나은지 판단하는 기법이다. 이러한 방법은 넷플릭스나 아마존 등이 서비스 관련 의사결정을 할 때 A/B테스트를 핵심 도구로 활용하고 있다. LG유플러스는 이 플랫폼을 도입하

여 타깃 고객 선정 기간이 최대 3주에서 2분으로 대폭 단축되었고 결과 분석 시간 역시 최대 4주에서 1시간 이내로 줄었다.[81]

디지털 플랫폼을 위한 준비

(1) 디지털 플랫폼 기업은 고객 가치를 창출할 준비를 해야 한다.[82]

① 디지털 플랫폼 기업은 탈경계화Borderless에 대한 기업규제완화에 주력해야 하는데, 기업은 경계를 넘어 타 비즈니스에 주력할 수 있어야 한다.

② 디지털 플랫폼 기업은 초맞춤화Hyper Customization를 행해야 하는데, 한 개인 소비자에 극단화된 맞춤 전략을 구사할 수 있어야 한다.

③ 디지털 플랫폼 기업은 서비스화Servitization을 해야 하는데, 단순 제품 판매에서 제품과 서비스를 통합한 가치를 창출할 줄 알아야 한다.

④ 디지털 플랫폼 기업은 실시간화Real Time를 해야 하는데, 입력과 동시에 즉시 처리되는 작업 방식의 일반화를 할 줄 알아야 한다.

(2) 디지털 플랫폼 기업은 이해관계자 중심 경영 전략을 수립할 준비를 해야 한다.[77]

디지털 플랫폼 기업은 늘어나는 고객의 니즈와 민원에 신속한 피드백을 하여서 플랫폼의 영향력을 확대시켜야 한다. 성공적인 플랫폼을 만들기 위해서 고객의 작은 소리에도 반응하는 정성을 들여야 한다. 이해관계자 중심 경영 전략의 준비사항은 다음과 같다.

① 다양한 이해관계자의 이해를 탐색할 수 있는 디지털을 통합해야 한다. 이해관계자 중심 경영가치를 제대로 정의하고 정성적 요소들을 디지털 플랫폼에 제대로 담도록 정량화 및 통합을 해야 한다.

② 이해관계자 간의 소통을 정확히 정의하고 측정해야 한다. 단순한 디지털 통합 이상이 되고 이해관계자 간의 소통을 정의하려면 '정량화'와 '시각화'와 같은 전략이 필요하다.

③ 이해관계자 중심 경영 참여자들 사이에 인사이트를 제공해야 한다. 모든 이해관계자들에게 중요한 가치인 이해관계자 중심 경영의 가치를 위해 서로의 이해를 명확히 탐색하고 정의해야 한다.

④ 정확한 측정을 통하여 다양한 이해관계자 사이의 이해를 조율하고 최종적으로 이해관계자들에게 인사이트를 제공하여 이해관계자 중심 경영의 모멘텀을 제공하여야 한다.

이와 같이 디지털 플랫폼을 통하여 ESG 성과의 측정과 관리가 보다 수월하게 이루어질 수 있다. 그래서 기업은 지속가능성을 강화시킬 수 있으며 환경적으로나 사회적으로 긍정적인 영향력을 확대할 수 있다.

메타버스를 이용한 ESG 경영

"9,500달러(한화 약 1,273만원)에 낙찰되었습니다!"

<출처: 패브리컨트 인스타그램>

이리데선스(Iridescence)라는 이름의 은색 디지털 드레스가 팔린 가격이다. 옷의 구매자는 이 디지털 드레스를 가상화폐로 결제한 후 아내에게 선물하였다. 이 디지털 드레스는 네덜란드의 패션 스타트업 패브리컨트가 고객이 선택한 디자인의 디지털 옷을 고객의 실제 사진에 입혀서 만든 3D 형태의 맞춤형 디지털 패션이다. 가격이 10~50달러 정도인데 경매 방식으로 판매되기 때문에 위와 같이 높은 가격에 최종 낙찰되었다.

이탈리아 명품 브랜드 구찌는 창사 100주년을 맞아 이탈리아 피렌체의 패션 박물관인 구찌가든을 온라인 메타버스 게임 플랫폼인 로블록스Roblox 안에 오픈하였다. 구찌가 메타버스 세계에 매장을 오픈한 이유는 아바타에게 입힐 디지털 패션 구매가 활발하기 때문이다.

네이버가 운영하는 메타버스 플랫폼 제페토Zepeto에서는 구찌, 랄프 로렌, 디올, 자라, 나이키 등의 명품 브랜드가 매장을 운영하고 있다. 전 세계 3억 명의 이용자가 디지털 패션을 구매하고 있다. 제페토 이용자 중 80% 이상이 10대이다.

2020년 1월에 설립된 스타트업 아티팩트RTFKT는 가상의 스니커즈와 패션 아이템을 NFT[9]로 발행해 판매하였다. 회사는 360만 원~1,200만 원 대의 600켤레 NFT 운동화를 출시 7분 만에 완판하여 36억 원의 매출을 올렸다. 나이키가 1980년대 농구화로 처음 선보인 '나이키 덩크 로우'에서 영감을 받아 메타버스에서 사용하도록 만든 'RTFKT×나이키 덩크 제네시스'라는 디지털 스니커즈는 2022년 6월 기준 800만 원~980만 원에 거래되기도 하였다.

이와 같이 디지털 패션산업이 메타버스 안에서 커지고 있으며, 미국의 투자은행 모건 스탠리는 2030년까지 디지털 패션산업은 500억 달러한화 약 67조 원의 가치가 있을 것으로 내다봤다.[83]

2021년 10월 28일 페이스북은 18년간 사용해왔던 사명을 메타Meta로 변경하였다. 페이스북의 CEO 마크 저커버그는 "우리는 페이스북의 정체성에 관해 많이 생각해왔다. 나는 우리가 오랜 시간

---

9) NFTNon-fungible token: 대체 불가능 토큰 NFT는 블록체인 기술을 이용해서 디지털 자산의 소유주를 증명하는 가상의 토큰Token이다.

에 걸쳐 메타버스 회사로 여겨지기를 희망한다"고 말하였다.

미국의 일간지인 뉴욕타임스는 페이스북의 회사명 변경에 대하여 "이번 조치는 저커버그 CEO가 자신이 생각하는 '차세대 디지털 최전선'에 자기 회사가 어떻게 다시 초점을 맞추도록 할 계획인지에 종지부를 찍는 것이다. 이 차세대 디지털 최전선은 이질적인 각종 디지털 세상을 메타버스라고 불리는 것에 통합하는 일이다"고 평가하였다.[84]

또한 PC나 노트북의 그래픽 카드인 GPU Graphic Processing Unit를 디자인하는 미국의 반도체 회사인 엔비디아의 CEO 젠슨 황 회장은 "메타버스에서 엔비디아의 미래를 만들 것이다"고 선언하였다.[85] 메타버스가 무엇이길래 페이스북이 메타로 사명을 변경하고, 엔비디아의 CEO가 메타버스에서 미래를 만들겠다고 할까? 다음에서 메타버스가 ESG 경영에 어떤 도움을 줄 수 있을지 알아보고자 한다.

메타버스의 개념

메타버스 Metaverse는 1992년에 미국 닐 스티븐슨의 공상과학 소설 스노우 크래쉬 Snow Crash에서 처음 사용되었는데, 가공이나 추상을 뜻하는 그리스어 메타Meta와 현실 세계를 뜻하는 유니버스 Universe의 합성어다. 메타버스는 디지털로 구현한 현실과 가상의 융합 공간으로서 현실을 초월한 가상의 세계이며, 그 안에서 사람은 상호작용하고 활동할 수 있다.[86]

현실과 같은 가상의 공간에서 또 다른 나 아바타가 현실 세계에서 사는 것처럼 살아가는 것이다. 즉, 가상공간 안의 집에서 잠도 자고, 카페에서 친구와 커피를 마시고, 학교에서 공부도 하며, 사무실에서 회의를 하는 등 실제 생활과 다르지 않다.

기업들이 메타버스 세상에 입점하여 다양한 콘텐츠를 만들어내는 이유

수많은 기업들이 메타버스에 입점하는 이유는 다음과 같다.

첫째, MZ세대와 알파세대가 소비자로 나서고 있기 때문이다. 그들은 매장에 직접 가는 대신 앱의 증강현실 공간을 통하거나 가상 세계 속의 브랜드 체험관을 둘러보면서 물건을 체험한다.

둘째, MZ세대와 알파세대는 소비 자체를 게임처럼 열광하며 즐긴다. 즉, 그들은 필요한 물건을 구매하는 행위로서 소비에만 머무르지 않고, 좋아하는 브랜드의 가상 세계 앱에 들러서 색다른 체험을 하고 상품을 구매하는 행위 자체를 오락으로 즐기고 소비한다.

셋째, 메타버스에서는 마케팅 효과가 극대화된다. 즉, 가상의 세계관과 현실을 섞는다mix는 의미의 믹스버스 마케팅Mixverse Marketing으로 자사 브랜드를 알리고 홍보하여 기업의 이윤을 극대화할 수 있다.

넷째, 메타버스는 온라인 전자상거래 장터이다. 시장에서 메타버스 내 마케팅 효과보다 더 중요한 것은 온라인에서 물건을 사고 파는 전자상거래인 이커머스 시장이다.

미국의 투자은행 모건스탠리는 "메타버스가 지금의 소셜 미디어와 스트리밍, 게임 플랫폼을 대체하며 최대 8조 달러한화 약 1경 720조 원에 달하는 시장을 형성할 것"이라고 분석하였다. [72]

메타버스가 ESG 경영에 주는 도움

(1) 환경 영역에 대한 메타버스의 도움

스마트 팩토리의 현실화이다. 메타버스는 생산품의 품질 향상과 리드 타임을 개선하고 작업 과정에서 각종 사고를 예방하여 안전 관리 수준을 높여준다. 증강현실이 적용된 작업 현장에서 근로자들이 실물 위에 겹쳐서 보이는 이미지를 통하여 각종 부품 정보, 재고 현황, 전체 조립도면, 공장 가동 현황, 리드타임 그리고 제품의 생산 시작부터 완료까지 소요되는 시간 등 작업 진행에 필요한 다양한 정보를 손쉽게 얻는다.[87]

가상환경에서 제품 생산이나 서비스의 시뮬레이션을 할 수 있다. 이를 통해 에너지, 자원 그리고 인력의 낭비를 줄여서 친환경적 방식으로 시뮬레이션할 수 있다. BMW는 2021년에 엔비디아의 3D 디자인 협업 툴인 옴니버스Omniverse를 활용하여 가상공장을 세웠다. 사용자들이 서로 다른 공간에 있더라도 옴니버스를 통해 하나의 가상공간에서 3D 영상과 디자인을 만들 수 있다.[88]

(2) 사회 영역에 대한 메타버스의 도움

가상 환경에서 사회 서비스나 봉사활동을 할 수 있다. 한국청소년활동진흥원이 2022년 8월에 메타버스 플랫폼ZEP을 활용하여 스마트 청소년 봉사센터를 오픈했다. 여기에서 청소년들은 온라인 멘토링 봉사활동, 디지털 기술을 활용한 노인돌봄 서비스를 진행하였다.[89]

메타버스는 다양성과 포용성을 촉진하여 사회적 차별을 줄일 수 있다. 즉, 메타버스 플랫폼이 다양한 인종, 문화, 성별 그리고 능력의 차이가 있는 이용자들이 가상 공간에서 만나고 소통하도록 도와줄 수 있다. 예를 들어, 2022년 4월 땀 냄새 억제 제품인 데오도란트Deodorant 업체 디그리Degree는 메타버스 플랫폼에서 다양성과 포용성을 추진하는 마라톤대회인 메타톤Metathon을 개최하였다. 즉, 참가자들이 일반 러닝웨어 외에 의족, 의수 등도 장착할 수 있게 했다. 이를 통해 누구나 있는 그대로의 모습으로 마라톤에 참여하는 신체 경험을 하였다. 다양한 입장의 사람들이 동일 공간에서 체험함으로써 다른 사람에 대한 상상력을 발휘하는 계기를 마련하였다.[90]

(3) 지배구조 영역에 대한 메타버스의 도움

메타버스 플랫폼은 실시간 정보공유와 투명한 의사결정 프로세스를 제공할 수 있다. 이로써 기업의 지배구조 및 의사결정의 투명성이 강화되고 이해관계자와의 소통이 확대될 수 있고 가상 주주총회와 가상 이사회 개최를 통하여 이해관계자와의 상호작용을 원활하게 하여 지배구조를 강화할 수도 있다. 즉, 원격지에 있어서 참석이 곤란한 주주나 이사가 주총이나 이사회에 참석할 수 있다. 특히 소수 주주들의 참여율을 높여서 기업의 의사결정이 투명하고 주주우선의 정책이 집행될 가능성이 높아진다.[91]

기업현장에서 메타버스에 집중하는 기업이 있는데, 국내 6대 그룹인 롯데그룹의 신동빈 회장은 메타버스에 대한 남다른 이해와 열정으로 2022년 2월에 그룹의 최고위 임원들과 메타버스 플랫폼 회의를 했다. 그는 "메타버스나 바이오 같은 신규 분야의 비즈니스는 5~10년 후를 바라보고 길게 챌린지해야 한다. 그래서, 경영진은 메타버스를 자꾸 경험해봐야 한다"고 강조했는데, 그룹의 리더가 낯선 신규 분야에 대한 지속적인 투자 의지를 밝히고 단순한 이벤트에 머무르지 않아야 한다는 강력한 의지를 표시한 것이다.[92]

메타버스에 이와 같은 순기능만 있는 것은 아니다. 온라인 게임 형태의 메타버스에는 폭력성이나 선정성이 부각될 가능성이 높다. 수요자의 니즈에 맞추기 위해 점점 그 수위가 높아질 수 있는데, 디지털 인권이나 인공지능 인권 같은 디지털 윤리가 잘 준비될 필요가 있다.

이와 같이 메타버스는 MZ세대와 알파세대가 주 소비자가 되는 시대에 환경, 사회, 지배구조 측면에서 기업들에게 효율성, 다양성, 투명성을 제공해준다. 따라서, 기업들은 메타버스를 공부하고 준비하여 기업의 지속가능성을 높여야 한다.

3부

트윈 트랜스포메이션 성공 전략을 어떻게 수립할까?

9장. ESG 평가와 ESG 등급 관련 전략

10장. 트윈 트랜스포메이션 성공 전략 수립

11장. 트윈 트랜스포메이션 추가 전략 수립

9장. ESG 평가와 ESG 등급 관련 전략

- ESG 지표를 어떻게 활용할 것인가?
- ESG 평가를 어떻게 준비하나요?
- ESG 평가 프로세스

ESG 지표를 어떻게 활용할 것인가?

"우! 미! 가!" 국숫집 이름 같다.

"수! 우! 미!" 초등학교 때 받아봤던 성적표 같다.

아무리 봐도 국숫집 상호보다는 성적표에 가까운 것 같다. 맞다. 위 암호 같은 것들은 기업의 지속가능성에 대한 ESG 평가기관들의 평가등급이다. 그런데, 학생이 과목별로 편식을 심하게 한 것처럼 성적표의 편차가 심하다. 이게 현재 ESG 평가등급의 현주소이다. 평가기관에 따라서 동일한 회사의 ESG 등급의 차이가 너무 심하다.

위 ESG 등급을 부여한 ESG 평가기관을 살펴보면, 첫 번째는 캐나다 국적의 구 톰슨로이터인 레피니티브Refinitiv, 두 번째는 전세계에서 가장 큰 평가기관인 미국의 모건 스탠리MSCI, 세 번째는 한국에서 가장 큰 ESG 평가기관인 한국기업지배구조원KCGS이다.

첫 번째 '우, 미, 가' 평가표를 받은 기업은 한국에서 두 번째로 큰 철강사인 현대제철이다. 그리고 두 번째 '수, 우, 미' 평가표의 기업은 전 세계 최고의 메모리 반도체 생산회사인 삼성전자이다.

ESG 평가사 및 ESG 등급

ESG 평가사	1등급	2등급	3등급	4등급	5등급	6등급	7등급
Refinitiv	100 ~ 85.7	85.7 ~ 71.4	71.4 ~ 57.1	57.1 ~ 42.8	42.8 ~ 28.5	28.5 ~ 14.3	14.3 ~ 0
MSCI	AAA	AA	A	BBB	BB	B	CCC
KCGS	S	A+	A	B+	B	C	D

<출처: Refinitiv, MSCI, KCGS 홈페이지 참조>

ESG 등급은 보통 7단계로 나뉜다. MSCI는 AAA, AA, A, BBB, BB, B, CCC로 구분하며, KCGS는 S, A+, A, B+, B, C, D로 나눈다. 반면, Refinitiv는 0점에서 100점까지 점수를 14개 그룹으로 구분한다.

필자가 독자들의 이해를 돕기 위하여 ESG 등급 7단계를 '수/우/미/양/가'의 5단계로 나누었다. 먼저 MSCI와 Refinitiv의 등급기준을 필자의 연구기준에 따라 나눠보면, '수'에 리더그룹 상단인 'AAA', '우'에 리더그룹 하단인 'AA'와 평균그룹의 상단인 'A', '미'에 평균그룹의 중간인 'BBB', '양'에 평균그룹의 하단인 'BB'와 후발그룹의 상단인 'B', '가'에 후발그룹의 하단인 'CCC'로 구분하였다. KCGS 등급분류 기준을 나눠보면, '수'에 'S탁월', '우'에 'A+매우 우수'와 'A우수', '미'에 'B+양호', '양'에 'B보통'와 'C취약', '가'에 'D매우 취약'으로 구분하였다. 이렇게 5개 그룹으로 구분한 ESG 등급은 시작 글과 같이 ESG 평가기관에 따라 큰 편차를 보인다.

ESG 등급이 상이한 이유

ESG 등급이 상이한 첫 번째 이유로서, ESG 평가사가 다양하고 ESG 평가지표가 통일되지 않았다. 즉, 전세계적으로 컨설팅업체, 언론사, 금융투자사 등 다양한 기관들이 ESG 평가 사업에 뛰어들어 2021년 전 세계적으로 최소 125개 이상의 ESG 평가기관뿐만 아니라 국내외 600여개 ESG 지표가 존재한다.[1]

또 다른 이유로서, ESG 적용 방법이 공개되지 않았고 ESG 평가기관의 평가지표에 대한 연구도 많지 않기 때문이다. 배창현 등(2021)은 "ESG 등급이 서로 다른 이유는 평가 기관에 따라서 ESG 평가영역별 및 각 산업별 가중치가 상이한 것 같은 평가방법론의 문제, ESG 등급 평가의 구조적 문제, 데이터를 수집하여 처리하는 문제 등 때문이다"고 밝혔다.[2]

그럼에도 불구하고 기업들은 시대의 필수가 되어버린 ESG를 대비해야 하지만, 기업들이 ESG 경영을 하는 데 실질적인 도움을 받을 방법은 많지 않다. 필자는 ESG에 관련된 논문을 여러 편 작성하면서 이에 대한 타개책을 고민하였다. 기업이 ESG 경영을 하기 위해서 필요한 대책을 살펴보면 다음과 같다.

기업의 ESG 평가 대비 방법

(1) K-ESG 가이드라인의 사용

K-ESG 가이드라인은 2021년 12월에 산업통상자원부가 부처 합동으로 기업들의 ESG 경영에 도움을 주고자 만든 것이다.

K-ESG 가이드라인은 정보공시Public, 환경Environment, 사회Social, 지배구조Governance의 4개 영역 내 27개 범주와 61개 진단 항목으로

구성되어 있다. 또한 글로벌 평가지표는 아니지만 기업 상황에 따라 적용할 수 있는 12개 추가 진단항목을 제공하고 있다. K-ESG 가이드라인의 진단항목은 DJSI, MSCI, Sustainalytics 등 13개 글로벌 ESG 평가제도의 공통적이고 핵심적인 항목이 분석되어 글로벌 ESG 지표와의 정합성이 검토되었다. 또한 산업계, 금융계, 연기금, 평가기관, NGO 등의 국내 산업계 ESG 특수성도 반영되었다.[3]

조찬희와 이형용(2023)은 <ESG 평가방법 비교: K-ESG 가이드라인을 중심으로>라는 논문에서 K-ESG 가이드라인에 따라 3개의 상장기업[K기업, D기업, H기업]의 ESG 점수를 산출하여 MSCI, Refinitiv 그리고 KCGS의 ESG 등급과 비교를 하면서 K-ESG 가이드라인의 특징을 다음과 같이 말하였다. "첫째, K-ESG 가이드라인은 기업들이 ESG 목표 설정과 ESG 실천의 방향을 자체적으로 설정하는데 명확하고 자세한 기준을 제공해주고 있다. 둘째, 국내외 ESG 평가기준에 적합하다. 셋째, 국내외 평가등급 간의 간극을 좁힐 방향성을 제공하고 있다. 넷째, 적용 용이성이 높다. 다섯째, 산업별 E, S, G에 대한 적용 가중치를 정부가 확정 공시해야 한다"고 주장했는데, 그들은 동 기준을 기업의 경영자나 ESG 실무자들이 개별 회사의 ESG 기준을 수립하거나 ESG 평가를 대비하기에 무난한 평가방법으로 소개한다.[4]

이 논문에서 한국의 유가증권 시장에 상장된 기업 중 위 3개의 ESG 평가기관의 등급 차이가 총 7단계 중 2단계나 차이가 나는 3개 기업을 선정하여 각 기업의 지속가능보고서, 사업보고서 등을 참조하여 평가를 하니 한국의 KCGS와 유사한 결과가 나왔고 낮은 등급을 부여한 MSCI보다는 높은 등급이 산출되었고 높은 등급을 부여한 Refinitiv 보다는 낮은 등급이 도출되었다. 따라서, 국내 기업들이 ESG를 준비하기 위한 가이드로 삼고 ESG를 준비하기에 특별히 부족한 점이 크지 않은 것으로 보인다.

[K-ESG 가이드라인 평가표]

기업명			조정등급*		
			K 기업	D 기업	H 기업
국내외 ESG 평가등급	MSCI (7 단계등급)		B	BB	BB
	Refinitiv (100 점 만점)		B	AA	AA
	KCGS (7 단계 등급)		A	A	A
K-ESG 가이드라인	영역별 총점대비 점수 획득 비율	정보공시(P)	70%	85%	85%
		환경(E)	37%	65%	56%
		사회(S)	64%	80%	58%
		지배구조(G)	57%	50%	76%
	전체(100 점 만점)		55.2	67.7	64.8
	환산등급		BBB	A	A

* 등급체계: (KCGS) S / A+ / A / B+ / B / C / D (MSCI) AAA / AA / A / BBB / BB / B / CCC (Refinitiv)(K-ESG) 100점 만점의 점수체계를 14점 간격만큼 7단계 등급으로 환산

<출처: 조찬희, 이형용(2023), 지능정보연구>

(2) 자체 ESG 지수의 제작

전세계적으로 각 업계의 리딩 컴퍼니들은 자체 ESG 지수를 제작하고 있다.

프랑스 국적의 전세계 최고의 에너지 관리 및 자동화 전문 기업인 슈나이더 일렉트릭은 2006년부터 17년 이상 자체 ESG 지수인 SSERI[Schneider Sustainability External and Relative Index]를 통하여 ESG 경영을 관리하였다. DJSI World, Euronext Vigeo, EcoVadis 그리고 CDP와 같은 외부의 까다로운 지수를 통해 서로 다른 지속가능성 요소를 보완하였다. 회사는 SSERI를 임원들의 장기 성과 인센티브

에 25% 정도 반영하였다.

최근에 국내 대기업들이 자체 ESG 지수를 만들기 시작했는데, 2021년 12월에 LG전자, 포스코건설 그리고 신한금융그룹 등이 자체 ESG 지수를 개발하겠다고 발표하였다. 삼성전자는 2022년 2월에 반도체에 한정된 환경지표인 SEPI^Semiconductor Environmental Performance Index^를 개발하기로 발표하였다.

LG전자가 개발하기로 한 'LG ESG Index'는 기후행동지표^Climate Action Index^, 물회복지표^Water Resilience Index^, 인적자본지표^Human Capital Index^, 다양성 · 형평성 · 포용성지표^Diversity, Equity & Inclusion Index^, 안전지표^Safety Index^의 5개로 구성되었다. 지표 내 항목은 다양한 이해관계자의 요구와 기준을 반영하기 위하여 S&P, DJSI, MSCI, Sustainalytics 그리고 KCGS 등 국내외 평가기관에서 사용 중인 2~3개 항목과 1~2개의 특성화 항목으로 구성되었고 각 항목에 따라 표준화 · 점수화를 하여 합산하는 방식으로 만들 예정이다. LG에 맞는 환경이나 지배구조 부문 지수도 추가 개발하고 중장기적으로 경영진 KPI에 연계하는 방안까지 검토하고 있다. LG그룹은 2021년부터 그룹 공통의 'ESG IT 플랫폼'도 구축하여 ESG 관련 데이터 관리를 강화하고 있으며 ESG 관련 정책이나 규정을 신설 · 개정하고 'LG ESG 리포트'도 발간하고 있다.

삼성전자는 2021년부터 반도체 부문에 적용할 수 있는 자체 친환경 평가지표인 SEPI를 개발하였다. 동 지표에 반도체 친환경 기여 40%, 협력회사 환경 관리 20%, 사업장 환경 성과 40%와 같은 기본 지표 외에 사용자 환경 편의 5%를 가점 지표로 사용하였다.

포스코건설은 2021년 2월부터 건설사 고유 특성에 맞춘 자체

ESG 평가지표 개발에 나섰다. 평가항목은 총 50개로 이루어져 있다. 먼저 환경 항목은 친환경 자재구매, 온실가스 배출, 환경법규 위반 등 10개다. 사회 항목은 중대재해 여부, 안전시스템 그리고 근로조건 준수 등 30개다. 지배구조 항목은 지배구조, 채무불이행 그리고 회계투명성 등 10개다. 2021년 8월까지 우수협력사를 대상으로 시험 평가를 시행하였고 협력사들의 피드백과 고객의 소리VOC를 받아 약 700여개 협력사 전체로 확대할 계획이다.

금융권에선 신한금융그룹이 자체 ESG 지표를 제작하고 있다. 신한금융그룹은 "정량화된 ESG 경영 지표로 기업을 평가해 대출과 투자를 결정하겠다"고 밝혔는데, 신한은행이 기존에 쓰던 ESG 체크리스트 문항들에 모건스탠리 등 해외기관이 공시한 ESG 평가기준을 참고하여 자체 평가모델을 개발하고 있다. 특히 환경과 관련하여 기업들의 탄소배출량을 비상장회사까지 확대하여 측정하기로 하였다. 이 기준을 통하여 투자나 대출시 자산의 탄소배출량을 2050년까지 제로로 만들겠다고 계획하고 있다.[5]

ESG 평가를 대비하기 위하여 컨설팅 회사와 협력하여 자체 ESG 지수를 만드는 것은 바람직하지만 자체 제작 역량이 되지 않는 기업들은 K-ESG 가이드라인을 활용하여 ESG 경영 활동을 할 수 있다. 단기적으로 ESG의 PDCAPlan-Do-Check-Act를 실행하고 장기적으로 ESG 경영 목표를 달성해야 한다.

ESG 평가를 어떻게 준비하나요?

"아이오닉5 스포티지 미 충돌평가에서 최고 안전한 등급 획득"

최근 현대차그룹의 자동차들이 미국 고속도로안전보험협회The Insurance Institute for Highway Safety, IIHS의 충돌시험에서 우수한 성적을 거두면서 고객의 사랑을 꾸준히 받고 있다. 현대차그룹은 2022년에 북미 자동차 시장에서 일본의 혼다를 밀어 내고 시장 점유율 5위를 달성하였다. 현대차그룹은 2012년에 미국의 자동차 시장에서 126만 대의 신차를 판매하여 전체의 8.7%의 시장점유율을 거뒀다. 2022년에는 10년 전에 비하여 판매 대수가 21만 대가 증가한 147만 대, 점유율은 1.9% 정도 증가한 10.6%로 성장세를 보였다.

<출처: 오토헤럴드, 아이오닉5 충돌 테스트>

자동차 회사가 충돌시험을 받는 이유는 크게 두 가지로 나눌 수 있다. 먼저, 자동차의 안전성을 평가하기 위해서다. 충돌시험에서

우수한 성적을 거둔 자동차는 탑승자의 안전성이 높다고 평가받을 수 있고, 소비자는 이런 성적표를 받아든 자동차에 대하여 구매 결정을 할 때 중요한 평가 지표로 삼는다. 그리고, 법적 의무를 충족하기 위해서다. 일부 국가에서는 자동차의 안전성을 규제하기 위해 충돌시험을 의무화하고 있다. 예를 들어, 미국에서는 신차가 판매되기 위해서는 미국 IIHS의 충돌시험에서 일정 수준 이상의 성적을 거둬야 한다. 안전 우수등급은 충돌시험에서 우수한 성적을 거둔 자동차에 부여되는 등급이다. 등급은 각 시험기관마다 다르지만, 일반적으로 우수[Good], 양호[Acceptable], 보통[Marginal], 불량[Poor] 등으로 구분된다.

우수등급을 받은 자동차는 충돌시험에서 탑승자의 부상 위험이 낮다는 것을 의미한다. 특히, 전면 충돌, 측면 충돌, 지붕 강성 등 주요 충돌 항목에서 우수한 성적을 거둬야 한다. 안전 우수등급은 자동차의 안전성을 평가하는 중요한 기준이다. 소비자는 자동차를 구매할 때 안전 우수등급을 받은 자동차를 선택함으로써 탑승자의 안전을 보다 효과적으로 확보할 수 있다. 이와 같은 IIHS 충돌시험 평가등급은 소비자들의 신뢰도를 높여준다. 높은 등급을 부여받은 차량에 대한 소비자들의 신뢰도 상승은 구매로 이어져 기업의 매출을 올려준다.

마찬가지로 투자자들이 ESG 요소를 고려하여 기업에 대한 투자를 결정하기 때문에 ESG 평가등급은 기업의 자금조달에 영향을 미친다. 투자자들은 기업의 비재무적 성과를 평가하는 지표인 환경, 사회, 지배구조의 ESG 영역을 고려하여 기업의 장기적인 가치와 수익성을 평가한다. ESG의 개별 영역을 통합한 통합등급이 우수한 기업은 장기적인 성장 잠재력 같은 지속가능성이 높기 때문에 투자자들의 신뢰를 얻을 수 있다.

ESG 평가등급의 긍정적 영향: 기업의 자금조달

(1) 우량한 ESG 등급을 보유한 기업은 자금조달 비용을 절감할 수 있다.

ESG 등급은 신용등급에 긍정적인 영향을 미치기도 한다. 이와 관련하여 김광민과 이헌상(2021)은 "신용평가기관이 비재무적 정보인 ESG의 등급을 신용평가 등급 산정에 반영하기 때문에 ESG가 회사채 신용등급 평가에 유의미한 양의 관련성을 가지고 있다"고 연구하였다.[6]

(2) 우량한 ESG 등급을 보유한 기업은 자금조달 기회를 확대할 수 있다.

우수한 ESG등급을 보유한 기업은 기존의 투자자 외에 ESG 투자를 확대하려는 연기금이나 자산운용사의 투자를 받아낼 수 있다. 세계 최대의 자산운용사인 블랙록의 CEO 래리 핑크는 2020년에 "기후변화로 인한 위기 대응에 동참하지 않거나 총수익의 25% 이상을 석탄 화력 생산으로 벌어들이는 기업에 대하여 2020년 중순까지 투자에서 제외할 것이다"고 선언했는데, 온실가스 감축에 신경을 쓰지 않는 기업은 자금을 유치하기 어렵다는 것이다.[7] 또한 김동영(2020)은 "ESG 평가는 잉여현금흐름과 양의 상관관계가 있다"라는 주장했는데, 잉여현금흐름이 좋아진다는 것은 기업의 재

무상태가 건전해지고 기업위험이 감소한다는 뜻이다.[8]

(3) 우량한 ESG 등급을 보유한 기업은 주주가치를 제고할 수 있다.

ESG 평가등급이 높은 기업은 주주가치가 제고될 가능성이 높다. 도연우와 김성환(2019)은 "환경 경영에서 높은 평가지수를 가진 한국의 상장 기업은 주가의 변동성을 줄이고 장기 초과 수익률을 높였다"고 밝혔는데, ESG의 환경 영역에서 높은 평가를 받은 기업의 변동성은 줄고 장기적 성과가 개선되었다는 뜻이다.[9] 오상희(2021)는 "ESG 등급이 높을수록 기업가치Tobin-Q가 높은 것으로 나타났다"고 말했는데, 높은 ESG 등급을 보유한 회사의 기업가치가 더 우월했다는 뜻이다.[10]

ESG 경영을 위한 준비

ESG 평가는 기업의 ESG 경영을 평가하고 개선하기 위한 중요한 도구이다. 기업은 ESG 평가를 준비하고 ESG 경영을 할 때 위와 같은 사항을 고려하여 ESG 경영의 투명성과 신뢰성을 확보하고 기업의 지속가능성을 강화하기 위해 다음과 같은 것들을 준비해야 한다.

(1) ESG 전담 조직 구성

ESG 경영 전담 조직을 구성하고, ESG 경영을 위한 인력과 예산을 확보해야 한다. ESG 경영의 첫 단계는 전담 조직, 인력 그리고 예산의 확보이다. ESG 경영 전담 조직을 구성하기 위해서 우선, 조직의 규모와 성격에 따라 구성해야 한다. 대기업은 ESG 경영 전담 본부나 팀을 구성해야 한다. 하지만, 중소기업은 부서나 팀 내에

ESG 경영 업무를 전담하는 담당자를 지정하거나 기존 조직의 일부에 ESG 경영 업무를 부여하면 된다. 또한, ESG 경영을 위한 예산의 규모는 기업의 규모와 ESG 경영의 목표에 따라 달라질 수 있다. 경기나 기업의 상황에 영향을 받지 않는 장기적인 실행 계획하에 예산을 확보할 필요가 있다.

(2) ESG 평가 대응 전략 수립

ESG 평가기관별 평가방법을 이해하고 대응 전략을 수립해야 한다. ESG 평가는 전 세계의 수많은 ESG 평가기관이 수행한다. 그런데 그 기관들의 숫자가 많고 평가 기준도 평가기관별로 다양하다. ESG 평가기관은 2020년 기준으로 최소 125개 이상이고, ESG 지표는 국내외에서 600여 개가 존재한다. 전 세계적으로 너무나 많은 ESG 평가기관들이 있고, 그들의 평가방법도 상이한 것은 ESG 평가가 아직 초기 단계에 있다는 것을 의미한다. 기업은 ESG 평가기관별로 평가방법이 다르다는 점을 이해하고, 각 평가기관의 평가방법에 맞게 ESG 경영을 수행해야 한다. 이를 위해서는 ESG 평가기관별 평가지표와 평가방법을 분석하고, 기업의 ESG 경영 실적을 평가기관별 평가기준에 맞게 측정할 수 있는 체계를 구축해야 한다.

(3) ESG 이해와 참여 제고

ESG 경영에 대한 교육과 홍보를 실시하여 구성원들의 ESG 경영에 대한 이해와 참여를 높여야 한다. 이를 위해서는 ESG 경영이 기업의 지속가능성을 위한 필수 요소임을 강조하고, 구성원들이

ESG 경영에 적극적으로 참여해야 할 이유를 설명해야 한다. ESG 경영의 세 가지 영역인 환경, 사회, 지배구조에 대한 개념과 중요성을 설명하고, 기업이 ESG 경영을 추진하기 위해 어떤 노력을 해야 하는지 알려주어야 한다. ESG 경영 사례를 공유하여 구성원들의 ESG 경영에 대한 이해와 참여를 높이는 것이 효과적인 방법이다. 주기적으로 구성원들에게 ESG 경영에 대한 아이디어를 수집하는 것도 좋은 방법이다. 구성원들이 ESG 경영에 관심을 갖고 적극적으로 참여할 수 있도록 다양한 참여 기회를 제공해야 한다. ESG 경영에 대한 설문조사, ESG 경영 아이디어 공모전, ESG 경영 실천 캠페인 등을 실시하여 구성원들의 참여를 유도할 수 있다.

(4) ESG 실적 측정 관리 체계 구축

ESG 경영 실적을 측정하고 관리하기 위한 체계를 구축한다.

이를 위해서 우선, ESG 경영의 목표와 전략을 수립해야 한다. ESG 경영 목표는 기업이 ESG 경영을 통해 달성하고자 하는 바를 명확하게 제시하는 것이다.

다음으로, ESG 경영 성과지표를 선정해야 한다. ESG 경영 성과지표는 ESG 경영의 성과를 측정하기 위한 기준이기 때문이다. 여기에는 환경, 사회, 지배구조, 공시 등이 모두 포함되어야 한다.

그리고, 데이터를 수집하고 분석해야 한다. ESG 경영 데이터는 기업의 내부 데이터와 외부 데이터로 구분할 수 있다. 기업의 내부 데이터는 기업의 경영 활동, 환경 영향, 사회 공헌 활동, 지배구조 등을 측정하기 위한 데이터이다. 외부 데이터는 정부, NGO, 연구기관 등이 제공하는 데이터이다.

마지막으로, ESG 경영 성과를 평가하고 관리해야 한다. ESG 경영 성과 평가는 ESG 경영 목표와 전략에 대한 달성도를 측정하는 것이다. ESG 경영 성과 관리는 ESG 경영 성과를 개선하기 위한 활동을 수행하는 것이다.

(5) 이해관계자와 공유

ESG 경영의 성과를 이해관계자와 공유해야 한다.

이를 수행하는 방법으로서, 지속가능경영보고서를 발간할 수 있다. 지속가능경영보고서에는 기업의 ESG 경영 목표와 전략, 성과 지표, 성과, 개선 계획 등이 포함될 수 있다.

그리고, 기업의 홈페이지에 ESG 경영에 대한 정보를 제공하는 것도 좋은 방법이다. 기업의 홈페이지에는 ESG 경영에 대한 소개, 목표와 전략, 성과, 개선 계획, 지속가능경영보고서, ESG 뉴스 등을 홍보할 수 있다. 또한, 페이스북, 인스타그램 등 소셜 미디어를 활용하여 ESG 경영 성과를 공유하는 것도 효과적이다. 소셜 미디어를 통해 ESG 경영 관련 소식과 정보를 전달하고, 이해관계자들과 소통할 수 있다.

마지막으로, IR 활동, 포럼 등 다양한 방법을 통해 ESG 경영 성과를 직접 설명하는 것도 좋은 방법이다. 이해관계자 간담회를 통해 이해관계자들의 질문에 직접 답변하고, 의견을 수렴할 수 있다.

트윈 트랜스포메이션 시대에 ESG 경영은 기업의 지속가능성을 위한 필수 요소이다. 기업들은 위와 같이 ESG 평가를 준비하고 ESG 경영을 통해 기업의 장기적인 가치를 제고해야 한다.

ESG 평가 프로세스

"유럽에서 ESG 펀드로 등록되지 않은 상품을 판매하는 것은 낙타가 바늘귀로 들어가는 것이다!"

미국의 경제전문 뉴스사인 블룸버그는 미국의 다국적 투자은행인 골드만삭스 그룹 애널리스트들의 분석 결과를 인용하며 위와 같이 이야기하였다. 이와 같은 결과를 만든 것은 유럽연합EU이 변장한 환경주의인 그린워싱Greenwashing을 근절하고 지속가능한 경제 분야로 투자금을 유도하기 위하여 2021년 3월 10일부터 ESG공시 규정집인 '지속가능금융공시규제Sustainable Finance Disclosure Regulation, SFDR'를 시행하면서부터 생긴 현상이다.

SFDR이란 금융기관의 투자·금융 상품 등을 공시할 때 지속가능성 정보의 공시를 의무화하는 규제를 말한다. EU가 SFDR을 시행한 목적은 환경 · 사회 · 지배구조 공시를 제도화함으로써 투자자 보호를 강화하기 위해서다.

에반 타일렌다와 그레이스 첸 등 골드만 애널리스트들은 "EU가 신설한 SFDR은 국제 자본 흐름에 상당한 영향을 미쳤다. 펀드 업계는 가능한 한 많은 펀드에 ESG 라벨을 붙여야 한다는 압박을 받게 됐다. 그렇지 못하면 고객의 투자금을 유치하기 힘들 수 있다는 뜻이다"고 밝혔는데, 펀드 업계의 자산운용사는 EU의 지속가능정보 공시인 SFDR을 지키지 못할 경우 고객에게 펀드 판매를 할 수 없다는 뜻이다.[11]

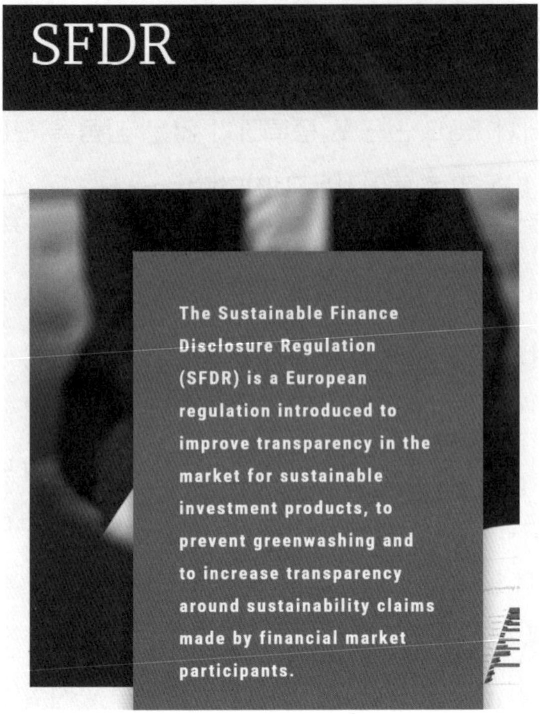

<출처: Eurosif 홈페이지, SFDR>

이와 같은 이유 때문에 국내의 자산운용사들이 자체 ESG 평가시스템을 만들거나 ESG 펀드를 만들고 있다. 한화자산운용은 국내 금융사 최초로 자체 ESG 평가 시스템을 개발하였다. 또한 미래에셋자산운용도 E · S · G 세 영역을 세분화하여 7개 아젠다와 20개 카테고리로 나눈 ESG 평가모형을 제작하여 운용하고 있다.

한국사회책임투자포럼과 이용우 국회의원이 발간한 <2022 한국 ESG 금융 백서>를 보면 국민연금의 2022년 말 ESG 투자 규모는 전년의 130조 원 대비 195%나 성장한 384조 원이었다. 한국의 2022년 말 ESG 금융 전체 규모는 2021년 말 786조 원 대비 40%

성장한 1,098조 원을 보였다.[12]

ESG 금융 백서의 통계처럼 연기금이나 자산운용사는 ESG 투자를 확대하고 있다. 기업들은 ESG 평가 프로세스를 잘 이해하여 ESG를 준비할 필요가 있는데, 저자는 한국ESG기준원(2023)이 <한국ESG기준원 ESG 평가 방법론>에서 제시한 ESG 평가 방법론을 근거로 설명하고자 한다.[13]

먼저 한국ESG기준원이 ESG 평가를 하는 목적은 ESG 평가를 통하여 기업의 지속가능성 관행을 개선하고 정부, 기관 투자자, 자본시장 인프라, 국내 상장기업 등과 같은 외부의 이해관계자에게 정확한 판단 정보를 제공하기 위해서다.

2025년부터 코스피 상장사 중 자산 2조 원 이상 기업들이 지속가능경영보고서를 공시해야 하고, 2030년에는 모든 코스피 상장사가 동 보고서를 발행해야 한다.[14] 현재 ESG 관련 정보 공시의무가 없는 한국의 기업 상황에서 ESG 평가기관이 ESG 등급을 발표하는 것은 객관적이고 신뢰성 있는 ESG 정보를 주주, 투자자, 외부 이해관계자에게 제공하는 것이기 때문에 의미가 있다.

ESG 평가 방법은 ESG 평가 데이터 수집 및 활용, ESG 평가 체계, ESG 평가 절차 그리고 사후관리 및 커뮤니케이션의 절차로 이루어져 있다.

ESG 평가 데이터 수집 및 활용

ESG 평가기관은 우선 원천 데이터를 수집하고 활용하고 있다. 평가기관은 기업명, 업종, 재무현황 등의 기업 기본정보와 체계, 조직, 활동, 실적 등 ESG 경영현황 등의 정보를 수집한다. 평가기관은 객관적이고 검증 가능한 데이터 조사를 위하여 기업정보 공시 사이트나 홈페이지에 공개된 자료를 기반으로 조사하고 필요시에는 기업으로부터 '피드백 증빙자료 제출에 관한 확약서'를 수령하고 비공개 정보를 수집한다. 비공개 정보는 다년간 축적된 평가결과와 교차 검증을 하여 과도한 평가값의 변동을 확인하고 있다.

ESG 평가기관은 추정 데이터를 수집하고 활용한다. 추정 데이터란 수집된 원데이터를 평가 목적으로 가공 · 편집한 정보 값이다. 추정 수준은 원천데이터를 기반으로 하여 산식 추정값인 1단계 추정 데이터, 결손 원천데이터의 정보 대용을 위한 2단계 추정 데이터, 미공개 원천데이터의 예측을 위한 3단계 추정 데이터로 나뉜다. 한국ESG기준원은 환경과 사회 영역에서는 추정 데이터 사용이 없고, 지배구조에서는 추정 데이터를 사용하고 있다. 즉, 일반상장사의 지배구조에 약 4.2%, 금융사 지배구조에 약 3.2%의 추정 데이터를 사용하고 있다.

ESG 평가기관은 원천 데이터와 추정 데이터의 수집내용을 공개한다. 한국ESG기준원은 정보의 객관성과 평가결과의 신뢰성을 제고하기 위해 ESG 평가에 활용된 원천 및 추정 데이터의 출처를 명확히 기재하여 기업에게 공개하고 있다.

ESG 평가 체계

(1) ESG 평가 영역

환경, 사회, 일반상장사 지배구조, 금융사 지배구조 같은 네 개 영역의 평가를 실시하고 있다. 각 영역별로 전문적이고 고유한 평가체계를 갖추고 있다.

(2) ESG 평가방식

ESG 평가방식을 살펴보면, 위에서 설명한 네 개의 평가 영역에 대하여 ESG 평가를 기본평가와 심화평가로 나누어서 평가한다. 평가된 기본평가 점수와 심화평가 점수를 합산하여 최종 평가결과를 도출한다.

① 기본평가

기본평가는 기업의 긍정적인 ESG 정책 및 활동 등에 대한 득점을 매기는 방식으로 평가한다. 즉, 바람직한 ESG 경영을 위한 기업의 활동 내용과 ESG 리스크를 최소화하려는 기업 내부 체계 및 규정 등 시스템 구축 수준 등을 수치로 측정하는 것을 말한다.

② 심화평가

심화평가는 기업의 부정적인 중대이슈Controversy Issue에 대하여 감점하는 방식으로 평가한다. 즉, 기업의 위법행위와 관련된 법적 · 행정적 제재 및 조치, ESG 리스크를 수반하는 부정적 사고 · 사건을 파악하여 수치로 감점을 매기는 것을 말한다.

③ 영역별 평가모형 사용

ⓐ 환경 평가모형 모델

환경 영역 평가를 위하여 탄소중립기본법, 화학물질의 등록 및 평가 등에 관한 법률, ISO 14001 및 환경표지 · 환경인증제도, 기후

관련 재무정보공개[TCFD] 등의 법·제도·규범에 부합하고 국내외 주요 환경 이슈 및 업종에 따른 환경경영 체계, 위험관리 및 환경성과를 고려하는 평가모형 모델을 사용한다.

ⓑ 사회 영역 평가모형 모델

사회 영역 평가를 위하여 독점규제 및 공정거래에 관한 법률, 사회적 책임 세계 표준[ISO 26000] 등, 국제노동기구 핵심 협약, UN 국제인권선언 및 OECD 인권조사 등의 법 · 제도 · 규범에 부합하고 기업에게 주요한 리스크 및 기회 영향을 미치는 사회책임경영 이슈를 고려한 평가모형을 사용한다.

ⓒ 지배구조 영역 평가모형 모델

지배구조 영역 평가를 위하여 상법 및 금융사의 지배구조에 관한 법률, OECD 기업지배구조 원칙, 영국 FRC 및 일본 JPX 기업지배구조 코드, ICGN 글로벌 지배구조 원칙, 바젤은행감독위원회 은행지배구조 원칙 등의 법 · 제도 · 규범에 부합하고 지배구조가 작동하기 위한 주요 장치별로 분류한 통제기능 모델을 사용한다.

④ 통합등급 산출

ESG 평가 결과는 기본평가 문항별 득점을 합산하고 심화평가 문항별 감점사항을 '감점 한도 내'에서 차감하여 합산한 결괏값을 뜻한다. 이렇게 도출된 ESG의 E, S, G의 개별 평가 결과값에 기업의 환경 영향도에 따라 영역별 가중치를 적용하여 통합 등급을 산출한다. 이때 적용되는 환경 영향도는 산업, 업종, 생산설비 유무, 환경오염물질 배출 수준 등을 종합적으로 고려하여 기업이 지역사회 및 환경에 미치는 영향에 따른 가중치를 적용한다. 통상 각 영역별 가중치로서 환경은 15~30%, 사회는 25% 그리고 지배구조는 45~60% 정도이다.

⑤ ESG 평가 등급 구분

ESG 평가 등급은 환경, 사회, 일반상장사 지배구조, 금융사 지배구조 영역별로 등급과 ESG 통합 등급이 부여된다. ESG 등급은 'S탁월', 'A+매우 우수', 'A우수', 'B+양호', 'B보통', 'C취약', 'D매우 취약'까지 총 7개 등급으로 나뉘며, 절대평가로 등급별 점수기준에 따라 등급이 분류된다. 한국ESG기준원은 ESG 평가를 위해 OECD 기업지배구조 원칙, TCFD, OECD 인권실사지침 등 국제 기준과 탄소중립기본법, 독점규제 및 공정거래에 관한 법률 등 국내 법제 및 경영환경을 반영한 ESG 평가 모형을 사용한다.

ESG 평가 절차

한국ESG기준원의 ESG 평가는 평가 준비, 평가 수행, 평가 피드백, 등급 부여, 등급 발표의 순서로 진행된다.

① 평가 준비

평가 준비를 위해 평가대상기업을 선정한다. 즉, 유가증권 상장사, 코스닥 상장사, 금융회사의 지배구조에 관한 법률이 전부 적용되는 기업인 비상장 금융사, 그 외 ESG 평가 및 등급 부여가 필요하다고 판단되는 기타 기업을 선정하여 매년 3~4월 경에 발표한다. 평가대상기업을 선정할 때 업무수행의 공정성을 제고하기 위해 이해상충방지 및 보안서약을 받는다.

② 평가 수행

기초 데이터, 조사 매뉴얼, 평가 모형, 모범규준의 평가 체계도를 근거로 평가를 수행한다. 평가 프로세스는 이러한 평가 체계를 바탕으로 원천 데이터를 수집, 수집된 데이터를 평가모형에 따라 평가문항의 사전 조사값에 입력, 해당 문항의 평가 수준 결정, 기업 유형 및 분류체계 등에 따른 기본평가와 심화평가 문항 구성, 기본평가 득점값과 심화평가 감점값의 합산 그리고 피드백 반영 전 평가결과 산출의 순서로 이루어진다.

③ 평가 피드백

평가 피드백에 있어서 환경과 사회 영역은 현재 비재무정보 공시 의무화 이전 단계이므로 기업이 먼저 피드백자료를 제출하고 한국ESG기준원이 제출된 자료를 검토하는 방식으로 이루어진다. 반면 지배구조의 피드백은 사업보고서, 기업지배구조보고서 등 표준화된 공시 정보를 바탕으로 한국ESG기준원이 지배구조 수준을 평가하고 기업은 나중에 그 결과에 대한 의견을 제출하여 수정하는 방식으로 운영되고 있다. 평가 피드백을 위하여 한국ESG기준원은 ESG 평가 사이트를 운용하고 있다.

④ 등급 부여

한국ESG기준원은 이와 같은 피드백을 거쳐서 영역별 평가점수와 영역별 평가등급을 산출한 후, 영역별 가중치를 고려하여 통합점수 및 통합 등급을 산출한다. 이렇게 산출된 점수와 등급을 ESG 기준위원회가 평가등급의 적정성을 심의 · 의결하여 개별기업의 최종 등급을 결정한다.

⑤ 등급 발표

한국ESG기준원은 통상 ESG 평가를 3월에 시작하여 6~8월 중 평가 피드백을 거친 후 10월에 정기등급을 발표한다.

사후관리 및 커뮤니케이션

한국ESG기준원은 ESG 평가등급 부여 이후 ESG 활동 및 개선에 우수한 성과를 보인 기업을 선정하여 우수기업 시상을 하고, 적시성 있는 ESG 정보를 외부 이해관계자에게 제공하기 위하여 개별 기업에 ESG 리스크 및 이슈가 발생한 경우 정기등급을 조정하고 있다.

기업은 ESG 평가기관의 평가등급 프로세스를 잘 이해하고 대비하여 ESG 등급을 높이고, 지속가능성을 높이기 위한 노력을 지속해야 한다.

10장. 트윈 트랜스포메이션 성공 전략 수립

- ESG 중심의 트윈 트랜스포메이션 전략
- ESG 경영과 DT 통합 전략 수립 방법
- 금융기관의 트윈 트랜스포메이션 전략

ESG 중심의 트윈 트랜스포메이션 전략

"사내의 식인문화가 마이크로소프트를 몰락시키고 있음"

2012년 7월 3일 미국의 월간지인 베너티 페어는 마이크로소프트의 부진을 분석하는 기사를 실었다. 베너티 페어는 MS의 2대 CEO인 스티브 발머가 강조하는 '스택 랭킹Stack Lanking'이 MS를 망치고 있다고 분석하였다.

스택 랭킹은 총 10명 중 '탁월Great Review' 2명, '평범Mediocre Review' 7명, '열위Terrible Review' 1명으로 구분하며, 서로 경쟁하도록 만든 인사평가 시스템이다. 이 스택 랭킹은 그 당시 다른 수많은 기업들뿐만 아니라, 현재 한국 기업들 중 상당수 기업들이 적용하고 있는 인사 고과 방식이다. 그 당시 MS는 더이상 변화를 주도하지 못하는 오래된 IT 기업의 이미지를 갖고 있었다. 베너티 페어는 MS의 인재들이 내부 직원끼리 경쟁하고 협력을 하지 않는 '식인문화Cannibalism'에 몰두하고 있다고 말하며 MS의 부진을 지적하였다. 반면, 구글이나 애플 같은 혁신적 IT 기업의 직원들은 서로 협력하면서 MS와 비교되지 않을 만큼의 좋은 성과를 내고 있었다.[15]

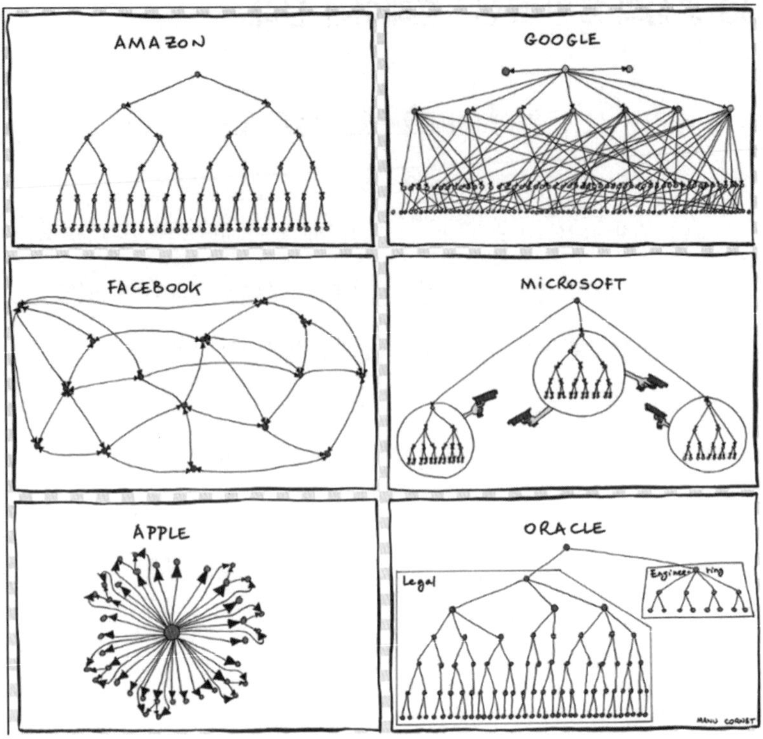

<출처: GSCaltexmediahub.com>

사티아 나델라Satya Nadella가 2014년 2월 4일에 MS의 세 번째 CEO가 되고 2023년 12월까지 약 10년의 시간 동안 MS 주가는 10배 이상 상승하였다. 사티아 나델라가 MS의CEO가 되고 어떠한 이유로 회사의 가치가 10배 이상 상승하였을까?

MS CEO 사티아 나델라가 바꾼 것

(1) 조직문화 혁신

사티아 나델라는 MS의 조직문화 혁신을 이끌었다. 과거의 MS

문화는 폐쇄적이었다. 즉, MS에는 소통을 막는 칸막이 방식과 개인 평가 중심의 딱딱하고 형식적인 기업문화가 지배적이었다. 새로운 CEO는 '내가 모든 것을 알아야 한다Know it all'는 경쟁문화를 '누구든 배우면 된다Learn in all'의 성장 문화로 바꾸었다. 그래서, 그는 직원을 평가하는 지표로 사용된 상대평가 방식의 '스택 랭킹' 시스템을 없앤 다음에 '내가 다른 부서나 사람의 성공에 어떤 영향을 미쳤나?'와 같은 절대평가를 도입하였다. '피드백'이란 단어 사용을 금지시키고, '관점' 시스템을 도입하여 면담 횟수를 늘렸다.

(2) 비전 제시와 미래 투자

사티아 나델라는 새로운 비전을 제시하고 미래를 위한 투자를 하였다. 그가 CEO가 되기 전의 MS는 창업자인 빌 게이츠가 만든 컴퓨터 운영 프로그램인 윈도우Windows의 영광에서 헤어나지 못하고 있었다. 하지만 사티아 나델라는 '모바일 퍼스트, 클라우드 퍼스트'라는 새로운 MS의 비전을 제시하였다. 그는 혼합현실, 인공지능, 양자컴퓨터에도 집중 투자를 함으로써, 최근에는 MS가 기업문화 혁신에 성공한 기업으로 평가받고 있다. 이와 같이 MS의 사티아 나델라는 폐쇄적인 조직문화로 몰락하던 거대 IT 기업을 기업문화의 혁신을 이룬 대표 기업으로 만들었다.

MS의 사티아 나델라가 트윈 트랜스포메이션 전략을 제대로 실행하였듯이, 다음 글에서는 기업이 ESG 경영의 기준 아래에서 DT 전략을 어떻게 수립해야 할지를 알아보고자 한다.

트윈 트랜스포메이션 시대에 ESG 경영 기반으로서의 DT전략은 환경적 책임, 사회적 책임 그리고 경제적 책임 같은 세 가지 방향으로 추진될 수 있다. 이 세 가지 방향은 딜로이트 리스크 자문이 <사회적 가치를 통한 비즈니스 혁신: 지속가능경영 전략적 관점>에서 지속가능경영의 핵심요소로서 언급한 Triple Bottom Line을 참조하였다.[16]

환경 중심의 DT 전략 수립: 클라우드 컴퓨팅, 빅데이터, 사물인터넷

DT를 추진할 때 환경 보호 및 지속가능성을 고려해야 한다. 이를 위해서는 온실가스 배출량 감소, 에너지 효율 향상, 자원 절약 등을 목표로 하는 디지털 기술을 도입하고 활용하는 것이 필요하다. 클라우드 컴퓨팅, 빅데이터 분석, 사물인터넷 등은 환경친화적인 DT를 위한 핵심 기술로 주목받고 있다.

(1) 클라우드 컴퓨팅

클라우드 컴퓨팅은 기업이 필요할 때 사용한 만큼의 비용을 지불하기 때문에 경제적이다. 또한, 데이터센터의 효율적인 운영을 통해 에너지 소비를 줄일 수 있다. 삼성SDS의 춘천 데이터센터는 태양광 등 신재생 에너지와 자연 바람 등을 적극적으로 활용하여 에너지 효율을 극대화하였다.[17]

클라우드 컴퓨팅은 생산 공정의 효율성을 높이고, 에너지 소비를 줄일 수 있다. 기업이 IT 시스템을 클라우드로 전환하면 가상 서버에 데이터를 바로 저장하고 작업할 수 있어 속도와 업무 효율이 향상된다. 대한항공은 2019년 5월에 아마존웹서비스를 클라우드로 전환하는 프로젝트의 파트너로 LG CNS를 선정하여 전 세계 대형

항공사 중 최초로 전사 시스템을 클라우드로 이전하였다. LG그룹도 2023년까지 계열사의 IT 시스템의 90% 이상을 클라우드로 전환할 계획이다.[18]

(2) 빅데이터

기업은 빅데이터 분석을 통하여 에너지 사용량이 많은 지역이나 시간대를 파악하여 비효율을 개선할 수 있다. 기업은 빅데이터를 기계학습으로 분석하여 태양광 패널의 최적 각도를 산출하고 시간 단위 발전량을 예측하여 안정적인 태양광 발전 운영을 하고 있다.[19]

또한, 현대차그룹의 현대로템은 2021년 6월에 네이버 클라우드 플랫폼 서비스를 제공하는 네이버 자회사인 '네이버 비즈니스 플랫폼'과 함께 철도차량 상태기반 유지보수 시스템Condition Based Maintenance, CBM 구축에 필요한 빅데이터 분석 플랫폼인 SMART Train 4.0 개발을 완료했다. 이 협약을 통하여 현대로템은 클라우드를 기반으로 한 빅데이터 분석 플랫폼을 개발하고 네이버 비즈니스 플랫폼은 현대로템이 개발한 플랫폼이 네이버 클라우드 플랫폼에서 안정적이고 효율적으로 운용될 수 있도록 기술 지원을 한다. 이를 통하여 유지보수 비용과 예비 부품 재고를 기존 대비 최대 30% 줄였고 장치 수명은 40%까지 증가하였다.[20]

(3) 사물인터넷

기업은 사물인터넷을 통하여 가전제품의 사용량을 실시간으로 모니터링하고 필요에 따라 전원을 자동으로 차단하여 에너지 효율을 도모한다. LG전자의 ThinQ는 그 회사가 판매한 스마트 가전이나 스마트 조명 등 다양한 스마트 기기를 연결하고 제어할 수 있는 플랫폼이다. ThinQ는 집에 설치된 가전과 IoT 기기 등의 전체 에너지 사용량을 실시간으로 모니터링하고 조절하여 스스로 에너지를 절약한다. ThinQ는 기존 집에 설치된 LG가전뿐만 아니라 고객이 새로 구입한 가전이나 IoT 기기를 자동으로 인식해 연동시킨다. 고객은 별도로 제품등록을 하지 않아도 쉽고 편리하게 스마트홈을 누릴 수 있다. 또한, LG ThinQ를 B2B 영역까지 확대하면, 사무실이나 휴가 때 놀러간 콘도에서 별도의 조작 없이도 에어컨이 사용자를 알아보고 취향에 맞는 온도와 풍량을 자동으로 설정해 주는 미래를 계획하고 있다고 한다.[21]

정부와 지방자치단체는 사물인터넷을 통하여 악취 등 환경문제를 개선하고 있다. 국토교통부와 과학기술정보통신부는 사물인터넷과 스마트시티 기술을 활용하여 악취의 원인을 파악하고 대응하고 있는데, 관계 부처는 대규모 공단이 밀집되어 악취 민원이 급증하고 있는 부산 강서구에 다양한 악취의 오염원, 발생 지점 등을 감지할 수 있는 IoT 환경 센서를 설치하였다. 부처는 그 센서를 통하여 수집되는 데이터를 24시간 · 실시간으로 스마트시티센터로 전송해 오염 상황 파악과 환경부서 등 유관기관 간 협력을 통하여 신속한 환경오염에 대응하고 있다.[22]

사회 중심의 DT 전략 수립: 인공지능, 로봇 공학, 스마트 팩토리

사회적 책임을 강화하는 DT 전략을 추진하기 위해서는 노동 안전, 인권 그리고 사회 공헌 등을 고려한 디지털 기술을 도입하고 활용하는 것이 필요하다. 기업의 사회적 책임과 가치사슬 공급망, 민주적 시민사회, 지역경제 활성화, 좋은 일자리 창출, 상생과 협력, 사회적 약자 보호를 위해 DT가 필요한데, 인공지능, 로봇 공학, 스마트 팩토리 등이 DT의 핵심 기술로 주목받고 있다.

(1) 인공지능

인공지능은 다양한 영역에서 ESG 문제를 해결하고 있다. 인공지능은 그중에서도 사회 영역에서 많은 기여를 하고 있다.

MS가 소프트웨어 기업의 특징을 살려서 실시하고 있는 '착한 인공지능AI for good 프로젝트'는 디지털 기술을 활용하여 사회공헌활동을 하는 사례이다. MS가 인공지능을 활용한 사회공헌활동을 하는 대표적인 프로젝트는 '지구를 위한 AIAI for Earth', '접근성을 위한 AIAI for Accessibility', '인도주의적 행동을 위한 AIAI for Humanitarian', '문화유산 보호를 위한 AIAI for Cultural Heritage', '건강을 위한 AIAI for Health' 등이 있다.[23]

영리재단 오픈NyAI는 마이크로소프트 그리고 AI4바라트와 함께 2023년 4월 '주갈반디Jugalbandi'라는 챗봇을 개발하여 '빈곤퇴치 프로젝트'를 진행하여 성공하고 있다. '빈곤퇴치 프로젝트'는 인도 정부의 지원을 받아서 인도의 격오지에 있는 기술과 언어의 격차를 해소하기 위하여 인도 남부 뱅갈로르와 메와트 지역 등에서 시행되었다. 주갈반디는 인도의 10개 공식 언어로 된 텍스트와 음성 쿼리를 이해하고 번역할 수 있는데, 격오지의 주민들이 주갈반디를 통하여 정부 지원금을 받을 수 있다는 정보를 얻고 혜택을 누렸다. 이와 같이 인공지능은 여러 가지 장벽을 해소하여 사람들 사이의 접

근성을 향상시키고 있다.[24]

(2) 로봇 공학

로봇은 사회 혁신을 이루는 데 도움을 주어서, 인간의 삶이 좀더 윤택하게 되도록 도와준다.

소셜로봇Social Robot이 돌봄, 교육, 의료 등 여러 서비스를 제공함으로써 고령층이나 장애인 같은 사회적 약자의 정보격차를 해소하고 사회진출 촉진에 기여한다.

한국전자통신연구원ETRI은 2021년 4월에 충남대학교병원 출입문 키오스크에 코로나19 방역 관리 절차를 안내하는 딥러닝 기반 아바타 수어 서비스를 제공하여, 디지털 정보 이용에 취약한 장애인들과의 의사소통을 개선시켰다.[25]

택배 작업 로봇이나 반려 로봇 등은 사회의 다양한 곳에서 사회문제를 해결하고 사회에 가치를 부여할 수 있다. 택배 물량이 몰릴 때 택배 상하차 작업에 로봇을 활용하면 작업자의 과로를 덜고 소비자에게 빠른 배송 서비스를 제공할 수 있다. 로봇은 초고령화 사회의 사회문제도 해결할 수 있다. 한양대학교의 한재권 교수는 "1인 가구 증가나 인구 고령화가 심해지고 있는 상황에서 반려 로봇은 사회문제를 현명하게 해결할 수 있다"고 강조했는데, 사회적 약자를 돌볼 전문 인력을 못 구하는 상황에서 반려 로봇은 국가가 해결할 수 없는 사회문제를 완화시킬 수 있다는 뜻이다.[26]

(3) 스마트 팩토리

미래형 공장의 모습을 총칭하는 스마트 팩토리는 전통적인 제조업이 한계에 부딪히면서 등장하였다. 21세기 들어 생산 현장 노동 인구가 감소하면서 생산 대처 능력이 떨어진 반면, 소비자의 개인 기호 강화로 다품종 소량생산이 일상화되었다. 스마트 팩토리는 단순한 공장 자동화를 말하는 것이 아니라, 설계부터 유통까지 상품을 생산하기 위한 모든 과정에 디지털 기술을 적용한 첨단 자동화 지능형 공장을 말한다. 공장 내 설비와 기계에 사물인터넷이 설치되어 자동으로 데이터를 수집하고 분석한다. 이런 방식을 통하여 공장의 상황이 한눈에 파악되고 기업에 맞는 생산 방식으로 최적화할 수 있다.

독일 지멘스 암베르크 공장은 스마트 팩토리를 도입한 후에 근로자수는 1,300명으로 유지되면서 생산성은 연 100만 개에서 연 1,700만 개로 14배가 상승하였고, 불량률은 0.05%에서 0.001%로 개선되었다. 산업연구원이 발표한 국내 스마트팩토리 도입 성과를 보면, 한국 기업의 스마트팩토리 도입 후 평균 생산성은 28.5% 증가, 산업재해는 6.2% 감소, 기업의 매출은 7.4% 향상되었다.[27]

국내 기업의 사례로서 롯데정보통신은 식품 및 화학 계열사들을 중심으로 스마트 팩토리를 구현하였다. 롯데칠성음료 안성 공장에는 각 생산 라인별 주입, 투입, 포장, 적재 설비의 상태, 생산량 그리고 진도율 등의 데이터를 중앙 서버로 전송하여 이 정보를 종합적으로 실시간 모니터링을 하는 시스템을 구축하였다. 이를 통하여 수요예측 정확도와 생산 효율은 각각 10% 향상되었고 설비 보수비용은 20% 정도 절감되었다.[28]

생산공정의 자동화를 가져온 스마트 팩토리는 장기적 관점에서는 운영 및 유지 보수 업무를 수행할 새로운 일자리를 창출한다. 단기적으로는 단순반복 업무를 대체하여 일부 일자리가 감소할 수도 있다. LG전자의 창원 스마트파크는 2021년 3월 국내 가전업계 최초로 세계경제포럼의 '등대공장'으로 선정된 공장이다. 등대공장의 뜻은 등대가 배를 안내하는 것처럼 사물인터넷, 인공지능 등 AI 기반의 융합혁신의 핵심 기술을 도입하여 제조업의 혁신을 이끄는 공장을 칭한다. 공장의 효율성이 향상되면 단순반복 업무를 하는 인력이 감축될 것으로 예상되지만, LG전자 창원 스마트파크의 근무 직원수는 스마트 팩토리 구축 전과 비슷한 수준인 반면에, 부품을 공급하는 협력사의 일자리가 10~15%가량 늘어서 고용 확대 효과를 보았다.[29]

경제 중심의 DT 전략 수립: 가상현실과 증강현실, 인공지능, 빅데이터 분석

기업의 경제적 가치를 창출하는 DT를 추진하기 위해서는 새로운 비즈니스 모델, 제품 및 서비스 개발 등을 목표로 하는 디지털 기술을 도입하고 활용하는 것이 필요하다. 경제 중심의 기술 도입으로서 가상현실과 증강현실, 인공지능, 빅데이터 분석을 살펴보자.

(1) 가상현실과 증강현실

가상현실Virtual Reality, VR과 증강현실Augmented Reality, AR에 대한 설명으로서, 테이트Tate 등(2010)은 "가상현실은 컴퓨터 기술을 활용하여 가상의 공간을 만들어 사용자가 가상공간에서 보고 듣고 느끼면서 상호작용할 수 있게 해주는 인간과 컴퓨터 간의 인터페이스 기술을 의미한다"고 밝혔는데, 가상현실은 게임, 테마파크, 라이브

공연, 영화, 방송, 드라마, 스포츠 경기 등에 활용되고 있고, 건설, 항공, 의료, 쇼핑 등으로 확대되고 있다.[30]

게르보츠와 슈말스티크Gervautz & Schmalstieg(2012)는 "증강현실은 가상현실의 하나의 분야에서 파생된 기술로서 사용자가 눈으로 보는 실제 세계에 컴퓨터 그래픽으로 만든 가상 이미지를 겹쳐 하나의 영상으로 보여주는 컴퓨터 그래픽 기법을 의미한다"고 강조했는데, 증강현실은 가상현실과 다르게 별도의 전용 디바이스가 필요하지 않고 스마트폰이나 태블릿PC로 이용할 수 있어서 확장 가능성이 더 높으며, 방송, 교육, 테마파크 등 다양한 분야로 시장이 확대되고 있다.[31]

혼합현실Mixed Reality, MR은 현실세계와 가상의 이미지를 혼합하여 기존보다 진화된 모습의 가상 세계를 구현하는 것을 의미한다. 혼합현실은 일반 제조업은 물론 재난방지, 우주항공 등 특수분야에서 주로 활용될 것으로 기대된다.

가상현실이나 증강현실 관련 실제 구현 사례를 보면, 중국 알리바바가 운영하는 럭셔리 쇼핑 플랫폼인 티몰 럭셔리 파빌리온은 2022년 9월에 상하이에서 증강 현실 패션쇼를 개최하며 버버리에서 보그너에 이르는 다양한 브랜드의 제품을 디지털상에서 우선적으로 볼 수 있는 메타패스Meta Pass를 선보였다. 티몰 럭셔리 파빌리온은 이미 몇 년 전부터 제품, 디지털 아바타, 디지털 수집품 등을 증강 현실과 가상 현실에서 착용할 수 있는 3D 쇼핑을 출시했다. 알리바바는 2025년까지 세계 최대 명품 시장을 가상현실과 증강현실 속에 구축할 예정이다.[32]

서울 시내에 위치한 실내 놀이공간인 롯데월드는 2019년 1월에 개장 30주년을 맞이하여 VR 기술을 접목한 '후렌치 레볼루션2 VR'라는 놀이기구를 새롭게 선보였다. '후렌치 레볼루션2 VR'의 이용객들은 VR 헤드셋을 쓰고 롤러코스터를 탄다. 그러면, 이용객들은 가상현실 속에서 관람객들을 쫓아오는 괴물들을 피하는 경험을 하게 된다. '후렌치 레볼루션2 VR'은 가상의 공간에서 짜릿한 스릴을 경험할 수 있기 때문에 특히 젊은이들에게 인기가 많다. 당연히 기존 롤러코스터에 비해 대기줄이 더 길어졌다.[33]

전세계적으로 유명한 K팝 그룹 방탄소년단BTS은 대규모 관중이 모일 수 없는 코로나 시기에 '2020 MAMA'에서 BTS의 슈가를 홀로그램으로 제작한 BTS AR 콘서트를 실시하여 호평을 받았다. 그때 AR을 제작한 아트테크 기업 비브스튜디오스는 2020년 5월에 글로벌 투자회사 NPX캐피탈의 사모펀드로부터 740만 달러한화 약 99억 원의 투자를 받았다.[34]

(2) 인공지능과 빅데이터 기술

인공지능과 빅데이터 기술 중 인공지능의 발전이 가져올 모습을 살펴보면 다음과 같다.

인공지능 기술이 발전되면 제조업이나 서비스업에 자동화 · 지능화가 촉진되어 생산성과 품질이 향상된다. 또한, 자동화로 인해 작업 일부가 로봇으로 대체되지만, 기계와 사람이 함께 일하면서 효율성을 높이는 쪽으로 일자리가 변화할 것이다. 그리고, 인공지능 기술의 발전은 지능화된 서비스 제공으로 삶의 질을 향상시키고 새로운 지식에의 접근성 향상 등 새로운 기회를 제공할 것이다. 끝으로, 사회 · 윤리적 문제가 발생할 것인데, 기술이 점차 고도화되고 자동화 수준이 높아지면 통제 불능의 상태가 되거나 특정 집단에 악용될 소지도 있어서 인공지능 윤리에 대한 사전 준비도 필요하다.

삼성경제연구소는 빅데이터에 대하여 "기존의 관리 및 분석 체계로는 감당할 수 없을 정도의 거대한 데이터 집합이다"고 밝혔는데, 기업들은 서비스를 향상시키고 비즈니스 효율성을 극대화하는 방법을 찾기 위해 빠르게 성장하고 있는 빅데이터 분석을 적극 활용해야 한다. 산업에서 인공지능과 빅데이터 분석을 잘 활용한 기업으로서 카카오를 들 수 있다. 카카오는 문어발식 사업확장을 했다고 견제를 받기도 하지만, 인공지능과 빅데이터 분석 기술을 활용하여 고객의 니즈가 있는 곳에 새로운 비즈니스 모델을 개발하고 서비스를 출시하였다. 카카오는 강력한 모바일 플랫폼 '카카오톡'을 기반으로 콘텐츠, 금융, 모빌리티 등으로 사업을 확장하였다. 구체적으로 살펴보면 모빌리티 서비스로서 카카오모빌리티, 게임 서비스로서 카카오게임즈, 콘텐츠 서비스로서 카카오페이지, 온오프라인 간편결제서비스로서 카카오페이, 인터넷 전문은행 서비스로서 카카오뱅크 등 사업 영역을 확대하고 있다.[35]

위와 같이 ESG에 기반한 기술 도입은 기업의 지속가능성과 경쟁력을 강화하는 데 중요한 역할을 할 것으로 기대된다. 기업들은 ESG 기준을 고려하여 기업의 비전과 목표에 부합하는 DT 기술 도입을 추진해야 한다.

ESG 경영과 DT 통합 전략 수립 방법

"우리 회사 임원들은 DT를 열공 중이에요"

2022년 8월에 2주 16시간 동안 서울대학교에서 LG전자의 대표이사를 포함한 임원들 200여 명이 순차적으로 DT 프로그램을 교육받았다. LG전자는 '고객경험 혁신을 위한 디지털 전환'을 지속적으로 추진하고 있다. LG전자의 전구성원이 데이터에 근거하여 고객가치를 높이는 방안을 찾고 이를 기반으로 의사결정을 하기 위해서 경영진이 솔선수범하여 그 과정을 배우는 프로그램이었다.

프로그램은 개발, 제조, 품질, 영업, 마케팅 그리고 HR 등의 분야에서 인공지능과 빅데이터를 활용하여 고객가치를 창출한 사례를 살펴보는 것부터 시작하였다. 다음으로 빅데이터의 구조 및 형태의 이해, 데이터의 분석방법 그리고 데이터를 통한 고객가치 창출 등을 실습하고 토론하며 익히는 과정을 가졌다.

산발적으로 흩어져 있는 블로그나 SNS 등에서 제품에 대한 고객의견을 수집Crawling하여 고객의 요구를 반영한 제품을 개발하거나 업그레이드한 사례, 공장에서 생산 데이터를 통해 공정을 개선한 뒤 품질 및 생산성을 향상한 사례 등을 학습하였다.

LG전자는 DT 가속화를 위하여 2021년 7월에 전사 디지털 총괄 조직인 CDOChief Digital Officer와 데이터 기반의 LG 팬덤Fandom을 만들기 위한 플랫폼사업센터를 각각 신설했다. 또한 구성원의 직급과 역할에 맞게 다양한 DT 교육 프로그램도 지속적으로 실시하고 있다.[36] 위 사례에서 LG전자가 DT를 조직문화에 심으려고 노력을 하였던 것처럼 기업들이 ESG 경영과 DT를 통합하는 전략을 수립해야 한다.

ESG 경영과 DT의 통합 전략의 개념

(1) 통합 전략의 개념

전략적 통합Strategic Integration은 ESG 경영과 DT를 단순히 병렬적으로 추진하는 것이 아니라, 서로의 목표와 방향을 조율하여 통합된 전략을 수립하는 것이다. 최승철(2001)은 "전략적 통합은 기업 확대를 통하지 않고 규모를 확대하는 방법으로서 정보교환이나 가격 조정 등에 있어 완전한 소유나 통제권을 행사하지 않으면서 통합주체와 통합참여자 간에 생산과 공급단계에서 자율적으로 이루어지는 수직적 관계다"고 기술했는데, M&A와 같이 외부 기업을 합병하는 것의 기업 간 통합이 아닌 생산과 공급단계에서 협력업체와의 긴밀한 정보교환과 가격 조정을 통하여 자율적으로 계열회사 사이에서 거두는 긴밀한 협력관계를 구축한다는 뜻이다.[37]

기업은 DT와 같은 기술 진보와 ESG 경영과 같은 규제를 예측하고 통제함으로써 고객의 니즈에 신속하게 대처할 수 있다. 전략적 통합을 하는 기업은 두 가지 목표를 동시에 달성할 수 있으며 시너지 효과를 창출할 수 있다.

(2) 전략적 통합의 효과

① 가치사슬 단계의 통합

가치사슬 통합Value Chain Integration은 ESG 경영과 DT를 각각의 가치사슬 단계에서 통합하는 것이다. 김진완과 옥석재(2013)는 "가치사슬 통합의 목표는 최종 고객가치를 향상시키는 것인데, 이를 달성하기 위해서 기업이 추구하는 고객가치에 알맞은 가치사슬 통합 발전 모델을 결정해야 한다"고 밝혔는데, 고객가치 향상을 위해 기업은 협력사와의 발전적 모델을 구축하여 공급사슬 통합을 이루어야 한다는 뜻이다.

기업은 가치사슬 통합의 모델을 가지고 생산, 유통, 판매, 마케팅, 서비스 등 각 단계에서 ESG 경영을 실천하고, 디지털 기술을 활용하여 효율성과 지속가능성을 높일 수 있다.[38]

② 조직문화의 통합

조직문화 통합Organizational Culture Integration은 ESG 경영과 DT를 기업의 조직문화에 통합하는 것이다. 신호창과 노형신(2010)은 "개인이 선호하는 조직문화 특성과 실제의 조직문화 특성이 일치할 때 직무만족과 조직몰입이 높아지고 성과가 올라갈 수 있다"고 밝혔는데, 아무리 좋은 조직문화 목표라도 개인의 생각들과 공통분모가 많아야 제대로 된 성과가 난다는 뜻이다.[39]

기업은 조직의 구성원들에게 DT와 ESG 경영에 대한 개인의 선호도를 높일 수 있는 교육을 실시하고 구성원들이 트윈 트랜스포메이션에 익숙해지도록 업무 환경을 만들어야 한다. 이를 통해 기업은 ESG 경영과 DT를 모두 실천할 수 있는 조직문화를 조성할 수 있다.

ESG 경영과 DT의 통합 전략 수립을 위한 단계

건국대학교 경영학부의 유재욱 교수(2023)는 <4차 산업혁명 시

대의 기업 성장전략>에서 ESG 경영전략을 설명하였는데, 이를 반영하여 트윈 트랜스포메이션 통합 전략의 수립을 위한 단계를 설명하면 다음과 같다.[40]

(1) ESG 경영과 DT 현황의 파악

기업이 현황을 파악하기 위해서 다음과 같은 관점을 가져야 한다. 우선, 환경 · 사회 · 경제적 측면과 DT를 통합하는 관점에서 바라볼 수 있어야 한다. 그리고, 입력과 산출 개념을 초월하여 결과 및 영향도까지 고려해야 한다. 또한, 기업의 내 · 외부 이해관계자들에게 기업활동의 결과를 소통하기 위하여 정확한 측정을 해야 한다. 마지막으로, 새로운 대안을 평가하고 더 나은 비즈니스 의사결정을 도울 수 있는 관리 과정을 갖춰야 한다.

기업은 ESG 경영과 DT의 통합이 회사 평판에 어떤 영향을 미칠 수 있는지, 투자자들이 어느 정도 수준으로 ESG 경영과 DT의 통합을 요구하는지, 회사는 이 두 가지를 얼마만큼 구현할 수 있는지 등을 면밀하게 살펴봐야 한다. 이를 위해서 기업은 ESG 경영 전략, ESG 성과, DT 전략, DT 성과 등을 분석해야 한다.

(2) 목표 설정

기업은 ESG 경영과 DT를 통합하기 위한 목표를 설정해야 한다. ESG 경영과 DT의 관점에서 기업의 비전과 목표를 설정하기 위해서 설정한 목표를 달성할 수 있는 방법, 과제 그리고 실행 체계 등을 구축하여 일관되게 추진해야 한다. 기업들은 이미 비전, 목표, 미션 그리고 전략 등 경영의 다양한 체계를 갖추고 있기 때문에, 트윈 트랜스포메이션 목표를 이해관계자들의 요구사항 등과 함께 고려하여 ESG 경영과 DT의 통합에 맞도록 재설계를 해야 한다.

(3) 전략 수립

기업은 목표를 달성하기 위한 전략을 수립해야 한다. 기업들의 ESG 경영은 대부분 전략적 요소가 빠지고 외부기관의 ESG 평가 대응에만 집중하는 특징을 가지고 있다. 기업들은 장기적으로 사회가 요구하는 ESG 방향을 명확하게 이해하고 ESG 요인이 녹여진 기업 전략을 설정하고, 미래의 DT 방향성에 기업의 핵심역량을 고정해야 한다. 이를 통해 고객 가치에 영향을 줄 수 있는 ESG 경영과 DT의 상호 연계성을 고려한 전략적 방안을 마련해야 한다.

(4) 부서간 협업체계 구축

기업은 트윈 트랜스포메이션 전략을 실행하기 위해 트윈 트랜스포메이션을 추진하는 부서와 기업의 전략을 담당하는 부서 사이에 유기적 연계와 협업체계를 구축해야 한다. 기존의 경영 목표 및 전략과 트윈 트랜스포메이션은 별개가 아니라 통합적인 전략의 형태로 구현되어야 한다. 기업은 조직, 부서, 개인의 성과를 평가할 때도 ESG 경영과 DT의 요소들을 반영하여야 하고, 전략을 실행하는 과정에서 기업의 조직 구조, 프로세스 그리고 시스템 등을 ESG 경영과 DT에 맞게 조정해야 한다.

(5) 실행 성과의 모니터링 및 평가

기업은 전략의 실행 성과를 모니터링하고 평가해야 한다. 기업에서 ESG 경영과 DT를 통합하는 전략이 지속적으로 실천되기 위해서 최고경영자를 비롯한 이사회에서 ESG 경영과 DT의 통합을 정기적으로 논의해야 한다. 배치된 전담부서가 목표 이행 단계별 진행 상황을 점검하고 평가해야 한다. 평가된 전략의 효과를 통하여 필요한 경우 전략을 수정해야 한다.

위와 같이 ESG 경영과 DT를 통합하는 전략을 성공적으로 수립하고 실행하기 위해서는 기업의 최고경영진의 강력한 리더십과 전사적인 협력이 필수적이다. 기업의 구성원들이 ESG 경영과 DT에 대한 이해와 공감대를 형성하는 것도 중요하다. 기업은 트윈 트랜스포메이션의 양쪽 바퀴의 기울기를 하나로 맞추고 통합하는 전략을 수립하고 실행함으로써 지속가능성과 경쟁력을 강화할 수 있다.

금융기관의 트윈 트랜스포메이션 전략

"마이데이터로 금융권 무한경쟁 돌입"

도대체 '마이데이터'라는 것이 무엇이길래 금융권을 무한경쟁 시장으로 내몰았을까?

금융권에는 고객의 생애주기와 경제적 상황에 최적화된 고객 맞춤형 상품을 추천할 수 있는 데이터를 확보하고 분석하는 데이터 역량이 핵심 경쟁력으로 떠오르고 있다. 이 핵심 경쟁력을 확보하기 위해 데이터 확보 전쟁을 해야 한다. 그 중심에 '마이데이터'가 있다. 마이데이터는 금융 관련 빅데이터라고 할 수 있다. '마이데이터Mydata'는 은행, 카드, 증권, 보험 등에 분산된 고객의 개인신용정보를 하나의 플랫폼에서 통합적으로 관리할 수 있게 한 서비스이다. 마이데이터는 신용정보의 이용 및 보호에 관한 법률 제33조의 2(개인신용정보의 전송요구)에 의하여 보장되는 제도이다.

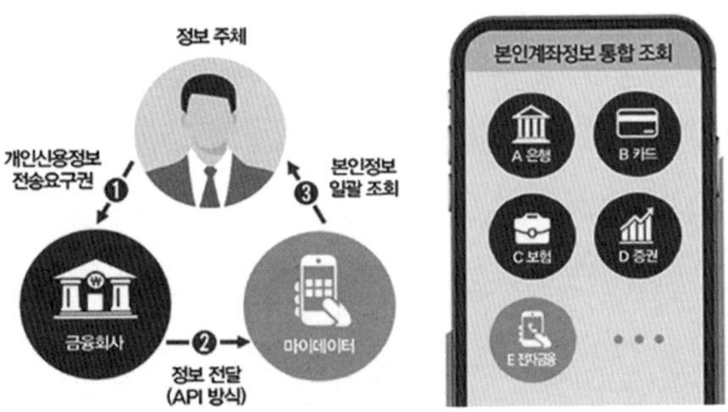

<출처: 매일경제, 마이데이터>

마이데이터가 금융권의 생존에 필수 무기가 되고 있는 이유

(1) 금융산업의 혁신 촉진

금융권은 각종 규제에 묶여 있다보니 운신의 폭이 좁다. 즉, 빅테크와 핀테크 기업들은 타 영역을 넘나들면서 고객 만족 서비스를 출시하는 것에 비해 금융권은 타 산업 진출이 어렵다. 그런데, 금융권이 마이데이터를 통하여 확보한 타 산업의 데이터를 활용할 기회가 생긴 것이다.

(2) 금융사에 새로운 기회 제공

금융기관은 마이데이터를 통해 고객에게 편의를 제공하고 새로운 비즈니스 기회를 확보할 수 있다. 금융기관은 여러 금융기관에 흩어져 잠자고 있던 고객의 금융정보를 한 곳에 모으고, 빅데이터 분석을 하여, 고객 맞춤형 자산관리 서비스를 제공할 수 있다. 고객도 불편하게 이 은행 저 은행 앱에 접속할 필요가 없이 '마이데이터'로 한 은행의 앱에서 타 은행 및 타 금융상품 서비스까지 선택할 수 있는 '슬기로운 금융생활'을 할 수 있다.

(3) 금융사도 승자독식 가능

마이데이터는 기존의 플랫폼 사업과 같이 승자독식 구조를 가지고 있다. 따라서, 금융사들은 한 명의 고객이라도 더 유치하기 위해 사활을 걸고 콘텐츠 차별화에 힘쓰고 있다. 발 빠르게 DT에 성공하고 데이터와 고객을 선점한 금융사가 시장을 독식할 것이다.

(4) 금융 고객 맞춤형 상품 보편화

금융권의 비대면 채널 강화와 고객 맞춤형 상품의 보편화가 이루어지고 있다. 즉, 코로나19로 비대면 채널의 영향력이 강화되면서 오프라인 은행 지점은 폐쇄되고 메타버스 내 은행점포가 열릴 것이다. 또한, 금융사가 개발한 상품을 창구에서 판매하고 일괄 가입시키는 것에서 고객 맞춤형 상품의 가입으로 고객 확보 방식이 변화할 것이다.[41]

이와 같이 금융기관이 고객의 슬기로운 금융생활을 위해 원스탑 금융 플랫폼을 만들어야 하는 절체절명의 순간이 다가오고 있다.

금융기관의 트윈 트랜스포메이션 대비 방안

(1) 임직원의 공감대 형성

DT와 ESG 경영에 대한 임직원의 공감대를 형성해야 한다. 금융기관은 DT와 ESG 경영에 대한 임직원의 공감대 형성을 위해서 디지털 리터러시 교육과 ESG 관련 체험 기회를 제공해야 한다. DT와 관련하여 우리금융은 2021년 3월에 각 계열사의 디지털 분야 실무자로 편성된 강사진이 금융지주 회장 및 직원들에게 디지털 리터러시 교육을 실시하였다. 또한 ESG 실행을 위해서 양면지 사용, 전자결재 위주 업무 진행, PC나 전기 기기의 절연제품 사용, 미사용 전열기구 점등의 생활화, 친환경 제품에 대한 적극적 사용 등의 환경보호 캠페인을 실시할 수 있다. 그리고, 워킹맘 · 워킹대디를 위한 출산휴가 제공, 직원들 간의 존중과 배려, 협력업체와 동반 성장하는 문화 전파, 일반인 · 장애인 동반 마라톤대회 참여 등 사회 영역의 캠페인을 실시할 수 있다.

또한 외부 이해관계자와의 ESG 경영에 대한 공감대를 형성하는 것도 간과할 수 없는 부분이다. KB금융그룹은 2023년 3월에 대한상공회의소와 '중소기업 ESG 경영 지원'을 위한 양해각서MOU를 체결하여 중소기업에 대한 지속가능연계대출 및 ESG 컨설팅을 지원할 예정이다. '지속가능연계대출'은 중소기업이 스스로 ESG 목표와 평기기준을 수립하고 이를 성실히 이행하면 금리할인 등의 혜택을 받을 수 있는 대출을 말한다. 중소기업은 이런 대출을 통하여 자체적으로 ESG 경영을 강화하고 금융비용을 절감할 수 있다. 지속가능연계대출은 최대 1.0%까지 우대금리가 있는데 총 5,000억 원이 설정되었다. 또한, KB금융그룹은 대한상공회의소와 함께 'ESG 교육 및 컨설팅 지원', '지방 중소기업 ESG 경영 확산 지원', '탄소중립 등 ESG 정책 및 정보 공유' 등 중소기업의 지속가능경영을 지원할 프로그램을 실시하기로 하였다.[42]

하나금융그룹은 2023년 12월에 '하나 소셜벤처 유니버시티'라는 행사를 하였다. 이 행사는 지역 30개 거점대학의 총 1,500여 명의 지역 청년을 대상으로 실전형 창업교육을 지원하고 12개 우수팀에게 총 1.5억 원의 상금을 수여하는 행사였다.[43]

한화증권과 한화생명은 장애인 의무고용 비율을 초과달성하였다. 통상 금융권의 업무는 대면 업무가 많아서 작은 실수가 큰 문제로 비화될 수 있기 때문에 장애인 의무 고용률을 초과 달성하기 쉽지 않다. 장애인 의무 고용제도는 장애인 고용 촉진 및 직업재활법에 따라 상시 50명 이상의 민간기업은 전체 직원의 3.6% 이상을 장애인으로 고용해야 한다. 보험업계의 2021년 의무고용률은 1~2% 수준에 그쳤는데, 한화투자증권은 장애인 고용을 위해 기존

직무 외에 사내 보조 영어강사 같은 업무를 위해 장애인을 신규 고용하였다. 또한 한화생명도 2023년 3월에 보험업계에서는 처음으로 장애인 의무고용률을 초과 달성하였다. 이를 위해 행정지원 등 단순 사무직, 도서관 사서 보조, 사내 카페 바리스타, 안마사 등 전문직무로 장애인 고용 업무를 다양화하였다.[44]

(2) 조직 및 인프라 구축

트윈 트랜스포메이션을 위한 조직 및 인프라를 구축해야 한다. 트윈 트랜스포메이션은 금융기관의 전반적인 변화를 요구하는 대규모 프로젝트이다. 따라서 금융기관은 트윈 트랜스포메이션을 위한 조직 및 인프라를 구축하기 위해 트윈 트랜스포메이션 담당 조직 신설, 트윈 트랜스포메이션 전문 인력 확보, 트윈 트랜스포메이션을 위한 정보시스템 및 데이터베이스 구축 등을 실시할 수 있다.

하나금융그룹은 급변하는 금융환경 속에서 하나금융그룹의 디지털 혁신을 위해 2018년 1월 하나금융융합기술원을 설립하였다. 하나금융융합기술원은 디지털 금융 선도를 위한 실용 연구를 수행하고 있고, 신기술 역량을 높여 새로운 금융경쟁력을 강화하고 기술 간 융합을 통하여 혁신적인 DT 성과를 창출하기 위해 노력하고 있다. 하나금융융합기술원은 2022년 9월에 계열사의 업무 프로세스 개선 및 비용 절감을 위해 회사의 인공지능 기술과 IT 개발 역량 접목을 통하여 자체 개발한 'AI-OCR 솔루션'이 금융권 최초 GS 인증 1등급을 획득하였다. 또한 인공지능 기반 챗봇 서비스인 '하이챗봇'을 전면 개편하였다. '하이챗봇'은 대화 시나리오와 지식 데이터 확장으로 손님별 맞춤형 답변을 제공하는 '개인화 서비스'를 도입하였고 모바일 앱 '하나원큐'와의 연계성 확대로 손님의 이용 편의성을 증대하였다. 2023년 4월에 초개인화 AI 자산관리 플랫폼인 '아이웰스AI Wealth' 서비스를 출시하여 모바일을 통하여 모든 손님에게 PBPrivate Banker 수준의 자산관리 서비스를 제공하고 있다.[45]

삼성그룹은 삼성그룹 금융 계열사인 생명, 화재, 카드, 증권의 앱을 삼성금융네트웍스 통합 플랫폼인 '모니모monimo'로 통합하였다. 삼성그룹의 금융 계열사 중 삼성생명은 2023년 10월에 보험 가입·계약·청구 전과정을 디지털화하였다. 지점을 통한 비대면 업무 처리 대신에 고객은 모니모와 모바일 웹을 통하여 보험료 납부나 보험금 청구를 간편하게 할 수 있다. 삼성생명은 2023년 7월에 사람의 음성을 텍스트로 변환하는 음성인식 기술인 STTSpeech To Text와 텍스트를 음성으로 변환하는 합성 기술인 TTSText To Speech 등 디지털 기술을 접목하여 정확한 상담이 가능한 콜센터 시스템으로 개편하였다.[46]

(3) 성과 측정 및 관리

트윈 트랜스포메이션 성과 측정 및 관리를 해야 한다. 트윈 트랜스포메이션의 성과를 측정하고 관리하는 것은 전략의 효과를 평가하고, 지속적으로 개선해 나갈 수 있는 원동력이 된다. 따라서 금융기관은 트윈 트랜스포메이션의 성과를 측정하기 위한 지표를 설정하고, 이를 정기적으로 모니터링해야 한다. 이를 위하여 다음의 단계를 수행해야 한다.

트윈 트랜스포메이션의 성과를 측정하기 위한 지표를 설정해야 한다. 성과지표는 트윈 트랜스포메이션의 목표와 연계되어야 하며, 측정하기 쉽고, 신뢰할 수 있어야 한다.

성과를 측정할 주기를 설정해야 한다. 성과 측정 주기는 성과지표의 특성에 따라 달라질 수 있다. 예를 들어, 시스템 장애 발생률과 같은 성과지표는 주기적으로 측정하는 것이 좋다. 반면, 신상품 출시 시간과 같은 성과지표는 프로젝트의 진행 상황에 따라 측정하는 것이 좋다.

성과를 분석하여 개선 방안을 도출해야 한다. 성과 분석을 통해 트윈 트랜스포메이션의 성과가 목표에 도달하고 있는지, 아니면 개선이 필요한지 파악할 수 있다. 예를 들어, 시스템 장애 발생률이 목표에 도달하지 못하면, 시스템의 안정성을 높이기 위한 개선 방안을 도출해야 한다.

한화금융그룹은 2020년 2월에 생명, 손해보험, 투자증권, 자산운용의 금융 계열사들이 DT를 가속화하여 4차 산업혁명시대의 경쟁력을 적극적으로 확보하기 위한 새로운 성과관리체계인 'OKR Objective and Key Results'를 도입하였다. OKR은 '가야 할 방향에 대한 Objective'와 '그 방향에 가고 있는 지를 어떻게 알 수 있는지를 뜻하는 Key Results'의 합성어로 변화하는 환경에 맞춰 지속적으로 추적하고 변화해가는 새로운 성과관리체계를 말한다. 이 성과관리체계는 구글, 페이스북 등 포춘 500대 글로벌 기업의 25%가 실행하고 있는 방법이다. 특히 40명의 소수 조직이었던 구글이 글로벌 기업으로 성장하는데 가장 결정적 요인으로 알려졌었다.

OKR의 가장 큰 특징으로서, 우선 기존 성과관리지표인 'KPI Key Performance Indicator'에 비하여 스피드를 최대한으로 끌어올렸다는 것이다. KPI는 연 단위 평가인 데 비해, OKR은 분기 단위나 더 짧게는 수 주 단위로 목표 관리가 가능하다. 따라서, 대내외 환경에 민첩하게 대응할 수 있어서 트윈 트랜스포메이션 시대에 가장 적합한 지표로 평가받고 있다. 그리고, OKR은 회사가 먼저 목표를 정하면, 부서와 직원이 자발적으로 목표를 설정하는 쌍방향 방식이다. 반면, 기존 KPI는 하향식Top-down으로 목표가 수립되었다.[47]

금융기관은 이러한 사례를 참고하여, 각 기업의 특성과 상황에 맞는 트윈 트랜스포메이션 전략을 수립하고 실행해야 한다.

11장. 트윈 트랜스포메이션 추가 전략 수립

- 비즈니스 모델의 혁신과 운영방식의 변화
- 투자자의 ESG 요구사항
- 기술 파트너십 및 협력 전략

비즈니스 모델의 혁신과 운영방식의 변화

"2억 2,668만 명(100%, 2019년), 6,052만 명(27%, 2021년), 1억 1,958만 명(53%, 2023년)"

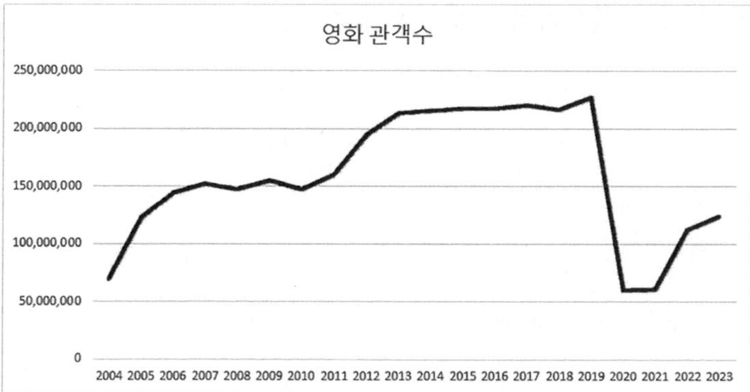

<출처: KOBIS, 영화 연도별 관람객수>

위 그림의 숫자와 비율은 한국의 영화관람객 수를 나타낸 것이다.[48] 프리 코로나Pre Corona에 연간 2억 명이 넘었던 영화 관람객 수는 위드 코로나With Corona에 73%가 감소된 6천만 명이었다. 2023년 말 현재 포스트 코로나Post Corona가 되었음에도 프리 코로나의 53% 수준인 1억 1천만 명에 머무르고 있다. 코로나 시기에 영화 관람객의 대폭 감소는 멀티플렉스 영화 프랜차이즈를 하는 CJ CGV나 롯데컬처웍스에 큰 손실을 끼쳤다.

국내 최대의 멀티플렉스 영화관 프랜차이즈를 운영하는 CJ CGV는 2023년 6월 21일에 1조 200억 원의 유상증자를 발표하였다. 주주인 CJ가 보유하고 있는 지분 가치 4,500억 원의 CJ올리브네트웍스 지분을 현물로 납부하고, 나머지 5,700억 원의 유상증자를 발표하자마자 하루만에 주가가 20% 넘게 급락하였다. 그로부터 3개월 후인 2023년 9월 26일에 법원이 CJ CGV의 제3자 배정 유상증자에 제동을 걸자 주가가 다시 폭락하였다.

사람들이 예전처럼 영화관에 가지 않는 이유

포스트 코로나 시기에 영화 관람객들이 프리 코로나 시기만큼 영화관에 자주 가지 않는 이유는 무엇일까? 혹자는 영화 티켓 값이 프리 코로나 때 1만 원에서 2023년 12월 현재 1만 5천 원으로 50%가 올랐다고 원인을 지적하였지만, 영화 관람객들이 영화관을 찾는 빈도가 예전에 비해 줄어든 다른 원인이 있다. 위드 코로나 기간 동안에 영화 관람객이 영화관을 찾을 수 없어서 대규모 관람 문화가 약화될 동안 넷플릭스 같은 OTTOver The Top 업체들이 외부로 향하는 영화 관람객들의 발걸음을 집안의 TV나 휴대폰 앞에 묶어 놓았다.[49]

또 다른 더 심각한 사유가 있다. 할리우드의 유명 감독 겸 제작자인 제리 브룩하이머는 20여년 전에 "TV는 영화의 미래다"고 주장했고, 대중문화 칼럼니스트 이주영은 "TV의 미래는 OTT에 있다"고 강조했다. 두 사람의 말을 겹쳐보면 "영화의 미래는 OTT다"고 할 수 있다. 독자들이 집안에서 이미 경험하고 있는 OTT는 인터넷을 통하여 방송 프로그램, 영화 그리고 교육 등 각종 미디어 콘텐츠를 제공하는 서비스를 뜻한다.

실력 있는 감독이 영화를 떠나 OTT로 가는 이유

이주영이 'OTT를 영화의 미래다'고 말한 이유는 실력 있는 영화 감독들이 영화를 떠나서 OTT로 가기 때문이라고 설명한다. 왜 실력 있는 영화 감독들이 OTT로 갈까?

(1) 수익을 보장하는 OTT

OTT는 지속적 수익이 보장되는 시리즈물을 어렵지 않게 만들 수 있는 곳이다. 한 편의 영화는 제작 기간이 오래 걸리는 반면 흥행을 보장받지 못한다. 반면, OTT의 시리즈물은 예행 연습으로 만든 파일럿 프로그램이 방송사에 통과되고 방영된 후 시청률이 어느 정도를 유지되면 다음 시즌 제작을 확정받을 수 있다. 한국 여배우 김윤진이 캐스팅되어 화제가 된 에이브럼스 감독의 '로스트Lost'는 2004년부터 6년간 제작되었다.

(2) OTT의 간섭 최소화

OTT의 투자 방식은 창작자에게 제작을 일임하는 자유로운 계약 방식이다. 넷플릭스, 아마존 프라임 등과 같은 OTT 서비스의 투자 방식은 가이드라인만 제시하고 창작자를 제한하지 않는 수준의 의견을 제시한다.

(3) 제작비가 충분한 OTT

OTT는 창작자에게 제작비를 충분히 주고 창작자를 존중한다. OTT는 시리즈 감독들에게 큰 압박을 가하지 않으며 이런 긍정적인 분위기는 창작자들이 작품에만 집중할 수 있게 해준다.

이와 같이 OTT와 같은 비지니스 모델의 혁신과 운영방식의 변화를 통하여 영화산업은 위축되고 있고 OTT는 더욱 확장되고 있다.

비즈니스 모델의 혁신과 운영방식의 변화

DT와 ESG 경영의 융합 같은 비지니스 모델의 혁신과 운영방식의 변화가 우리에게 무엇을 시사하는지에 대하여, 정기훈 등(2019)이 “비즈니스 모델 캔버스의 아홉 가지 구성요소를 가치제안, 가치전달, 가치창조 그리고 가치확보의 네 가지 비즈니스 모델로 구분할 수 있다”고 밝혔는데, 이 네 가지 비즈니스 모델을 가지고 비즈니스 모델 혁신의 사례를 알아보고자 한다.[50]

(1) 가치제안의 혁신

가치제안Value Proposition은 고객이 필요로 하는 가치를 만들기 위한 상품 또는 서비스의 조합을 말한다. 가치제안을 위해서 고객의 문제를 해결하거나 고객의 욕구를 충족시켜야 한다. 이러한 가치제안을 통하여 기업은 고객에게 제공하는 가치를 높일 수 있고, 그 결과로 경쟁력을 강화할 수 있다.

월마트가 아마존에 대항하여 만든 Click & Collect 서비스, Walmart Associate Delivery 서비스, 월마트페이 등이 가치제안이라 할 수 있다. 월마트의 Click & Collect 서비스는 고객이 온라인 매장인 월마트닷컴에서 상품을 구매하고 미국 전역 수천 개의 월마트 오프라인 매장 중 고객이 원하는 매장에서 직접 상품 픽업을 할 수 있는 서비스이다. Walmart Associate Delivery 서비스는 고객이 온라인에서 주문한 상품을 월마트 직원이 퇴근하면서 고객의 집까지 배송해주는 시스템이다. 월마트페이는 미국 전역 5,000여 개의 모든 월마트 매장에서 간단히 결제를 할 수 있는 모바일 결제시스템이다.

(2) 가치전달의 혁신

가치전달Value Delivery은 앞에서 언급된 가치제안을 고객에게 전달하는 데 필요한 모든 활동을 포함한다. 가치전달의 세부 혁신으로서 핵심활동, 핵심자원, 핵심파트너의 혁신이 있다.

① 핵심활동의 개발

핵심활동Key Activities은 기업이 비즈니스를 제대로 수행하기 위해서 꼭 해야 하는 중요한 일들을 뜻하며 새로운 핵심활동을 통하여 시장을 선도하는 기업으로 자리매김할 수 있다. 애플은 하드웨어, 소프트웨어, 서비스의 통합을 통하여 고객에게 보다 편리하고 통합된 경험을 제공하는 새로운 핵심활동으로 시장의 선도기업이 되었다.

② 핵심자원의 확보

핵심자원Key Resources은 비즈니스를 원활히 수행하는 데 가장 필요한 중요 자산이며, 기업은 새로운 핵심자원을 확보함으로써 시장에서 독점적 지위를 유지할 수 있다. 아마존은 대규모 데이터센터를 구축하여 새로운 핵심자원을 확보하고, 고객에게 보다 빠르고 안정적인 서비스를 제공할 수 있었다.

③ 핵심 파트너십

핵심 파트너십Key Partnerships은 비즈니스 모델을 원활히 작동시키는 공급자와 파트너 간의 네트워크를 뜻하며 핵심파트너십의 강화는 기업으로 하여금 시장 점유율을 확대시킨다. 스타벅스는 커피 원두 공급업체와의 파트너십을 통해 새롭고 안정적인 커피 원두 공급을 확보할 수 있었는데, 새로운 핵심파트너십 구축은 스타벅스가 안정적으로 성장하는 데 기여하였다.

(3) 가치창조의 혁신

가치 창조Value Creation는 고객이 기업의 제품이나 서비스로부터 얻는 가치를 의미한다. 기업의 가치창조의 혁신에는 고객 세그먼트, 고객 관계, 채널의 혁신을 들 수 있다.

① 고객 세그먼트

고객 세그먼트Customer Segments는 기업이 얼마나 다른 유형의 사람들 혹은 조직을 목표로 하는지를 규정하는 것을 말한다. 세계 1위 스포츠 브랜드인 나이키는 기존의 자사 제품들을 다양한 유명 아티스트들과의 콜라보를 통하여 스포츠 상품에 국한하지 않고, 패션 브랜드로서의 가치를 올려 패션에 민감한 MZ세대를 주요 고객 세그먼트로 삼았다.

② 고객 관계

고객 관계Customer Relationship는 특정 고객 세그먼트와 어떤 형태의 관계를 맺을 것인가를 말한다. 에어비앤비는 고객에게 다양한 숙박

경험을 제공함으로써 고객과의 관계를 강화하고 있는데, 아파트부터 캠핑카, 보트, 섬 등 다양한 공간을 다른 서비스와는 차별화하여 고객에게 제공하고 있다.

③ 채널

채널Channel은 기업이 고객에게 가치를 제안하기 위해 의사소통하고 상품과 서비스를 전달하는 방법을 뜻한다. 기업은 채널을 통하여 새로운 수익원을 창출하고 기업 가치를 높일 수 있다. 페이스북은 기존의 소셜 미디어 플랫폼을 넘어서 인스타그램, 메신저 그리고 페이스북 리얼리티 랩 등 다양한 분야로 사업을 확장하고 있다.

(4) 가치확보의 혁신

가치확보Value Capture는 기업이 고객으로부터 가치를 얻는 방식을 의미한다. 기업은 비용구조와 수익원을 효율적으로 관리함으로써 경쟁력을 강화하고 새로운 수익원을 창출할 수 있다.

(5) 비용구조의 혁신

비용구조Cost Structure는 비즈니스 모델을 운영하는 데 발생하는 모든 비용을 말한다. 기업은 비용의 절감, 비용 전가, 비용 공유 등을 통하여 비용을 줄이고 시장 점유율을 확대할 수 있다. 국내의 대표 할인점인 롯데마트가 대량 구매를 통하여 비용을 절감하는 것, 넷플릭스가 가입자들에게 월정액 요금을 받고 콘텐츠를 제작하여 비용을 전가하는 것, 아마존이 플랫폼을 통하여 판매자와 구매자의 비용을 공유하는 것 등이 이에 해당된다.

(6) 수익원의 혁신

수익원Revenue Stream은 기업이 고객으로부터 창출하는 현금을 말한다. 기업은 수익원을 다변화함으로써 고객의 충성도를 유지하면서 수익을 확대할 수 있다. 유튜브YouTube는 동영상 콘텐츠를 제공하는 플랫폼을 운영하면서 광고로 수익을 거두고 있고, 광고 대신에 끊기지 않는 서비스를 원하는 고객에게 유튜브 프리미엄 서비스를 제공하여 추가 수익을 거두고 고객의 만족도를 높이고 있다.

이와 같은 비즈니스 모델 혁신은 기업의 경쟁력을 강화시키고 기업이 지속가능한 성장을 하는 데 도움을 줄 수 있다.

투자자의 ESG 요구사항

"ESG 성과가 현재 및 3년 후 자본비용에 영향을 미칩니까?"

2020년 3월에 딜로이트가 992명의 유럽 소재 기업 재무담당임원CFO에게 물어본 질문이다. 그 설문에 대한 응답으로서 ESG 성과가 현재의 자본비용에 영향을 미친다고 응답한 비율은 전체의 48%였다. 그러나, ESG 성과가 3년 후 자본비용에 영향을 미친다고 응답한 비율은 전체의 70%였다. 즉, 유럽 내 기업 CFO들은 지속가능성 문제가 머지않아 그들이 담당하고 있는 회사에 영향을 미칠 것이라는 전망에 동의를 하였다. 또한 "ESG 이슈 관련 기업성과가 자본비용에 미치는 영향은 어떠한가?"라는 질문에 주식 시장 상장 기업 CFO의 57%가 영향을 미칠 것이라고 응답하였다. 반면, 비상장 소수주주 기업 CFO는 43%만이 긍정의 답변을 하였다. 따라서, 비상장 기업들에게는 ESG 성과가 기업의 자본비용에 크게 영향을 미치지 못하고 있다. 이러한 설문조사처럼 유럽 소재 상장기업 CFO의 70%가 현재의 ESG 성과가 3년 후 자본비용에 영향을 미친다고 응답을 한 이유는 연기금이나 자산운용사가 기업의 ESG 성과를 운용대상회사 선정의 중요 항목으로 여기고 있기 때문이다.

ESG 성과가 현재 및 3년 후 자본 비용에 미치는 영향

ESG 이슈와 관련된 귀사의 전반적인 성과가 현재의 자본 비용에 영향을 미친다고 생각하십니까? 3년 후에는 어떨 것이라고 보십니까?

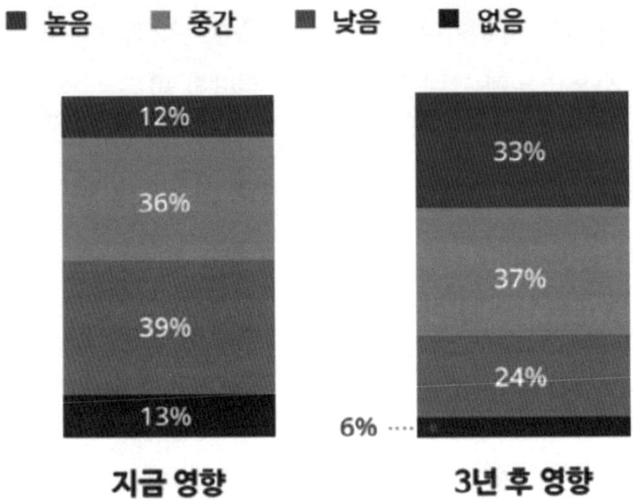

<출처: 딜로이트 유럽CFO 조사, 2020년 봄>

글로벌 지속가능투자연합[GSIA]에 따르면, 2018년 1년 동안 전세계 ESG 채권 발행액은 1,980억 달러[한화 약 26.5조 원]에서 2020년 4,841억 달러[한화 약 648.7조 원]으로 대폭 늘어났다.[51] 이와 같이 기업에 자금을 공급하는 연기금과 자산운용사들이 진정으로 ESG 경영을 하고 있는 기업을 찾고 있고, ESG 경영을 제대로 하는 기업에 대한 자금 공급을 확대함으로써 그 결과 기업의 자본비용은 낮아지게 된다. 기업의 CFO는 기업의 자본비용을 낮추고 기업의 가치를 높이

는 역할을 하고 있기 때문에, 기업의 ESG 경영이 잘 수행되도록 도와서 기업의 재무성과와 사회적 영향력을 동시에 높이는 역할을 해야 한다.

CFO가 얻을 수 있는 인사이트

딜로이트의 유럽 기업 CFO 조사를 통하여 기업의 ESG를 지원하는 핵심 담당자로서 CFO는 다음과 같은 세 가지 인사이트를 얻을 수 있다.

(1) 관련 부서의 참여 주도자가 되라.

기업의 ESG를 잘 수행하기 위해서 재무 부서는 모든 이해관계자와 관련 부서의 참여를 주도하는 것이 중요하다.

(2) 전문 지식으로 대처할 역량을 갖춰라.

재무 부서는 지속가능성과 관련 법률 및 규제에 대한 충분한 지식을 갖춘 전문가와 다양한 시나리오를 다룰 수 있는 모델링 역량을 갖춰야 한다. 재무 부서는 외부 이해관계자에게 제공하는 비금융 정보의 목적 적합성, 규제 준수, 정확성을 보장해야 하므로, 신뢰할 만한 데이터의 새로운 흐름을 준비하고 확보해야 한다.

(3) 재무 · 비재무 정보의 실시간 이용 가능

재무 부서는 디지털 비재무정보를 확보해야 하는데, 향후 재무 및 비재무 정보가 사람의 개입 없이 실시간 이용이 가능토록 해야 한다. 자본 조달 비용을 적정한 수준으로 유지하면서 정보 수집과

전달을 통제할 수 있는 효과적인 수단인 디지털화와 자동화를 위해 노력해야 한다.[52]

투자자 요구사항의 증가

(1) 스튜어드십 코드 증가

'스튜어드십 코드Stewardship Code'는 기관투자자가 투자대상 기업의 의사결정에 적극적으로 참여하여 기업의 지속가능성 및 장기적 가치를 증진하도록 하는 행동 지침이다. 스튜어드십 코드는 기관투자자가 수탁자로서 투자대상 기업의 이익을 대변하고, 기업의 장기적 가치 증진에 기여하기 위해 마련되었다.

기관투자자는 스튜어드십 코드로서 주주총회 참여, 이사회 의결권 행사, 주주제안 제출 등 투자대상 기업의 의사결정에 적극적으로 참여한다. 기관투자자는 기업의 지속가능성 및 장기적 가치 증진을 위한 노력으로서 ESG 성과 평가, 기업의 지배구조 개선 요구 등을 한다.

기관투자자는 의결권 행사 결과 공시, 투자전략 공개 등과 같은 정보공개 및 투명성 강화를 요구한다. 국민연금은 2019년 3월 대한항공 주주총회에서 스튜어드십 코드를 발동하면서 한진그룹 조양호 회장의 사내이사 연임을 좌절시켰다. 국민연금이 조 회장의 사내이사 연임을 반대한 사유는 총수일가의 땅콩회항 사건 등이 발생하면서 국민들의 반대 여론이 커졌기 때문이었다. 이는 국민연금이 2018년 7월부터 새롭게 도입한 스튜어드십 코드 도입 이후 첫 적용 사례였다.[53] 기업은 스튜어드십 코드를 제대로 이해하고 관련 동향을 파악해야 하며, ESG 정보를 투명하게 공개하여 기관투자자의 이해를 높여주고 기관투자자와의 정기적인 소통을 통해 ESG 경영에 대한 의견을 수렴하고 협력 방안을 모색해야 한다.

(2) 각국 정부의 규제 강화

트윈 트랜스포메이션 시대에는 각국 정부의 규제가 강화되고 있다. 지구온난화 문제가 대두되자 각국의 정부는 기업의 ESG 경영을 제고시키기 위해 규제를 강화하고 있다. 유럽연합은 2018년부터 EU 역내 기업들이 사업보고서 또는 별도 보고서를 통해 회원국 자율에 따라 ESG 정보를 공개하라는 '비재무정보 공개지침NFRD'을 시행했다. 그런데, EU는 2024년부터 기존 NFRD보다 강화된 '기업 지속가능성 보고지침CSRD'을 시행하였다.[54] CSRD는 EU 역내에서 활동하는 글로벌 기업까지 별도보고서가 아닌 제3자 검증 의무화를 거친 사업보고서를 공시하라는 내용으로 구성되어 있다. 기업은 위와 같은 ESG 관련 규제 내용과 동향을 파악하고 대응 전략을 수립하고, ESG 관련 규제에 대한 기업의 대응 역량을 강화해야 한다.

(3) 기관 투자자의 투자 배제 증가

트윈 트랜스포메이션 시대에는 기관 투자자의 투자 배제 사례가 증가하고 있다. 네덜란드 최대 연기금 운용기관인 APG는 2021년 1월에 석탄 발전 사업에 투자하는 기업에 대한 투자를 중단하겠다고 발표하였고, 그 후속조치로 한국 정부에 "기후위기 상황에서 추진되고 있는 민자 석탄화력발전사업이 한국 경제와 인류에 악영향을 끼칠 것이다"라는 서한을 보냈다. APG는 한국전력공사 지분을

7% 이상 보유했었지만, 한국전력공사의 석탄발전 투자 철회를 요구하다가 2021년 2월에 한전에 대한 모든 투자금을 회수한 전력이 있다.[55]

해외 연기금 중 상당수는 대량살상무기, 담배 등의 건강 위해물, 석탄 등의 기후변화 관련 분야에 대한 투자배제 원칙을 갖고 있다. 정춘숙 의원실 제공 자료에 의하면 2023년에 해외연기금이 투자배제를 선언한 분야에 대한 국민연금의 투자는 총 6.1조 원으로 집계되었다. 국내 연기금은 기후변화 분야만 투자에서 배제하고 있다. 하지만, 향후에는 글로벌 추세에 맞춰 관련 기업들에 대한 투자가 배제될 가능성이 높다.[56] 기업은 연기금 같은 기관투자자들의 투자 배제 정책을 제대로 파악하고 대응 전략을 수립하여 투자배제 대상에 포함되지 않도록 대비해야 한다.

고객 요구 사항의 증가

(1) 글로벌 기업의 ESG 공급망 관리 강화

트윈 트랜스포메이션 시대에 글로벌 기업이 ESG 공급망 관리를 강화하고 있다. 테슬라, 구글, 애플 등 글로벌 기업이 ESG 경영의 일환으로 공급망 관리에 적극적으로 나서고 있다. 국내 대기업 역시 공급망 관리에 나서고 있다. 이런 움직임의 원인은 글로벌 공급망에 대한 기업의 책임을 요구하는 목소리가 높아지고 있기 때문이다.

① 글로벌 기업들의 공급ㅓ망 ESG 행동강령 수립

트윈 트랜스포메이션 시대에는 글로벌 기업들이 공급망의 ESG

행동강령을 수립한다. 글로벌 기업들은 공급망 협력업체에 대한 ESG 행동강령을 수립하여 협력업체의 ESG 경영을 지원하기도 한다.

② 공급망 협력업체에 대한 ESG 정보 공개 요구

트윈 트랜스포메이션 시대에는 글로벌 기업들이 공급망 협력업체의 ESG 정보공개를 요구하고 이러한 정보를 투명하게 공개하기도 한다. 애플은 사용하는 전력을 100% 재생에너지로 대체하자는 'RE100'에 참여한 기업으로서, 협력업체가 2030년까지 100% 재생에너지로만 제품을 생산하도록 요구하였다. 애플은 공급망 내 모든 단계의 협력업체에게 환경보호, 건강, 인권, 노동권 등 행동수칙을 마련하고 성과평가를 동시에 진행하여, 2019년 기준 49개국 1,142개 협렵업체가 100만 톤 이상의 탄소배출량을 감축하는 성과를 거뒀다. 협력업체 중에서 고득점을 받은 업체의 비율이 2014년 26%에서 2019년 82%로 대폭 상승하였다.

③ 글로벌 기업의 ESG 공급망 리스크 평가

국내 기업으로서 현대제철은 국내 철강 업계 최초로 철강 분야 ESG 이니셔티브인 호주의 다국적 비영리단체 '리스판서블 스틸 Responsible Steel'에 가입한 후 매년 '공급망 ESG 평가'를 하여 협력사의 환경 · 관리, 노동 · 인권, 윤리 · 준법 그리고 안전 · 보건 등 잠재적인 리스크를 점검하고 있다. 그래서 공급망 ESG 평가 결과에 따라 고위험 협력사를 선정하여 개선안을 수립하고 그 결과를 모니터링하거나, 사후관리에도 신경을 써서 공급망 실제조사를 실시하고 있다. 공급망 ESG 평가는 '안전 · 보건, 노동 · 인권' 영역 등에서 일정한 점수 이상의 요건을 제시하여 입찰을 제한하기도 하였다.[57]

이 같은 기업들의 공급망 관리는 자사뿐만 아니라 협력업체의 지속가능성을 강화하고, 사회적 책임을 다하는 데 기여하였다.

(2) 소비자들의 기업에 대한 ESG 요구

소비자들은 기업의 상품이나 서비스를 선택할 때 기업의 ESG를 고려하고 있다. 소비자들은 환경친화적인 제품이나 서비스를 기꺼이 선택하고, 사회적 책임을 다하는 기업의 제품을 선호하며, 투명한 경영을 하는 기업의 서비스를 선택한다. 2021년 9월에 발표된 <KB 트렌드 보고서: 소비자가 본 ESG와 친환경 소비 행동>에서 "소비자들의 3명 중 1명은 물건을 구매할 때 해당 기업의 친환경 활동 여부를 고려했고, 소비자들의 절반가량은 친환경 제품을 구매할 때 10% 이내의 추가 비용을 낼 의향이 있다"는 조사결과를 밝혔다.[58]

전국경제인연합회가 2023년 4월에 모노리서치에 의뢰하여 1,000명을 대상으로 조사한 <자유시장경제와 기업 역할에 관한 국민의식 조사>의 결과에 따르면, "응답자의 87.3%는 사회적 책임의 이행 수준이 높은 기업의 제품을 우선 구매하겠다"고 밝혔는데, 기업들은 지속가능한 성장을 담보하기 위하여 사회적 책임 이행을 강화해야 한다는 뜻이다.[59]

위와 같이 트윈 트랜스포메이션 시대에는 기관투자자나 소비자 같은 이해관계자들은 기업에게 환경, 사회, 지배구조에 관한 지속가능성을 높이라고 요구하고 있다. 따라서, 기업들은 증가하고 있는 이해관계자들의 요구사항을 제대로 이해하고 분석하여 기업 경영에 반영하고 지속가능성을 높여야 한다.

기술 파트너십 및 협력 전략

"ESG 경영 실천을 위해 협력사와 스마트건설 기술협력 파트너십 체결"

반도건설이 2022년 1월에 건설현장의 자동화 로봇 기술 개발과 구축을 위해 스마트건설 전문 업체인 빌딩포인트코리아 및 대한이엔지와 기술 협약을 맺었다. 반도건설은 2021년 6월에 프랑스 건축기업인 하이시스와 전통적 공법 대비 공사비와 공사기간을 절감하고 4차원 공간 창출이 가능한 '3D 콘크리트 프린팅3D Concrete Printing' 기술협약을 체결한 바 있는데, 2022년 1월에 안전사고 위험의 감소, 시공 정밀도와 작업 생산성 향상 등을 위해 '스마트 드릴링 로봇Smart Drilling Robot, SDR'을 도입하기도 했다.

SDR은 건설현장 구조물의 철근 콘크리트의 기초를 연결 및 고정하는 볼트를 넣을 수 있는 구멍인 앵커홀Anchor Hole 천공을 위한 로봇이다. 반도건설은 이와 같이 스마트건설 인프라 구축 및 건설 고도화 실현 같은 DT를 건설현장에 도입하고 있으며, 그러한 DT를 추진하는 데 있어서 협력사와 상생 및 동반성장을 위한 공동 기술개발을 추진하는 등 ESG 경영을 시행하고 있다.[60]

롯데건설은 2022년 9월에 현장 안전 강화 전문업체인 지오코리아 이엔지 및 엠와이씨앤엠과 현장 안전 강화를 위한 '지능형 스마트 계측기술 공동개발' 업무협약을 체결하였다. 롯데건설은 건설 현장에서 흙막이 벽체의 변화나 지하수위 등을 측정하는 차세대

IoT 통신망을 적용한 스마트 계측기술, 데이터 보정기술의 고도화 그리고 AI와 빅데이터 분석을 통한 지능형 위험 예측 모니터링 시스템을 현장 안전강화 전문 협력업체와 공동으로 개발하였다. 이를 통하여 회사는 건설 현장의 안전사고를 예방하였다.[61]

<출처: 빌딩포인트코리아 홈페이지>

2023년 11월에 일산 킨텍스에서 열린 '2023 스마트건설엑스포'에서 여러 건설사들이 DT와 ESG 경영을 위하여 다양한 스마트 건설 기술을 선보였다.

건설 로봇 생태계 활성화를 위해 동맹을 맺은 국내 1·2위 건설사인 삼성물산과 현대건설이 공동 개발한 운반 로봇은 레이저 신호를 통하여 사물을 인식하는 라이다Light Detection And Ranging, LiDAR카메라, 고출력 모터를 달고 사람 대신 운반작업을 하면서 사고 발생 위험을 줄이는 노력을 하고 있다.

삼성물산은 실내 지하에서 정밀한 위치 파악을 가능하게 하는 실내 정밀 측위 로봇, 반복 작업 및 고소 작업을 대신하는 시공 로봇, 천장에 구멍을 뚫는 앵커 로봇을 선보였다.

현대건설은 건설현장에서 3차원의 입체 물품을 만들어 내는 기계인 3D 프린팅 로봇, 강한 조류 시에도 투입이 가능한 수중 로봇을 선보였다.

이 외에도 두더지처럼 땅밑을 굴진하며 터널을 뚫는 '터널굴착기계Tunnel Boring Machine, TBM'와 건설현장을 파악하고 안전을 지키는 드론Drone도 있다. 또한 콘크리트 바닥을 3D 스캐너로 정밀 측량하고 자동으로 평탄 작업을 수행하는 인공지능 미장 로봇도 있다.[62]

이와 같이 건설 업종의 대기업들이 건설 관련 세부 영역별 글로벌 기술력을 가진 협력업체를 통하여 트윈 트랜스포메이션을 대비하고 있다.

<출처: 기계신문, 현대엔지니어링 콘크리트 미장 로봇>

트윈 트랜스포메이션 시대에는 디지털 기술의 발전과 환경 및 사회의 변화가 빠르게 진행되고 있다. 기업이 이러한 변화에 발빠르게 대응해야 하지만, 단독으로 모든 기술과 역량을 확보하기 어렵

다. 따라서 기업은 기술 파트너십 및 협력을 통해 경쟁력을 확보하고, 트윈 트랜스포메이션을 성공적으로 추진해야 한다. 다음에서 기업이 어떻게 기술 파트너십과 협력을 추진해야 할 지에 대하여 알아보고자 한다.

전략적 협력의 강화

(1) 전략적 협력 방법

기업은 단순한 기술 교류나 거래를 넘어 전략적 협력을 해야 한다. 기업은 그런 전략적 협력을 통해 새로운 비즈니스 모델을 개발하고 시장을 선점할 수 있다. 이를 위해서는 기술 파트너십의 목적과 목표를 명확히 설정하고, 협력의 범위와 방식을 구체화해야 한다.

① 협력의 목적과 목표의 설정

전략적 협력을 강화하기 위하여 협력의 목적과 목표를 명확히 설정해야 한다. 협력의 목적과 목표가 명확하지 않으면 협력의 방향과 범위가 불분명해질 수 있다. 그러면, 협력의 효율성이 떨어질 수 있다.

② 협력의 범위와 방식의 구체화

전략적 협력을 강화하기 위하여 협력의 범위와 방식을 구체화해야 한다. 협력의 범위와 방식이 구체화되지 않으면 협력의 효과가 제한될 수 있다. 협력의 범위와 방식을 구체화하기 위해 고려해야 할 것으로서, 우선, 협력의 대상을 선정한 후 협력의 범위를 효율적으로 설정해야 한다. 그리고, 협력의 내용을 구체화하고 이것을 근거로 양측의 협력할 업무와 역할을 명확히 해야 한다. 또한 양측의 이해관계를 고려하여 협력의 범위와 방식을 구체화해야 한다. 끝으로, 협력의 유연성을 염두에 두고 양측의 이해관계를 고려해야 한다.

③ 협력 파트너 선정

전략적 협력을 강화하기 위하여 협력할 수 있는 파트너를 신중하게 선정해야 한다. 협력할 수 있는 파트너를 신중하게 선정하지 않으면, 협력의 성공 가능성이 낮아질 수 있다. 협력의 파트너가 사업 분야와 관련된 기술 역량이 충분한지 여부, 협력 파트너가 제공하는 제품과 서비스의 품질 및 신뢰성이 보장되는지 여부, 협력 파트너가 요구하는 비용이 단 · 중 · 장기의 사업 수행을 위해 효율적인지 여부, 협력 파트너가 윤리적이고 사회적 책임을 다하는지 여부 등을 고려해야 한다.

(2) 전략적 협력의 사례

이러한 전략적 협력의 사례로서, 2011년부터 12년 연속 동반성장지수 평가에서 최우수 등급을 받은 삼성전자는 2009년부터 국내 대학 연구기관이 보유한 기술을 소개하는 기술설명회를 개최하고 삼성전자가 보유한 특허를 미거래 중소기업에까지 2,000여 건을 무상 양도하였다. 또한, 2013년부터 중소벤처기업부와 함께 '공동투자형기술개발사업'에 약 200억 원의 기금을 지원했고 2022년에는 차세대 기술과 ESG 기술 확보를 위해 300억 원 규모로 신규 펀드를 조성하였다.[63]

네이버의 스타트업 양성조직 D2SF[D2 Startup Factory]는 스타트업과 협력을 통하여 '윈윈 효과'를 이끌어내고 있다. D2SF와 협력한 스타트업인 '라플라스테크놀로지스'는 커머스 운영자를 위한 쇼핑몰 컨설팅 AI 서비스인 '라플라스 애널리틱스'를 개발하여, 네이버 스마트스토어로 창업에 도전하고 있는 온라인 중소상공인들에게 시각화된 인공지능 대시보드를 제공하였다. 이를 통하여 중소상공인은 비즈니스의 문제점을 진단받고 동종업계 대비 자사 서비스의 성과를 객관적으로 비교하는 등 데이터 기반 의사결정을 하여 매출 상승을 경험하였다. 라플라스테크놀로지스는 설립 20개월 만에 170여 거래처가 약 3,500억 원의 매출을 거두도록 도와서 중소벤처기업부의 기술창업투자프로그램인 팁스[TIPS]에 선정되었다.[64]

개방형 혁신의 확대

(1) 개방형 혁신의 방법

개방형 혁신은 기업이 외부 파트너의 기술, 아이디어, 인프라 등을 활용하여 새로운 제품, 서비스, 비즈니스 모델을 개발하는 것을 의미한다. 기업은 기존의 내부 개발 방식을 통하여 극복할 수 없는 영역에서 외부 기업 및 기관과의 협력을 통해 새로운 기술을 확보할 수 있다. 기업이 전문성을 가진 외부 기업과의 협력으로 확보한 기술은 기업의 혁신을 가속화할 것이다.

① 파트너 역량 확인

기업은 협력 파트너의 역량을 파악하고 이를 기업의 혁신에 활용하는 것이 중요하다. 기업이 협력 파트너의 역량을 파악하기 위해서는 협력 파트너의 기술, 아이디어, 인프라 등을 분석해야 한다. 이를 통해 협력 파트너와 합력하여 새로운 가치를 창출할 수 있다.

② 협력 파트너와 협력관계 구축

기업이 협력 파트너와의 협력 관계를 구축하는 것이 개방형 혁신의 성공에 필수적이다. 협력 파트너와의 협력관계를 구축하기 위해서는 상호 신뢰, 지속적인 소통, 협력 그리고 이해를 통하여 협력관계를 강화할 수 있다.

③ 협력 방식의 다양화

협력 파트너와의 협력 방식의 다양화는 기업이 협력 파트너에게 끌려가지 않고 건전한 긴장감과 신뢰성을 갖게 한다. 협력 파트너와의 협력 방식은 공동 연구개발, 기술 이전, 라이선스, 인수합병 등 다양한 방식이 있다. 협력 방식의 다양화를 위해 기업은 협력할 수 있는 잠재 파트너를 지속적으로 발굴해야 한다.

(2) 개방형 혁신의 사례

개방형 혁신을 확대한 사례로서, 우선, 삼성전자, 삼성디스플레이, LG전자, LG디스플레이 그리고 장비 소재 기업들의 개방형 혁신을 예로 들 수 있다. 현재 마이크로LED 시장은 중국, 대만이 가장 앞서고 있다. 이에 한국도 2023년 5월에 국내 주요 디스플레이 산학연 기관 · 기업들이 마이크로LED 산업 발전을 위해 '무기발광 디스플레이 산업 육성 얼라이언스'를 출범시켰다. 삼성과 LG의 LED 유관회사들과 장비 소재 기업들이 손을 맞잡고 각 기업의 기술을 융합한 제품을 개발하고 시장을 빠르게 선점하기 위한 제품 표준화를 하겠다는 전략이다. 국내 마이크로LED 시장을 키우기 위해서는 디스플레이 외에 수요기업인 가전업체들까지 생태계 안에서 함께 움직여야 해외 선도기업들과의 경쟁에서 우위를 점할 수 있다.[65]

글로벌 협력의 강화

(1) 글로벌 협력의 방법

국내 협력업체와의 파트너십을 통한 혁신이 개방형 혁신인 것에 반해 현재와 향후의 시장 상황으로 볼 때 해외의 기술력을 보유한 기업과의 협력이 더 필요할 수 있다. 기업은 내수가 아닌 글로벌 시장에서 경쟁력을 확보해야 한다. 기업은 글로벌 기업 및 기관과의 협력을 강화하기 위해서 글로벌 시장의 트렌드를 지속적으로 파악하고 글로벌 협력에 대한 역량을 강화해야 한다.

① 글로벌 협력 네트워크 구축

기업은 글로벌 협력 방식을 다양화하고 그에 따른 글로벌 협력 파트너를 선정해야 한다. 이를 위해서 글로벌 협력 네트워크를 구축해야 한다.

② 글로벌 협력 전문인력 양성

기업이 글로벌 협력을 성공적으로 수행하기 위해서는 기업의 글로벌 협력 역량을 강화해야 하는데, 이는 글로벌 시장과 문화에 대한 이해, 협상 능력, 의사소통 능력 등을 포함해야 가능하다. 이를 위해 기업은 글로벌 협력 전담 조직을 구성해야 하고, 글로벌 인재를 교육하고 양성해야 한다.

(2) 글로벌 협력의 사례

글로벌 협력의 사례로서, SK텔레콤이 차세대 이동통신인 5G를 위해 삼성전자와 5G 장비의 공동개발, 인텔과 다중 안테나 기술 협력 개발, 소니와 4K UHD 생방송 시스템 협력 개발, 도이치텔레콤 · AT&T · NTT도코모 등 글로벌 기업들과 제휴 및 협력 등을 하였다.[66]

현대차그룹의 전장부품 자회사 현대모비스는 2022년 기준 세계 전기차 배터리 점유율 1위 기업인 중국의 CATL과 배터리 팩 기술 협력을 진행하였다. 이 협력을 통해서 나온 전기차 배터리는 현대차의 코나EV와 기아차의 레이EV에 장착될 것이다. 현대차그룹이 전기차 배터리 공급처로서 기존의 LG에너지솔루션, SK온을 대체하여 중국의 CATL로 다변화하는 것은 조달처 다변화를 통하여 전기차 전환에 속도를 내기 위한 것이다.[67]

이와 같이 DT를 추진하기 위해서는 외부의 전문 기관과의 협력이 필수적인데, 기업은 기술 파트너십 및 협력을 성공적으로 추진하기 위해서 전략적 협력의 강화, 개방형 혁신의 확대 그리고 글로벌 협력을 강화하여 트윈 트랜스포메이션 시대를 대비해야 한다.

에필로그

"주주, 고객, 직원 중 무엇이 가장 중요한가?"

아마존은 이 질문에 고객이 제일 중요하다고 답하는데, 그 이유는 철저한 고객 중심 기업으로서 '고객 강박증Customer Obsession'이 있기 때문이다. 아마존의 미션은 "지구에서 가장 고객 중심적인 회사가 되는 것"이다. 즉, 아마존은 전통적인 수익중심의 경영 모델이 아니라, 낮은 가격과 제품 구색으로 만들어진 트래픽이 규모의 경제에 의한 성장을 실현시켜서 더 낮은 가격을 담보할 수 있는 효율적 비용 구조와 더 많은 판매자를 유인하여 제품 구색을 확장하는 선순환적인 성장모델을 만들었다. 아마존에는 주주를 위한 대규모 배당이 없고, 직원을 위한 고급스러운 책상도 없으며, 고객 중심으로 모든 경영이 이루어진다. 아마존은 진심으로 고객을 왕으로 모시는 기업이다. 아마존은 고객 중심 회사가 되기 위해 디지털을 활용한 DT와 지속가능성의 ESG 경영을 융합한 트윈 트랜스포메이션을 적극 활용하여 고객의 사랑을 받는 회사가 되었다.[68]

본서에서는 트윈 트랜스포메이션에 관한 다섯 가지 핵심 주제를 담고 있다.

첫째, 트윈 트랜스포메이션 중 ESG 준비사항을 탐구하였다. 먼저, 디지털 혁신과 지속가능성을 모두 달성하기 위해 학계에서도 인정한 '변혁적 리더십Transformational Leadership'을 소개하였다. 즉, 변혁적 리더십은 애플의 스티브 잡스가 발휘한 카리스마와 같은 이상적 영향력, 스페이스X와 테슬라의 일론 머스크가 '인류를 화성으로 보내자'고 주장한 영감적 동기부여, 구글의 선다 피차이가 시도한 '20% 타임룰' 같은 지적 자극 그리고 팔로워들이 스스로 개인의 발전을 도모하도록 격려하는 개별적 배려로 구성되어 있다. 다음으로, 성공적인 DT를 위한 고객 최우선 문화, 실패를 수용하는 문화, 데이터 기반 의사결정의 문화, 협력을 촉진하는 문화 그리고 돕는 리더십 등의 조직문화를 소개하였다. 마지막으로 트윈 트랜스포메이션 시대에 걸맞은 디지털 및 인공지능 윤리를 소개하였는데, 이는 개인의 권리와 자유의 보호, 사회적 공정성과 형평성의 실현, 사이버 범죄의 예방 그리고 자율주행차의 사고 문제로부터 지속가능한 사회를 만들기 위한 윤리의 필요성과 대응 방안을 강조하였다.

둘째, 트윈 트랜스포메이션 중 DT 준비사항을 소개하였다. 우선, 디지털 기술이 ESG의 환경 · 사회 · 지배구조 영역에서 DT를 실현한 사례를 소개하였다. 다음으로, 디지털 플랫폼을 이용한 ESG 경영의 소개로서, 디지털 플랫폼이 더 중요해지는 이유, 디지털 플랫폼의 이점, 디지털 플랫폼을 위한 준비를 설명하였다. 마지막으로, 메타버스를 이용한 ESG 경영의 소개로서, 기업들이 메타버스 세상에 입점하여 다양한 콘텐츠를 만드는 이유, 메타버스가 ESG 경영에 주는 도움을 설명하였다.

셋째, ESG 평가와 ESG 등급 관련 전략을 분석하였다. 먼저, ESG 지표를 활용하는 두 가지 전략으로서 후발적으로 ESG를 추구하는 일반 기업이나 중소기업은 정부부처가 합동으로 13개 글로벌 ESG 평가지표와의 정합성을 높여서 개발한 K-ESG 가이드라인을 사용하거나, 선도적으로 ESG를 추진하는 기업들은 삼성전자나 신한금융그룹처럼 자체 ESG 지수를 제작하는 전략을 소개하였다. 다음으로 ESG 평가를 준비하는 전략으로서 ESG 전담 조직의 구성, ESG 평가 대응 전략 수립, 구성원들의 ESG 이해와 참여 제고, ESG 실적 측정 관리 체계 구축 그리고 이해관계자에 공유의 단계를 소개하였다. 마지막으로 ESG 평가 프로세스의 소개에서는 환경, 사회, 지배구조의 ESG 평가 영역에 대한 기본평가, 심화평가, 영역별 평가모형 사용, 통합등급 산출 그리고 ESG 평가등급 구분 같은 ESG 평가방식의 이해를 통하여 ESG 평가 준비, 평가 수행, 평가 피드백, 등급 부여 그리고 등급 발표와 같은 ESG 평가 절차를 소개하였다.

넷째, 트윈 트랜스포메이션 성공 전략 수립 방안을 제시하였다. 우선, ESG 중심의 트윈 트랜스포메이션 전략에서는 클라우드 컴퓨팅, 빅데이터 그리고 사물인터넷과 같은 환경 중심의 DT 전략의 수립 방안, 인공지능, 로봇 공학 그리고 스마트 팩토리를 통한 사회 중심의 DT 전략의 수립 방안, 가상현실과 증강현실, 인공지능 그리고 빅데이터 분석의 경제 중심의 DT 전략의 수립 방안을 소개하였다. 다음으로, 가치사슬 및 조직문화의 통합 같은 ESG 경영과 DT 통합 전략 수립을 위해 ESG 경영과 DT 현황의 파악, 목표의 설정, 전략의 수립, 부서 간 협업체계 구축 그리고 실행 성과 모니터링 및 평가와 같은 단계적 실행 방안을 소개하였다. 마지막으로, 금융권의 트윈 트랜스포메이션 전략으로서 생존을 위한 필살기가 된 마이데이터의 활용 필요성 설명과 임직원의 공감대 형성, 조직 및 인프라 구축, 성과 측정 및 관리 등의 트윈 트랜스포메이션 대비 방안을 설명하였다.

다섯째, 트윈 트랜스포메이션 추가 전략 수립 방안을 살펴보았다. 먼저, 비즈니스 모델의 혁신과 운영방식의 변화에서 월마트의 Click & Collect 서비스 등의 가치제안의 혁신, 핵심활동의 개발 · 핵심자원의 확보 · 핵심 파트너십 등의 가치전달의 혁신, 고객 세그먼트 · 고객 관계 · 채널 등의 가치창조의 혁신, 비용구조와 수익원의 효율적 관리로 경쟁력을 강화하고 새로운 수익원을 창출하는 가치확보의 혁신, 넷플릭스가 월정액 요금 징구로 콘텐츠를 제작하는 비용 전가 같은 비용구조의 혁신, 광고 대신 끊기지 않는 서비스를 제공한 유튜브 프리미엄 서비스로 추가 수익과 고객 만족도를 높인 수익원의 혁신을 소개하였다. 다음으로, 스튜어드십 코드 증가, 각국 정부의 규제 강화, 기관 투자자의 투자 배제 증가 그리고 고객 요구사항의 증가로 표현되는 투자자의 요구사항 증가에 대한 이해와 분석을 통하여 대응 전략을 소개하였다. 마지막으로, 기술 파트너십 및 협력 전략 수립 방안으로서, 새로운 비즈니스 모델의 개발과 시장의 선점이 가능한 전략적 협력 방법이 있는데 이는 협력의 목적과 목표의 설정 · 협력 범위와 방식의 구체화 · 협력 파트너 선정을 통하여 가능하다. 또한 기업 외부 파트너 기술, 아이디어 그리고 인프라를 활용하여 새로운 제품, 서비스 그리고 비즈니스 모델을 개발하는 개방형 혁신이 있다. 이는 파트너 역량 확인 · 협력 파트너와 협력관계 구축 · 협력 방식의 다양화를 통하여 달성이 가능한 방법이다.

본서를 저술하면서 깨달은 점은 두 가지다. 첫째, 세상은 완전히 다른 세상으로 바뀌고 있다. 즉, 세상은 디지털과 ESG 세상이 되었고, 글로벌 선도 기업들은 DT Digital Transformation 와 ESG 경영을 통하여 바뀐 환경에 최적화되고 있다. 둘째, 대한민국 기업들의 DT와 ESG 경영은 글로벌 선도기업에 비해서 아직 부족한 면이 있다. 이 두 가지 측면에서 상황을 뒤집을 두 가지 필수 요소가 한국 기업들에게 필요하다. 마치 9회말 투아웃 상황에서 경기를 뒤집는 홈런을 때리는 스타플레이어 같은 강력한 리더십이 필요하다. 또한 그 리더십이 펼쳐질 수 있도록 응원하는 선수단과 관중처럼 행동으로 결과물을 만들어내는 팔로워십이 필요하다. 즉, 리더의 트윈 트랜스포메이션 명령에 보이지 않는 곳에서도 파트너와 협조하며 최선을 다하여 목표를 달성하는 조직문화가 필요하다.

한국의 기업들이 글로벌 선도 기업들에 비해 뒤처진 트윈 트랜스포메이션을 만회하기 위한 대책으로서, 첫째, 미래를 창조하는 예술가와 같은 리더십을 가져야 한다. 마이크로소프트를 10배 이상 성장시킨 사티아 나델라 CEO가 "리더는 외부의 기회와 내부의 역량, 문화를 읽을 수 있어야 하는데, 이 요소들이 뻔한 사회적 통념으로 변하기 전에 서로를 연결할 수 있어야 한다. 이는 과학이 아니라 일종의 예술이다"고 말했는데, 리더는 트윈 트랜스포메이션을 명확히 인식하고, 전사적인 목표 설정 및 추진, 리소스의 확보 그리고 변화 관리 등을 리드하여 미래를 창조하는 예술가가 되어야 한다.

둘째, 구성원들의 혁신을 위해 데이터를 활용하고 ESG 경영의 가치를 공유하며 지속적 학습을 하는 조직문화의 개선이 필요하다. 즉, 변화에 대한 두려움을 없애고 직원들의 적극적인 참여를 유도하며 장기적인 관점에서 지속가능한 성장을 위해 서로 협력하는 조직문화를 조성해야 한다.

"오픈AI, 7조 달러한화 약 9,380조 원 모금 추진"

본서에서는 트윈 트랜스포메이션에 성공한 수많은 리더십들을 소개하였지만, 저자의 상상력의 임계점을 가볍게 뚫고 올라가는 로켓처럼 상상하기 어려운 비전을 그리고 있는 새로운 리더가 있다. 인공지능 업계를 선도하는 챗GPT를 개발한 오픈AI의 CEO 샘 알트먼은 MS와 Apple의 시총을 합친 금액 6조 달러한화 약 8,040조 원보다 큰 천문학적인 금액을 AI 반도체 생산을 위해 모금하려고 한다.[69] 적어도 샘 알트먼은 업계의 추종자가 아닌 생태계의 창조자가 되려고 한다.

본서를 읽고 있는 리더들은 트윈 트랜스포메이션 시대가 어떻게 변할지 깊이 숙고하길 바란다.

참고문헌

프롤로그 & 제1부

1 박용삼, 우정헌, and 민세주, 리얼밸류 빅샷 20: 네이버 도서. 원앤원북스, 2023.

2 장혁수, DIGITAL ESG 거스를 수 없는 시대적 요구. 드림위드에스, 2022.

3 명순영, "ESG와 DT의 융합…'트윈 트랜스포메이션'을 아시나요?," 매경 ECONOMY.

4 김재필, ESG 혁명이 온다: 성과에서 가치로, 새로운 미래의 혁신적 시그널과 생존 전략. 한스미디어, 2021.

5 김용섭, ESG 2.0: 자본주의가 선택한 미래 생존 전략. 퍼블리온, 2022.

6 GS칼텍스 뉴스브리핑, "GS칼텍스, 폐플라스틱 재활용업체 '에코지앤알'에 전처리 시설 투자 계약 체결."

7 윤준탁, "[트랜D] 시각장애 극복하게 하는 첨단 기술 속속 나온다," 중앙일보.

8 노희근, "롯데손해보험, 정기주총 전자투표·서면투표 첫 동시 시행," 디지털타임스.

9 조계완, "세계최대 자산운용사 '석탄관련 기업서 투자 손뗀다,'" 세계최대 자산운용사 "석탄관련 기업서 투자 손뗀다."

10 정규호, "한전, 英 최대 자산운용사서 펀드 3년 연속 제외… 'ESG 미흡,'" 시장경제.

11 김우경, "ESG 안하는 기업은 투자도 없다…국내 기업 23곳 큰 손 블랙리스트 올라," 임팩트온(Impact ON).

12 지용빈, 서영욱, and 박지연, 소비자변화와 ESG 경영. 크레파스북, 2022.

13 김재필, ESG 혁명이 온다 2: 미래 전략과 7가지 트렌드 편. 한스미디어, 2021.

14 강원 and 정무원, "비재무지표와 기업의 시장성과 간의 관계에 대한 연구: ESG 지표 개발에 사용되는 사건의 시장반응 분석," 연세경영연구, vol. 57, no. 2, pp. 1-22, 2020.

15 김태한 and 정현상, 100대 기업 ESG 담당자가 가장 자주 하는 질문. 세이코리아, 2022.

16 W. Ben-Amar, M. Chang, and P. McIlkenny, "Board gender diversity and corporate response to sustainability initiatives: Evidence from the carbon disclosure project," Journal of business ethics, vol. 142, no. 2,

pp. 369-383, 2017.
17 E. Holden, K. Linnerud, and D. Banister, "The Imperatives of Sustainable Development," Sustainable Development, vol. 25, no. 3, pp. 213-226, May 2017, doi: 10.1002/sd.1647.
18 N. C. Smith, "Corporate social responsibility: whether or how?," California management review, vol. 45, no. 4, pp. 52-76, 2003.
19 A. B. Carroll, "The pyramid of corporate social responsibility: Toward the moral management of organizational stakeholders," Business horizons, vol. 34, no. 4, pp. 39-48, 1991.
20 김종원, 김승민, 김은정, and 조수현, "중소기업 CSR 적합성이 기업명성과 구매의도에 미치는 영향에 관한 연구," 한국산업정보학회논문지, vol. 15, no. 5, pp. 247-258, 2010.
21 M. B. E. Clarkson, "A Stakeholder Framework for Analyzing and Evaluating Corporate Social Performance," The Academy of Management Review, vol. 20, no. 1, p. 92, Jan. 1995, doi: 10.2307/258888.
22 R. E. Freeman, Strategic management: A stakeholder approach. Cambridge university press, 2010.
23 변선영, 김진욱, and 서민교, "CSR의 동향과 전략적 CSR에 관한 연구," 貿易 硏究, vol. 8, no. 3, pp. 89-118, 2012.
24 UN, "THE 17 GOALS of SDGs," UN.
25 이츠미 요시츠구, ESG 실행전략 만들기: SDGs 85가지 실천사례. 소이랩, 2023.
26 이형종, ESG 경영과 자본주의 혁신. 21세기북스, 2021.
27 KT Enterprise, "DX가이드북 디지털 트랜스포메이션 성공 사례(Chapter4. Part1 고객이 경험하는 핵심가치를 높이다)."
28 박수정 and 김국현, 디지털 트랜스포메이션 필드 매뉴얼: CEO부터 현장 실무자까지, 빠른 실행과 정착을 위한. 미래의창, 2021.
29 김이혁, "디지털 트랜스포메이션과 ESG 경영이 기업성과에 미치는 영향," 단국대학교 대학원, 용인, 2023.
30 김시정, 손주연, and 김주영, "디지털거버넌스 구축 및 활성화 방안 연구," 디지털기반 도시문제해결연구, Dec. 2017.
31 주호재, 디지털 트랜스포메이션: 코로나와 4차산업혁명이 가속화시키는 디지털

트랜스포메이션. 성안당, 2020.

32 E. Stolterman and A. C. Fors, “Information Technology and the Good Life,” Information Systems Research, vol. 143, pp. 687-692, 2004, doi: 10.1007/1-4020-8095-6_45.

33 이인형, “꿀벌과 지속가능개발목표(SDGs), 그리고 ESG,” 임팩트온.

34 강원 and 정무권, “ESG 활동의 효과와 기업의 재무적 특성,” 한국증권학회지, vol. 49, no. 5, pp. 681-707, 2020.

35 B. A. Alareeni and A. Hamdan, “ESG impact on performance of US S&P 500-listed firms,” Corporate Governance: The International Journal of Business in Society, 2020.

36 이태수, “스타벅스, 친환경 ‘종이 빨대’ 오늘부터 전 점포서 쓴다,” 연합뉴스.

37 오윤희, “오피스 빌런 없애고 싶다고? 똑똑하기만 한 문제아 뽑지 마라,” Chosunbiz.

38 신석주, “‘폐PET병 수거 400만개’ Project LOOP 3년간의 성과,” 에너지신문.

39 이주현, “‘기후변화 결의안에 반대표’…ESG 속도 조절 나선 블랙록,” 한국경제.

40 이진원, “블랙록 래리 핑크 회장, ‘ESG 용어 쓰지 않겠다,’” ESG경제.

41 최남수, 넥스트 ESG: ESG 경영을 업그레이드하라! 새빛북스, 2022.

42 유준호, “이케아의 ESG 경영…협력사 절반은 친환경업체로,” 매일경제.

43 LG케미토피아, “LG화학이 생각하는 더 좋은 기업은 어떤 기업일까요? 세계화로 변한 세상을 고민하며 LG화학은 더 좋은 기업으로 나아갑니다.,” LG케미토피아.

44 최지윤, “풀무원식품, 3년 만에 동반성장지수 ‘최우수,’” Newsis.

45 S-OIL, “ESG의 세찬 물결, 다양성 · 형평성 · 포용성,” S-OIL 공식 블로그: S-OIL STORY.

46 Anastasia Petraki, “코로나19로 인해 조명된 사회적 불평등은 어떤 의미인가?” Schroders.com, Jun. 03, 2020.

47 GS칼텍스 미디어허브, “ESG 공시의 변신: 비재무에서 재무로, PR에서 IR로,” GS칼텍스 미디어허브.

48 Luisa Beltran, “일라나 울프 골드만삭스 책임자, 이사회 다양성에 중개 역할 이끌어,” 포춘코리아(FORTUNE KOREA).

49 박주연, “유리천장 깨부순 1호 ‘월가 퀸’…"체질 싹 바꿔라" 긴 싸움 택했다,” 한국경제.

50 경수현, “MSNBC, 차기 회장에 라시다 존스 임명,” 연합뉴스.

51 위키백과, “아날로그,” 위키백과. Mar. 30, 2023.
52 제레미 리프킨, 한계비용 제로 사회. 민음사, 2014.
53 이주관, 김종덕, 문진영, 엄준현, 김지현, and 서정민, “글로벌 탄소중립 시대의 그린뉴딜 정책과 시사점 (Green New Deal for Carbon-neutrality and Trade Policy in Korea),” 대외경제정책연구원, pp. 21-10, Oct. 2021.
54 김부기, “디지털 전환 시대에서의 해운물류체인 변화와 조선 . 해운 분야 기술 개발 방향,” 大韓造船學會誌, vol. 60, no. 4, pp. 61-67, 2023.
55 이동주 and 김미숙, “코로나19 상황에서의 대학 온라인 원격교육 실태와 개선 방안,” 멀티미디어 언어교육, vol. 23, no. 3, pp. 359-377, 2020.
56 김나미, 김동수, and 이종선, “중소기업의 사회책임경영: 사회적 책임 활동 다양성과 성과,” 전략경영연구, vol. 24, no. 1, pp. 83-103, 2021.
57 엘리스, “데이터 리터러시란? 데이터 리터러시 역량을 기르는 방법 3단계,” 엘리스.
58 손재권, “Biz Times 미디어, 넷플릭스에 당했다,” 매일경제.
59 구본진, “디지털 전환의 미래사회 위험이슈 및 대응전략: 인공지능 역기능을 중심으로,” KISTEP 한국과학기술기획평가원, May 2022.
60 I. Sebastian, J. Ross, C. Beath, M. Mocker, K. Moloney, and N. Fonstad, “How big old companies navigate digital transformation,” MIS quarterly executive, vol. 16, no. 3, pp. 197-213, 2017.
61 G. Vial, “Understanding digital transformation: A review and a research agenda,” The journal of strategic information systems, vol. 28, no. 2, pp. 118-144, 2019.
62 B. C. Wheeler, “NEBIC: A Dynamic Capabilities Theory for Assessing Net-Enablement,” Information Systems Research, vol. 13, no. 2, pp. 125-146, 2002, doi: 10.1287/isre.13.2.125.89.
63 I. Mergel, N. Edelmann, and N. Haug, “Defining digital transformation: Results from expert interviews,” Government information quarterly, vol. 36, no. 4, p. 101385, 2019.
64 이장균, “선진 기업의 디지털 트랜스포메이션 추진 동향과 시사점 - 4차산업혁명 시대의 비즈니스 모델을 구축해야 한다,” 한국경제주평, vol. 810, pp. 1-20, 2018.
65 GE리포트 코리아, “‘생각하는 공장(Brilliant Factory)’은 실제 어떤 모습일까?”
66 이창환, “기업들, 4차산업 시대 비즈니스 모델 구축해야,” 아시아경제.

67 이상원, "디젤게이트 주범 슈타들러 전 아우디CEO, 집행유예 1년9개월. 벌금 15억6천만 원 선고," M투데이.
68 로드테스트, "루퍼트 슈타들러 공식 퇴임, 임시 CEO에 아브라함 스캇 선임."
69 한국경제TV, "'디젤 사기' 폭스바겐 주가 폭락…시총 37조원 날아가."
70 MSCI, "ESG Ratings & Climate Search Tool."
71 최용수, "산업용 사물인터넷(IIoT) 시장 전망과 기술 동향," 전자공학회지, vol. 44, no. 5, pp. 43-49, 2017.
72 이충배 and 류희찬, "코로나-19 확산 하에서 공급사슬 위험관리전략에 관한 연구," 통상정보연구, vol. 22, no. 4, pp. 137-157, 2020.
73 장윤희, "소셜미디어 마케팅 성과에 관한 연구: 포탈 광고, 블로그, SNS 채널의 특징과 성과 비교를 중심으로," 디지털정책연구, vol. 10, no. 8, pp. 119-133, 2012.
74 M. A. Camilleri, "Theoretical insights on integrated reporting: The inclusion of non-financial capitals in corporate disclosures," Corporate Communications: An International Journal, vol. 23, no. 4, pp. 567-581, 2018.
75 조수빈 기자, "디지털을 활용한 ESG 경영 '트윈 트랜스포메이션,'" 한국경제.
76 전혜진, "ESG 기업 탐방 ③슈나이더 일렉트릭, '기업과 가정에 탈탄소 솔루션 제공,'" ESG경제.
77 이성훈, "인공지능·사물인터넷을 집안으로… 미래 기술로 일상을 바꾼다," 조선일보.
78 한국경제, "'기후변화 결의안에 반대표'…ESG 속도 조절 나선 블랙록," 한국경제. Accessed: Oct. 17, 2023.
79 LG경제연구원, "월마트의 Upskilling · Reskilling, 위기를 뛰어넘다," Dec. 2020.
80 정보통신신문, "글로벌 디지털 윤리규범 원칙 연계방안 논의," 정보통신신문.
81 한국디자인진흥원, "현대자동차그룹, 연구개발본부 대규모 조직 개편," 한국디자인진흥원.
82 조민수, "글로벌 맥도널드 · 하디스 · 웬디스…미국 패스트푸드 업계에 부는 AI 종업원 채택 바람," 아이티데일리.
83 안상현, "㈜카카오, 제주대학교 IT 인재 육성 위해 16년간 장학금 3억2천만원 기탁," 한국강사신문.
84 양영구, "GC녹십자, SAP 석세스 커넥트 2023에서 HR 우수사례 발표," 메디칼업저버.

85 변상근, "대한민국 대전환 'ON' 바다 수놓은 해상풍력…'녹색전환' 이룬 덴마크," 전자신문.
86 김동원, "샤르마 워크데이 아시아 사장 '넷플릭스 · 에어버스 · 토스가 가진 공통점은? 빠른 기업 신진대사율,'" AI타임스.
87 최성환, "메탈쓰리디, 3D 프린팅 선박용 엔진 부품 양산 세계 최초 개발," 울산신문.
88 BMW Group, "단 10년 만에 백만 개의 부품이 인쇄됨: BMW 그룹, 3D 프린팅 사용 증가," BMW Group.
89 CAPA, "3D프린팅 공법의 특징과 장점," CAPA.
90 위키백과, "디지털 트윈," 위키백과. Jan. 16, 2023.
91 GE리포트 코리아, "디지털 트윈(Digital Twin)에 관해 알아야 할 모든 것," GE리포트 코리아.
92 윤정원, 살아남는 것들의 비밀: 생존하는 기업의 디지털 트랜스포메이션 전략. 라곰, 2022.
93 TOMRA SYSTEMS ASA, "노르웨이 ROAF," Tomra.
94 김도연, "유럽 연결 프로젝트(CEF): ①운송 분야," KOTRA 해외시장뉴스.
95 김도형 and 전남혁, "KT, AI 빌딩 오퍼레이터 개발… 건물 에너지 소비 20% 줄였다," 동아일보.
96 양승갑, "아마존이 클라우드를 할 수밖에 없는 이유," 테크월드뉴스.
97 포브스, "삼성 클라우드의 미래," 포브스.
98 김경중 and 윤영태, 클라우드의 힘: 디지털 트랜스포메이션과 혁신적인 애플리케이션 전략. 작가와, 2023.
99 박성진, "日도시바 상장폐지…74년 상장기업 역사 막 내렸다," 연합뉴스.
100 마리코 오이, "일본 도시바, 74년 만에 상장 폐지 전망," BBC News 코리아.
101 사회적책임경영품질원 and ESG 경영연구회, 지속가능성장을 위한 ESG 경영전략. 자유아카데미, 2021.
102 윤진아, "잡스 없는 애플 10배로 키운 팀 쿡(Tim Cook)의 리더십," 경성 NewsLetter.
103 POSRI 이슈리포트, "애플이 ESG에 적극적인 이유," POSRI 이슈리포트.
104 Apple, "팀 쿡이 Apple 투자자들께 드리는 편지," Apple Newsroom (대한민국).
105 신완선, 말콤 볼드리지 MB 모델 워크북: 네이버 도서. 고즈윈, 2009.
106 강지수, 임현정, 강민구, 명광민, and 정훈, 2050 ESG 혁명: 개별 기업을 넘어 자

본시장과 한 국가의 성패를 가를 새로운 경영 패러다임. 라온북, 2022.
107 박기종, "애플 CEO 팀 쿡(Tim Cook) 조용한 소통과 흡수의 리더십," 매일경제.

제2부

1 S. Lohr, "The origins of 'Big Data': An etymological detective story," New York Times, vol. 1, no. 1, 2013.
2 데이비드 로저스, 디지털 트랜스포메이션 생존 전략: 빠르게 변하는 비즈니스 세계에서 살아남기. 에이콘출판, 2018.
3 정진옥, "빅데이터 시장 통큰 성장, 2030년 '3993억 달러,'" 지티티코리아.
4 박경종 and 강마리아, 4차산업혁명시대 핵심역량, 개정판. 동문사, 2021.
5 김달훈, "'AI 시장 2030년까지 연간 36.8% 초고속 성장' 마켓앤마켓," CIO Korea.
6 삼정KPMG 경제연구원, "5G가 촉발할 산업 생태계 변화," 삼정 인사이트, 63, 2019.
7 윤태성, 과학기술은 어떻게 세상을 바꾸는가. 반니, 2021.
8 지지엔지, "포드자동차 컨베이어 시스템 도입," 지지앤지 ZZNZ.
9 박상용, "테슬라가 바꾼 모빌리티 패러다임…종착역은 자율주행 비행체," 한국경제.
10 류태웅 and 김지웅, "[이슈분석] 포스코, 세계 1위 이차전지 소재 기업 진력," 전자신문.
11 기술과혁신, "3D 프린팅 개요 및 산업 전망," 기술과혁신 웹진.
12 위키백과, "증강 현실," 위키백과, 우리 모두의 백과사전. Sep. 27, 2023.
13 Andy Patrizio, "'2025년 전 세계 데이터 규모는 175ZB · 연평균 61% 성장' IDC," CIO Korea.
14 이문규, "모두를 위한 인공지능 5. 우리에게 '데이터'는 어떤 의미인가," 동아일보.
15 위키백과, "정보의 단위," 위키백과, 우리 모두의 백과사전. Jan. 31, 2023.
16 LG이노텍 Newsroom, "'나 같은' 사람들이 아닌, 오직 '나'만을 위한 초개인화 기술," LG이노텍 Newsroom.
17 유다정, "언젠가부터 쿠팡이 쉬워졌다…달라진 '추천 시스템,'" 디지털투데이.
18 최소영, "데이터 경쟁력 확보를 위한 기업의 3가지 대응 방향," 조선비즈.
19 엘리스, "데이터 리터러시란? 데이터 리터러시 역량을 기르는 방법 3단계," 엘리스.
20 김연진, "빅데이터 기반의 고도분석체계 도입을 통한 기업혁신," ie 매거진, vol.

20, no. 1, 대한산업공학회, pp. 43-49, 2013.

21 유미지, "월마트가 바뀐다, 온라인 주문 시 플라스틱 포장을 종이로 전환," 임팩트 온(Impact ON).

22 박민규 기자, "한전 'AI 부하 예측 서비스'로 여름철 아파트 정전 건수 평년 절반 ↓," 파이낸셜투데이.

23 한국정보화진흥원, "공공데이터를 활용한 사회적 가치 실현 방안연구," 한국정보화진흥원, Oct. 2018.

24 이혁동, "행안부, 빅데이터 · 인공지능 기술로 '국민안전' 지킨다," 세이프타임즈.

25 박현철, "금융권의 빅데이터 활용," 금융가레터, Jun. 2023.

26 안상현, "AI가 기업 자금세탁 · 횡령 미리 잡는다… 규제로 돈버는 '레그테크' 급성장," 조선일보.

27 고정민, "대학병원 17곳 제약사에 18만명 환자정보 유출," 청년의사.

28 한경닷컴 사전, "패스트 패션," 한경닷컴 사전.

29 정보화 사회실천연합, "빅데이터 분석모델 특성," CISP.

30 서재원, "레알 마드리드, 2년 연속 '최고 가치 프로축구팀,'" 서울경제.

31 B. J. Avolio and B. M. Bass, "Individual consideration viewed at multiple levels of analysis: A multi-level framework for examining the diffusion of transformational leadership," The leadership quarterly, vol. 6, no. 2, pp. 199-218, 1995.

32 오현아 and 정재삼, "진성리더십과 변혁적 리더십이 잡크래프팅에 미치는 영향 - 긍정심리자본과 조직동일시의 매개효과를 중심으로," 리더십연구, vol. 8, no. 4, pp. 21-60, 2017.

33 B. M. Bass and B. J. Avolio, Improving Organizational Effectiveness Through Transformational Leadership. SAGE, 1994.

34 박희욱 and 이준혁, "서비스품질 및 고객만족에 미치는 영향 -내국인 카지노호텔 및 서울지역 특급호텔의 식음료부서를 중심으로," 호텔경영학연구, vol. 23, no. 2, pp. 167-194, 2014.

35 이화영 and 홍아름, "변혁적 리더십과 서번트 리더십이 직무만족과 조직몰입에 미치는 영향: 고령근로자를 중심으로," 글로벌경영학회지, vol. 14, no. 5, pp. 153-182, 2017.

36 Laszlo Bock, "구글 조직문화: Google 10 Work Rules! - I."

37 나무위키, "플로렌티노 페레스," 나무위키.
38 이주호 and 이선희, 데이터 드리븐 고객 경험: 디지털 트랜스포메이션의 성공 조건. 바른북스, 2022.
39 보안뉴스, "보안&영화 정보보안 역사상 가장 충격적인 사건 '스노든,'" 보안뉴스.
40 정보통신신문, "글로벌 디지털 윤리규범 원칙 연계방안 논의," 정보통신신문.
41 국가법령센터, "정보통신망 이용촉진 및 정보보호 등에 관한 법률," 국가법령센터.
42 유네스코, "사이버 공간에서 차별 · 혐오 대응과 미디어 리터러시 교육." 유네스코 이슈 브리프, Aug. 16, 2022.
43 서강대학교 인권센터, "증오발언 근절을 위한 카카오의 원칙," 서강대학교 인권센터.
44 데일리시사닷컴, "'사이버 범죄 대응' 정부가 적극적으로 나서야 할 때," 데일리시사닷컴.
45 금준경 그리고 박서연, "오픈AI '쿠데타' 반전에 반전 또 반전… 승자는 MS?," 미디어오늘.
46 김용원, "오픈AI '쿠데타' 5일 만에 막 내려, 샘 올트먼 CEO 복귀하고 이사회도 재편," 비즈니스포스트.
47 전창배, "'세탁기 윤리'는 없어도 '로봇 윤리'는 필수다," 한국일보.
48 R. Hanna and E. Kazim, "Philosophical foundations for digital ethics and AI ethics: a dignitarian approach," AI and Ethics, pp. 1-19, 2021.
49 정창우 and 이혜진, "도덕과에서 AI 윤리교육의 필요성과 과제," The SNU Journal of Education Research, vol. 31, no. 1, pp. 55-82, 2022.
50 김지우, "AI의 반란, '개인정보 엿듣는다'… 프라이버시 침해 사례 급증," 뉴스메카.
51 송금종, "전창배 IAAE 이사장 'AI윤리, 교육이 우선,'" 쿠키뉴스.
52 박소정, "'이력서에 "여성" 들어가면 감점'…아마존 AI 채용, 도입 취소," 조선일보.
53 윤영주, "아마존도 '안면인식 기술' 서비스 중지," AI타임스.
54 연합뉴스, "인공지능 세뇌의 위험…MS 채팅봇 '테이' 차별발언으로 운영중단," Sciencetimes.
55 전혜진, "카카오, 기업의 디지털 책임…ESG 새 영역 개척," ESG경제.
56 지현아, "로봇윤리교육의 내용에 대한 기초 연구," 인문사회 21, vol. 13, no. 5, pp. 3529-3542, 2022.
57 양윤걸, "미국 정부, 처음으로 인공지능(AI)과 관련한 인권 보호 지침 발표 - 법률자료 | 법률메카," 법률메카.

58 보험신보, “≪보험신보≫ 이슈-레벨3 자율주행차량 곧 출시령·보험체계는?,” 보험신보.
59 이한선, “자율주행차 사고 나면 누구 책임일까?,” AI타임스.
60 국가법령정보센터, “지능형 로봇 개발 및 보급 촉진법,” 국가법령정보센터.
61 한국방송통신전파진흥원, “AI기술의 사회적 책임 강화, ‘책임 있는 인공지능’- Vol.74,” 한국방송통신전파진흥원.
62 이해원, “자율주행자동차법 시행의 의미와 향후 과제,” KISO저널.
63 국가법령센터, “자율주행자동차 상용화 촉진 및 지원에 관한 법률,” 국가법령센터.
64 안정용, “인공지능 윤리,” 고려대학교 대학원, 서울, 2021.
65 유지한 and 이해인, “따로 놀던 ‘스마트홈’ 하나로… 삼성 · LG의 ‘동침,’” 조선일보.
66 인사이트리포트, “삼성SDS, 2023 ‘Asia-Pacific Climate Leaders’ 선정,” 삼성SDS.
67 김형규, “코오롱그룹, 친환경 생분해 소재 개발, 디지털 전환 박차,” 한국경제.
68 전혜진, “ESG 기업 탐방 ②스타벅스, 친환경으로 다진 회복 탄력성,” ESG경제.
69 SK텔레콤 뉴스룸, “‘아리아, 살려줘’ 독거어르신을 돌보는 AI 돌봄의 현황은?,” SK텔레콤 뉴스룸.
70 임용현, “ESG 경영과 디지털 ⑤‘트윈 트랜스포메이션’ 이렇게 실천하라…거버넌스(G),” 서울일보ESG.
71 김소현, “삼성SDS, ‘물류의 디지털전환(DT)’ 선언…첼로스퀘어 로드맵 공유,” IT비즈뉴스(ITBizNews).
72 윤정원, 살아남는 것들의 비밀: 생존하는 기업의 디지털 트랜스포메이션 전략. 라곰, 2022.
73 조용호, 플랫폼 전쟁. 21세기북스, 2011.
74 이성열, 양주성, and 오태완, 플랫폼 비즈니스의 미래. 리더스북, 2022.
75 전성철, 배보경, 전창록, and 김성훈, 4차 산업혁명 시대, 어떻게 일할 것인가: 기하급수 기업을 만드는 비즈니스 혁신 전략. 리더스북, 2018.
76 KT Enterprise, “플랫폼 경제가 비즈니스에 미치는 4가지 혁신과 의의,” KT Enterprise.
77 한국경영학회, 한상만, 김종대, 이재혁, and 허대식, ESG 이해관계자 중심 경영: 이해관계자 자본주의 시대의 ESG 경영. 박영사, 2023.
78 Mike Haley, “모든 산업이 목적 있는 혁신과 플랫폼 경제로 향하는 이유,” 오토데

스크.

79 롯데 공식블로그, "디지털 전환 혁신! 롯데가 만들어가는 모빌리티 생태계를 소개합니다!"

80 김지영, "매출 93%↑비밀 '디지털 전환'령·"시각화만 잘해도 먹거리 보인다"," 헬로디디.

81 배성수, "단독 LGU+, 고객 피드백 반영 4주→1시간으로," 한국경제.

82 진하수, 디지털 트랜스포메이션: ESG 솔루션. 부크크, 2023.

83 명수진, "신기한 가상의 패션 세계," 우먼센스.

84 김시소, "페이스북, 사명 '메타'로 변경," 미래를 보는 신문 - 전자신문.

85 이중학, 데이터와 사례로 보는 미래의 직장: 일자리 변화, 주4일제, 디지털 전환, DEI·ESG. 클라우드나인, 2023.

86 TTA정보통신용어사전, "메타버스, Metaverse," TTA정보통신용어사전.

87 김상균, 메타버스: 디지털 지구, 뜨는 것들의 세상. 플랜비디자인, 2020.

88 김동원, "가상공장 세우는 자동차 업체…현대차, 가상공간서 배터리 성능 점검," AI타임스.

89 이동진, "'메타버스에서 봉사활동해요'…한국청소년활동진흥원, 스마트 청소년봉사센터 오픈," 메타뉴스.

90 이민정, "세계 최초 다양성을 기도하는 '메타버스 마라톤,'" 뉴스어스.

91 삼일PwC, "비즈니스 리더를 위한 메타버스 이해," PwC.

92 명순영, "롯데, 유통 공룡에서 메타버스 강자 거듭날까," 매경ECONOMY.

제3부 & 에필로그

1 매일경제 ESG팀, 이것이 ESG다: 생생한 사례와 전문가들의 알토란 지식. 매일경제신문사, 2021.

2 배창현, 김태동, and 신세찬, "비재무적 측정지표를 활용한 연구동향 및 ESG 이슈," 회계저널, vol. 30, no. 2, pp. 235-276, 2021.

3 산업통상자원부 and 한국생산성본부, K-ESG 가이드라인 v1.0. 관계부처 합동, 2021.

4 조찬희 and 이형용, "ESG 평가방법 비교: K-ESG 가이드라인을 중심으로," 지능정보연구, vol. 29, no. 1, pp. 1-25, 2023.

5 박지영, "ESG 평가 넘어 자체 ESG 지표 만드는 기업들," 임팩트온(Impact ON).

6 김광민 and 이헌상, "ESG 등급이 신용등급, 부채비용 그리고 기업가치에 미치는 영향," 한국산업경제학회 정기학술발표대회 논문집, vol. 2021, no. 8, pp. 11-19, 2021.
7 이정기 and 이재혁, "'지속가능경영' 연구의 현황 및 발전방향: ESG 평가지표를 중심으로," 전략경영연구, vol. 23, no. 2, pp. 65-92, 2020.
8 김동영, "ESG 평가등급이 잉여현금흐름에 미치는 영향," 商業教育研究, vol. 34, no. 4, pp. 153-176, 2020.
9 도연우 and 김성환, "ESG 평가등급 변동이 기업의 주가 변동성과 초과수익율에 미치는 영향: 세부평가요소별 비대칭적 신호효과를 중심으로," 한국재무학회 학술대회, vol. 2019, no. 05, pp. 821-850, 2019.
10 오상희, "신용등급 및 ESG 등급이 기업가치에 미치는 영향에 관한 연구," 세무회계연구, vol., no. 69, pp. 125-144, 2021.
11 이진원, "자산운용업계, 유럽서 ESG 라벨 없이는 펀드 팔기 힘들어져," ESG경제.
12 한국사회책임투자포럼 and 이용우, "2022(2) 한국ESG금융 백서," 한국사회책임투자포럼.
13 한국ESG기준원, "한국ESG기준원 ESG 평가 방법론." 한국ESG기준원, Aug. 2023.
14 (사)사회적책임경영품질원 · ESG 경영연구원, 지속가능성장을 위한 ESG 경영전략. 자유아카데미, 2021.
15 Vanity Fair, "Microsoft's Downfall: Inside the Executive E-mails and Cannibalistic Culture That Felled a Tech Giant," Vanity Fair.
16 이준희, "사회적 가치를 통한 비즈니스 혁신| Deloitte Korea | Risk Advisory | Insights," 딜로이트 코리아.
17 최용석, "삼성SDS '친환경' 춘천 데이터센터 가보니렁·클라우드 차세대 이끈다," 조선일보.
18 이동인, "클라우드 전환에 나선 대기업… 삼성 · LG · 현대차 등 주요 그룹도 클라우드 이용, 젊은 오너들 의지 뒷받침… '디지털 전환이 경쟁력,'" 매일경제.
19 이건오, "친환경 에너지 시대, 빅데이터 분석으로 앞당긴다," 인더스트리뉴스.
20 현대로템, "스마트 기술로 안전과 운영 효율을 책임지다, 현대로템의 상태 기반 유지보수(CBM) 시스템," 현대로템.
21 박미영, "LG전자, 스마트홈 플랫폼 'LG ThinQ' 비전 제시," 보안뉴스.
22 KDI 경제정보센터, "악취 등 환경문제, 사물인터넷 활용 실시간 감시 · 대응," KDI.

23 국민권익위원회 청렴윤리경영 브리프스, “사례 돋보기 기업의 사회적 책임과 환경,” 국민권익위원회.

24 김민주, “임팩트스퀘어 PICK! AI 혁신사례 돌아보기,” IMPACT SQUARE.

25 전미준, “ETRI, 청각장애인 병원출입 돕는 딥러닝 기반 ‘아바타 수어’ 개발… 충남대학교병원 서비스 제공,” 인공지능신문.

26 문근영, “한재권 교수 ‘로봇이 사회적 변화 가져올 수 있어,’” 산업일보.

27 SK DT Hub, “그냥 공장 자동화와는 달라! 제조 기업 성장에 꼭 필요한 스마트 팩토리 … | dtblog,” SK DT Hub.

28 롯데 공식블로그, “롯데의 디지털 전환과 인재 육성 이야기.”

29 이지민, “르포 창원 LG 스마트파크…”인력 감축? NO!…사람을 위한 자동화”,” 뉴스핌.

30 A. Tate et al., “I-Room: a virtual space for intelligent interaction,” IEEE Intelligent Systems, vol. 25, no. 4, pp. 62-71, 2010.

31 M. Gervautz and D. Schmalstieg, “Anywhere interfaces using handheld augmented reality,” Computer, vol. 45, no. 7, pp. 26-31, 2012.

32 알리바바 뉴스, “알리바바, 메타버스에서 더욱 몰입감 있는 럭셔리 쇼핑 경험 선사,” AlibabaNews Korean.

33 유승목 and 조성훈, “30살된 롯데월드, ‘XR 어드벤처’ 등 즐길거리 ‘업글,’” 머니투데이.

34 최태범, “‘BTS 증강현실 콘서트 구현’ 비브스튜디오스, 95억 투자유치,” 머니투데이.

35 박현준, “메신저부터 금융 · 모빌리티까지…92개 계열사 ‘카카오 제국,’” 뉴스토마토.

36 박정훈, “LG전자 임원들 ‘디지털 전환(DX)’ 공부한다,” 이코노믹리뷰.

37 최승철, “양돈산업의 전략적 통합,” 농업경영정책연구, vol. 28, no. 1, pp. 186-203, 2001.

38 김진완 and 옥석재, “고객가치에 따른 공급사슬통합 전략,” 경영과 정보연구, vol. 32, no. 5, pp. 45-68, 2013.

39 신호창 and 노형신, “은행 간 인수 · 합병에 따른 조직문화의 통합과 사내커뮤니케이션 전략에 관한 연구,” 한국언론학보, vol. 54, no. 2, pp. 405-427, 2010.

40 유재욱, 4차 산업혁명 시대의 기업 성장전략. 건국대학교출판부, 2023.

41 신찬옥 and 노현, “디지털금융 데이터 · 디지털이 무기…`금융 플랫폼 전쟁` 최후 승자는,” 매일경제.

42 최유림, "KB금융그룹, 대한상공회의소와 '중소기업 지속가능경영 지원' MOU 체결," 초이스경제.

43 권성미, "하나금융그룹, '하나 소셜 벤처 유니버시티' 성황리 개최," 퍼블릭뉴스.

44 박시형, "금융권 '장애인 채용 기피'하는데링·한화증권 · 생명, 의무고용 '초과달성,'" 서울파이낸스.

45 하나금융융합기술원, "하나은행, 초개인화 AI 자산관리 플랫폼 『아이웰스(AI Wealth)』 서비스 출시," 하나금융융합기술원.

46 최한종, "삼성생명, 보험 가입 · 계약 · 청구 전과정 디지털화 구축," 한국경제.

47 김민지, "한화금융 계열사, 디지털 전환 가속화…. 성과관리체계 'OKR' 도입," Korea IT Times.

48 KOBIS, "KOFIC 영화관 입장권 통합전산망:: 월별 총관객수및매출액," KOBIS.

49 이주영, "영화의 미래는 OTT-영화 감독들이 넷플릭스로 가는 까닭은?," 매일경제.

50 정기훈, 김현중, and 하영목, "온 · 오프라인 유통기업의 비즈니스 모델 변화에 대한 연구," e-비즈니스연구, vol. 20, no. 2, pp. 19-42, 2019,

51 김슬기, "ESG Handbook Basic," 사회적가치연구원.

52 Michela Coppola and Joep Rinkel, "지속가능한 전환을 위한 금융," Deloitte Insights, Jun. 2020.

53 임진수, "'지금까지 이런 주총은 없었다' 스튜어드십코드 '미친 존재감,'" 노컷뉴스.

54 KDI 경제정보센터, "강화되는 글로벌 ESG 공시규정령·우리 기업의 능동적 대응 지원한다," KDI 경제정보센터.

55 강명윤, "네덜란드 연기금 '한국 석탄발전 중단해야'…韓 정부에 서한," 더나은미래.

56 임정환, "국민연금, 대량살상무기 기업 5곳에 3600억 투자," 문화일보.

57 김우경, "【줌인ESG】 ESG 관리하는 기업들," 임팩트온(Impact ON).

58 김현경, "소비자 절반 '친환경 제품, 10%까진 비싸도 사겠다,'" 서울파이낸스.

59 김강국, "국민 87% '사회적 책임 잘하는 기업 제품 먼저 사겠다,'" ESG경제.

60 조성신, "반도건설, 협력사와 스마트건설 기술협력 파트너십 체결…"ESG 경영실천 앞장"," 매일경제.

61 롯데건설 홍보센터, "롯데건설, 현장 안전 강화를 위한 '지능형 스마트 계측기술 공동개발' 업무협약 체결," 롯데건설.

62 김민수, "로봇부터 드론까지…건설현장 스마트기술 총출동," 대한경제.

63 이정희, "K경찰일보삼성전자, 12년 연속 '동반성장 최우수 기업' 선정 '미거래 중

소기업까지 지원 상생협력 지평 넓혀,'" K경찰일보.
64 이영아, "네이버가 점찍은 '라플라스테크놀로지스'…중기부 팁스 프로그램 선정," 테크M.
65 장경윤, "새해 '마이크로LED' 뜬다…韓 삼성 · LG 등 생태계 구축 가동," ZDNET Korea.
66 삼정KPMG 경제연구원, "5G가 촉발할 산업 생태계 변화," 삼정 인사이트, 63, 2019.
67 이수환, "현대차그룹 중국산 배터리 더 쓴다…코나 · 레이에 적용," 전자부품 전문 미디어 디일렉.
68 안성호, "[DBR] 고객은 왕 아마존의 고객제일주의를 체득하다," 동아비즈니스리뷰.
69 박해리, "샘 올트먼 9000조 투자 유치, 젠슨 황 맞춤형 설계…AI · GPU 대표주자 맞붙다," 중앙일보.

트윈 트랜스포메이션

초판 인쇄　2024년　4월　8일
초판 발행　2024년　4월　15일

저　　자　조찬희
기　　획　조강현, 조유정
디자이너　고승환
발 행 인　김광범
발 행 처　도서출판 시대가치
주　　소　서울특별시 마포구 토정로 222(신수동), 한국출판콘텐츠센터 422-1호
전　　화　02) 3152-2620
팩　　스　02) 6442-2621
등　　록　2017년 3월 23일　제2018-000088호
이 메 일　kgb9136@hanmail.net
홈페이지　시대가치.com

ISBN 979-11-89607-90-6　93320

정　　가　19,000원